社会 ■ ■ ■
■ 福祉と ■
内発的発展
髙田眞治の思想から学ぶ

武田　丈　横須賀俊司　小笠原慶彰　松岡克尚 [編著]

関西学院大学出版会

社会福祉と内発的発展

髙田眞治の思想から学ぶ

まえがき

　30年余りのお付き合いの中で、髙田先生と社会福祉について語り合わせていただいたという記憶はほとんどない。不思議なことである。しかし、刹那せつなに髙田先生の社会福祉理論の断片に触れさせていただくことがあった。もうずいぶん前になるが、アメリカの社会保障法タイトル20（Social Security Act Title XX）について突然私に問いかけられたことがある。私が返答に戸惑っていると、個人に対するソーシャルサービスの質にとって極めて大切な枠組みで、日本でも議論される必要があるという意味のことを、ことば少なにおっしゃった。デトロイトの児童センターでワーカーとして仕事をしたことがある私は、一ワーカーとして州のブロック・グラントとしてのタイトル20に振り回されたという思いが強かっただけに、「大切な枠組み」ということばにやや違和感を覚えた。しかし、何か説得力を感じた。限られた財源の中で州（地方）が個人に対するソーシャルサービスのプランニング、アドミニストレーション、エバリュエーションの質を高め、説明責任を果たすことの重要性は、いろいろ議論のあるところではあるがいま日本でも認知され、あの時戸惑っていた私が、学生さんたちに向かってそれを説いているのである。

　社会学部社会学科の社会福祉専攻を社会福祉学科にすることになり、髙田先生と話す機会が飛躍的に増えた。10年前のことである。後に届出となったのだが、新学科申請準備のための会議は100回を超え、髙田先生と一緒に文部省（当時の名称）へ出張することも多くなった。しかし、社会福祉学科の設置の準備でありながら、先生と社会福祉の話をした記憶があまりない。ただ、先生の用意してこられる資料や、根気強く文部省と交渉される姿勢に、「福祉」の温かさを強く感じた。社会福祉学科

のキーワードの一つであるコンパッションは、Breul, F. R. と Diner, S. J. (1980) の"Compassion and Responsibility"(Univ. of Chicago Press)から拝借したのだが、髙田先生との刹那せつなでの接点から強く感じ取れた福祉的温かさとコンパッションとの間に存在する親和力は、紛れのない事実である。髙田理論には、キリスト教主義教育の下で学ばれ、クリスチャンを貫かれた先生の温かさ、人への思いやりがあると思う。先生は理論を図式化することを好まれたが、一見難解な図の中に温かさがある。じっくりと図を眺めるうちに、理解できたかなと思う瞬間が訪れたとき、何かほっとして苦笑いするのは私だけではないと思う。

あまりにも早く逝ってしまわれた髙田先生を偲んで、先生縁(ゆかり)の方たちが、このすばらしい書の編纂を企画された。本書は、社会福祉に関心を持ち、社会福祉を学ぼうとされる学生さんには、是非とも読んでいただきたい書である。

第1部では、髙田先生のことばを通して、また、社会福祉学科の学生さんの声を通して、髙田先生のコンパッションに触れ、感じ取っていただきたい。第2部では、髙田理論、ことに社会福祉内発的発展論に接した方たちが、それぞれの考え方、見方で髙田理論を語る。かなり難解なところも多いが、じっくりと味わっていただきたい。

そして、第3部では、学生読者の皆さんにとっては先輩の方がたのことばに耳を傾け、心の糧としていただきたい。

天国で本書を手にされた髙田先生が、いったいどんな顔をされるだろうか。読者のみなさんとともに想像してみたい。

芝 野 松 次 郎

目 次

まえがき 3

第1部 大学で学ぶことの意味 ——————————— 7
第1部解説　関西学院大学で学ぶ　8
第1章　「キリスト教信仰にもとづく生き方」を学ぶ　9
第2章　「ソーシャルワーク」を学ぶ　27

第2部 社会福祉原論とは ——————————— 35
第二部解説　内発的発展の展開　36
第3章　内発的な社会福祉実践研究の実際　45
　　　　　　　——調査者としてフィールドに入りこむまで
　▶キーワード集　社会福祉研究法　72
第4章　障害者福祉と内発的発展　77
　　　　　　　——ノーマライゼーション、共生を軸にして
　▶キーワード集　障害者福祉　100
第5章　子ども家庭福祉における内発的発展の展望　105
　▶キーワード集　児童福祉　124
第6章　ヘルスケアと内発的発展　129
　　　　　　　——社会福祉との関連から
　▶キーワード集　医療福祉　150
第7章　地域福祉における内発的発展　155
　▶キーワード集　地域福祉・社会福祉計画論　182
第8章　社会福祉内発的発展論における社会福祉の価値と思想　187
　　　　　　　——共生概念と価値の科学化から
第9章　社会福祉内発的発展論からみえる社会福祉理論の新たな展開　207
　　　　　　　——社会福祉における自己組織性への一考察
　▶キーワード集　社会福祉原論・思想　234
第10章　宅老所・小規模多機能ホームの実践における内発的発展とその課題　239
　▶キーワード集　高齢者福祉　254

第3部 髙田先生から学ぶこと ──────────── 259
　第11章　髙田眞冶先生の教育・研究実践から学ぶこと　261

付録　略年譜・業績一覧　273
あとがき　283

第 1 部
大学で学ぶことの意味

解説 第1部 関西学院大学で学ぶ

　関西学院は、1889年に米国人の宣教師ウォルター・ラッセル・ランバスによって創立された。1986年に来日したランバスは、伝道者の育成とキリスト教主義に基づく青少年教育を目指し、関西学院をはじめ、神戸栄光教会、パルモア学院、広島女学院、聖和大学、岩国教会、宇和島教会など、日本各地に多くの学校と教会を創設したのである。関西学院大学では、こうしたランバスの精神を引き継ぎ、毎日キャンパスで開かれる「チャペルアワー」や、必修科目である「キリスト教学」を通して、建学の精神であるキリスト教主義を学ぶ機会を学生たちに提供している。

　こうした建学の精神の流れを汲む本学のスクール・モットーが、カナダ人宣教師、第4代院長 C. J. L. ベーツによる"Mastery for Service（奉仕のための練達）"である。これは、本学での学びは「単に知識を身につけるため、あるいは自分の名誉のため」ではなく、「社会に貢献できるように、人類に対してより良き務めをこなすことができるようになるため」であり、そのために「自らの能力を精一杯たかめよう」という意味である。そして、このスクール・モットーを具現化したものが、社会福祉であり、ソーシャルワークと言えよう。関西学院大学の社会福祉教育の萌芽は60年前にさかのぼり、日本の中でもいち早く社会福祉の専門教育を提供し出した大学の一つである。

　この関西学院で自らキリスト教と社会福祉を学び、卒業後は教員として多くの学生たちにソーシャルワークの理論や価値を教えてくださると同時に、ご自分の信仰を通して人としての生きかたを教えてくださったのが髙田眞治先生である。第1部では、髙田先生ご自身が、キャンパスの中で学生たちに対して語られた言葉を通して、関西学院大学で「キリスト教信仰にもとづく生き方」と「ソーシャルワーク」を学ぶことの意義を考えていく。

第1章

「キリスト教信仰にもとづく生き方」を学ぶ

讃美歌121番
1 馬槽(まぶね)のなかに　うぶごえあげ、　　木工(たくみ)の家に　ひととなりて、
　　貧しきうれい、生くるなやみ、　　　　　　つぶさになめし　この人を見よ。
2 食するひまも　うちわすれて、　　　　　　しいたげられし　ひとをたずね、
　　友なきものの　友となりて、　　　　　　　こころくだきし　この人を見よ。
3 すべてのものを　あたえしすえ、　　　　　死のほかなにも　むくいられで
　　十字架の上に　あげられつつ、　　　　　　敵をゆるしし　この人を見よ。
4 この人を見よ、この人にぞ、　　　　　　　こよなき愛は　あらわれたる、
　　この人を見よ、この人こそ　　　　　　　　人となりたる　活(い)ける神なれ。

　　　　　　　　　　　　　　　　　　　　　　　　　髙田先生の愛唱讃美歌

　イエスキリストの姿を見上げつつ歩まれた髙田眞治先生は、2006年12月14日、天に帰られた。告別式での睦子夫人のご挨拶が心にしみる。

　口かずの少ない夫でございましたが、最近このようなことを申しておりました。
　　神さまから三つの「良いもの」をいただいた。
　　一つは、信仰が与えられたこと。
　　二つは、関西学院で学び、奉仕ができたこと。
　　三つは、家族にめぐまれたこと。

日本音楽著作権協会(出)許諾第0716744-701号

これはそのまま、聖書に書かれてある「信仰・希望・愛」そのものだと感じました。

＊　　　＊　　　＊

　小学校の遠足で始めて関西学院を訪れた髙田先生は、「ここで勉強する」と心に決めたと睦子夫人から伺った。中学部に入学なさってから召されるまでの約52年、64年のご生涯の約5分の4の時間を、先生は愛する関西学院のキャンパスで過ごされた。
　小学生のときの夢がかなえられ、12歳のときから関西学院に通った先生は、その人生の中でイエス・キリストを救い主と告白された。睦子夫人と出会い、真奈さん、佳奈さんのお二人のお嬢様に恵まれ、大学・大学院においては、福祉教育と研究に情熱を注ぎ、社会福祉学科創設や学部長の要職を担いながら、その生涯をキリスト者として全うされた。
　髙田先生の教育や研究業績の大きさは周知のとおりであるが、先生がご生涯の中で大切にしておられたのは、先生の生き方の根底にあるキリスト教の信仰であったと確信している。ご夫婦の間においても、お嬢様とのかかわりにおいても（長女真奈さんの名は、神様からマナをいただいて大きくなれるようにと、佳奈さんの名は、イエス様の最初の奇跡の地、カナから名づけられたと伺った）、そして学生とのかかわりや学問することにおいても、先生は、常にキリスト者としてのあり方を問うておられた。
　髙田先生が『社会福祉混成構造論』を出版なさったとき、そのご著書に先生のサインをお願いしたところ、「信・望・愛」と書いてくださった。「信仰と希望と愛」は、いつも先生の生き方の支柱であった。
　関西学院大学では、ゴールデンアワーといわれる、午前中の一番よい時間帯（1時間目と2時間目の間の30分）にチャペルアワーが設けられ、各学部で礼拝が守られ、教員が学生に語りかける。社会学部では、長年

第1章 「キリスト教信仰にもとづく生き方」を学ぶ　　11

　クリスチャン教員で構成されるキリスト教教育委員会がチャペルトークを担当してきた。チャペルトークは、自分自身に向き合い、それぞれの生き方や考え方が語られる場でもある。語る側にとってその準備は授業のそれとは全く異なり、たとえ30分弱の話であっても、そこにつぎ込むエネルギーは相当なものである。チャペルトークには、語る人の生き方が見事に表れる。それだけに、チャペルに参加した教員も学生も、また語る者自身にも、多くの恵みが与えられ、日常の場に帰っていくことができるのである。チャペルアワーは、関西学院の中で特別な意味を持った時間なのである。
　髙田先生はいつも十分な準備をされ、淡々と語っておられた。様々なお話が心に残っているが、その中心に据えられていたのは、真理の追求であり、どのように生きるかというテーマであったように思う。大学で学ぶのは、学問だけではなく生き方である。学問と生き方は異なる2つのものでなく、学問する中に、生き方が問われてくることを強調しておられた。その中で、人が生きる上で大切なことは何なのかを伝えておられたように思う。チャペルトークの後にはよく声をかけていただき、信仰のこと生き方についてお話したことを懐かしく思い出す。
　そのチャペルトークの原稿を睦子夫人からお預かりしたとき、先生が心を注いで準備されていたお話一つひとつの重みを改めて感じたものである。先生の原稿は、タイプしているものもあれば、手書きのものもあった。しかし、どちらであっても、何度も赤を入れ、マークをつけておられた。ここは学生に強調したい、ここは時間がなくても削ってはいけない、という印が入っていた。原稿を読みながら、先生の静かな語り口の中にある、ぶれない信仰の強さを改めて教えていただいた思いだった。

　ここに、先生らしさの表れたチャペルトークを二つ選ばせていただいた。先生の手書きの原稿やメモをまとめ文章化していく上で多少文言を加える必要があったため、私の解釈が入っている部分があるかもしれな

い。しかし、先生のお話された内容と違うことはないと思う。また、チャペルトークでは、時間の関係上、先生が省かれたであろう部分も、あえて原稿どおりに載せている。

　先生の語りを思い起こしながら、キリスト者としての先生からのメッセージに、今一度、心を開き耳を傾けたい。

＊　　　＊　　　＊

1995年1月13日　チャペルトーク

> 同様に、"霊"も弱いわたしたちを助けてくださいます。わたしたちはどう祈るべきかを知りませんが、"霊"自らが、言葉に表せないうめきをもって執り成してくださるからです。人の心を見抜く方は、"霊"の思いが何であるかを知っておられます。"霊"は神の御心に従って、聖なる者たちのために執り成してくださるからです。神を愛する者たち、つまり、御計画に従って召された者たちには、万事が益となるように共に働くということを、わたしたちは知っています。
>
> ローマ信徒への手紙8章26－28

　昨年は、いつになく告別式への参列が多い1年でした。関西学院大学の中西先生の葬儀もありました。また親しい人の葬儀もあり、弔辞を読ませていただいた式もありました。また年末には、何通かの喪中欠礼の挨拶状をいただき、そこで、ご家族の死を知らされたりしました。

　年が明けると、年賀状をいただきました。卒業生からの年賀状では、子どもの出産を知らされたり、子どもの写真や幸せそうな家族の写真の入った年賀状をいただきました。

　人が生まれ、人が死ぬ──「人の生と死」を思わされた年末年始でした。

　先日、十日戎がありました。「商売繁盛　笹もって来い」。「福笹」を買って、商売繁盛、家内安全を願い、このために賽銭を入れてお参りす

る。つまり『福をもらう』のです。この人出はすごいもので、賽銭の額もすごいものでした。まもなく、門戸厄神のお祭りです。同じように、賽銭を出して『厄払い』する。厄除けのお守りを買って厄払いするのです。災いが降りかからないようにと願うのです。これもまたものすごい人出となります。

　こういったことを見ていると、ご利益を求める人たち、幸福を求め、厄(わざわい)を逃れる人々の欲望を思わされます。

　私たちは、幸福な生活、災いのない生活を願います。人間は何年生きるか、できれば長いほうがよい、そして、その人生が幸福であるようにと願うのは当然なことかもしれません。多くの人が「幸福とは何か」「幸福論」を展開しています。たとえばカール・ヒルティ、バートランド・ラッセルなどは、皆さんの中にも読んだことのある人はいるでしょう。

　幸福の条件に、いろんなものがあることが示されています。たとえば、物質的な条件、精神的な条件、身体的な条件、また社会的条件などです。人が幸福であること、それは努力によって得られると考える人は多いでしょう。つまり、「それなりの努力をしたであろうから、今、幸福なのだ」という解釈です。また先に言ったような、「いろいろな外部的内部的条件について恵まれたから幸福なのだ」という考え方です。

　ここで「幸福」を考えてみましょう。幸福だという人の中には、自分の幸福を自慢し、おごり、他人の幸福にはねたみを持つ人もいます。また、全てが完全に満たされると、何も起こらないということは、むしろ不幸という逆説性もあります。満たされすぎて不幸、いつまでこの幸せが続くのかという不安を持つという側面を持っているのではないでしょうか。

　人生にとって、生きていくうえで大切なことは、何もかも満たされるということや、何も起こらないということでは必ずしもなくて、何か不幸なことが起こったとき、何か問題が起こったときに対処していけることではないか、つまり、そのための内的、外的条件を整えることではな

いかと思うのです。
　今日は、「ゆらぎ」の時代です。自分自身の中に、人間関係などによって、「ゆらぎに対処していける仕組みを持つ」ことは大切なことです。
　世の中には、「もし自分があの人だったら、もう真っ暗だ、不幸のどん底だ」という状態にある人がいます。だから、自分はそうでなくてよかった、と思う反面、そういう人の中に、なぜあの人は、それを不幸と思わないで、あんなに生き生きと、あんなに立派に堂々と生きているんだろうと不思議に思う人がいます。
　私にとって印象深い一人の人を紹介したいと思います。
　その人は、難病、不治の病にかかった17歳の高校生、石川正一君です。石川正一「車椅子の上の17歳の青春——たとえ僕に明日はなくとも」(立風書房、1979年) より引用してお話します。
　石川君の病気は、「進行性筋ジストロフィー」といわれる難病です。全身の筋肉が徐々に萎縮していき、最後には身動きできなくなっていきます。この病気には様々な型があり、その型によっては予後不良であり、末だ根本的な治療法が確立していない難病です。
　石川君は5-6歳の頃「進行性筋ジストロフィー」という病名のみを知りました。病状については詳しく知らなかったのです。ただ変な名前だなと、無邪気にそう思っていました。しかし、だんだんと自分が他の人と同じでないということが分かってきて、療育園の先生から、筋ジスの子は死ぬんだといわれた日から、自分はいったい何歳まで生きられるのか、とそのことばかり考えていました。

　　ぼくはとうとう、お父さんに「自分が何才まで生きられるのか」そのことを聞いた。14歳を迎えた初夏のことだ。
　　ちょっぴり、父親のことが心配だった。
　　そのことを聞くために、僕はお父さんが帰ってくるのを、寝ないで待っていた。二人で一緒に風呂に入ってから、たずねるつもりだっ

たから。
　お母さんにたずねるのは、可哀相だったしね。だからわざと、風呂場の中で聞くことにしたんだ。そこなら、お母さんにも、他の誰にも聞かれる心配がなかったもの。男同士で、話せたわけだよ。
　ぼくはいったんだ。
「お父さんぼくは死ぬだろう？」
　お父さんは黙っていたっけ。お父さんはそのとき、気がつかなかったんだね。黙っていることが、実はその返事だということが。
「じゃあ、ハッキリ聞くけど、ぼくはいつまで生きられるの？」
「そうだね…正ちゃんの筋ジスのタイプは、ふつう二十才までしか…」
「ふうーん、二十才か…」
　正直言うと、ぼくにとってもそれは意外だった。早すぎたよ。さすがに、それから先、自分の父親に何を言ってよいのか解らなくなった。
　お父さんは急に、浴槽の中からお湯をくんでは、つづけざまにぼくの背中に浴びせはじめたんだよ。〔中略〕
「でもね、正ちゃん。人間は、いつまで生きられるかではなくて、どんなふうに生きたかが問題なんだよ」
　お父さんはそう言った。その時はもう、すっかりいつものお父さんに立ち返っていた。

　彼は治療を続けますが、それより以前から両親とともに教会生活を始めていました。
　病気の進行を少しでも遅くすることができれば…という願いから、正一君は6カ月間、治療のため、四国・徳島で過ごしました。しかし、せっかく装具をつけていくらか歩けるようになったのも、せいぜい1年半ぐらいの期間でした。

しかし、帰ってきた正一くんは、周囲の目にも急速な人間的成長を見せ始め、家庭という微温の中になかった生きることの厳しさを、病院生活の中で彼なりに体得したのでした。

前よりも一層、彼は信仰深くなり、教会へは欠かさず通っていました。そして同時に、家庭生活の中でも、死を背負った身障者の暗さなど感じられなくなりました。

彼の前では、「死」はすでに悲しみでもなく忌避の存在でもなかったのです。

石川家を訪れる人々は、「この家は、何て、明るいんだろう！」と一様に口をそろえ、感嘆したといいます。ここには両親の信仰があったからでしょう。

石川君は、17歳のとき、このように書いています。

　人間というのは、神様の思し召しによって、この世に"生かされている"存在なわけだよ。ぼくの場合は、その上、筋ジスというハンディーを背負いながら存在させられているわけ、つまり、神様はぼくに、「そういう状態で、自分の人生を十分に生き抜きなさい」って、生きるべき根拠を託されたわけなんだ。

　筋ジスという病気は、ぼくにとっては本当に重荷だけれど、それは、神様が何かの意味があって、ぼくに与えてくださったのだから"恵み"とも言えるんだ。それは自分を高めてくれる"神の愛"なんだよ、きっと。

　だからぼくは、そのスタート台に立って、たとえ短くても、自分の納得できる人生を生きなければいけないわけだ。

　でも生きるっていうことは、その人その人によってそれぞれ違う意味があるわけでしょう。だから、それぞれどう生きようと勝手なわけだけど、ぼくは毎日聖書を読んでいるうちに、神様が、「生きる価値を見出しなさい」「そのためには、努力を惜しまずに、自分の

できることに向かって完全燃焼しなさい」って、教えてくれているような気がしてきたんだ。
　ぼくはやはり、人間のねうちは完全燃焼できるかできないかによって決まるんじゃないかと思っている。そうだよ、完全燃焼できなければ、迫ってくる死を、ぼくは素直に受け入れることが出来ないんだ。

　17歳にして、ここに死が時間の問題となっている彼の「生き方」のアイデンティティの確立を見ることが出来ます。
　最後に、こういう彼の生き方についての、母親の文を読んで終わりにしたいと思います。

　　完全燃焼をしようとすればする程出来なくなる自分の弱さ、いらいらした気持ちを人にぶつけまいとしながら、つい態度に出てしまう、どうにもならない許しがたい自分の心。胸をたたき、机をたたき、いかに祈ってもどうにもならない自分との戦いは、あの歩けなくなった当時の、「チクショウ、生まれてこなければよかったんだ。」と叫んだ苦しみにもまさる程に思われます。……
　　自力による完全燃焼の敗北は、絶望でしかありませんが、自分を殺す悩みではなく、自分を生かす信仰生活としての悩みとして、悩み即喜びとして彼は受けとめています。
　　彼の信仰の理解によれば、自分の意思で生まれず、望んで筋ジスになったのではない自分とは、存在させられた存在であるということ。したがって自分が生きる価値や値打ちは、自分や人が決めるのでなく、自分を存在させた神様がなさる問題だということ。
　　だから完全燃焼をしきれない自分の存在にも、生きる資格があるとするならば、そんな自分を承知で赦し、生きる役割を与えてくださる神さま公認の存在だからであること。

生きる喜びとは、そのような神様の愛を知ることにあること。
したがって生きるとは、即ち信仰生活とは、神さまから与えられた役割を祈り求め、たとえ不完全ではあっても、完全燃焼を目指すことであること。
以上が現在彼がたどりついた信仰の理解であるということができます。もう信仰生活の上では、既に親の私たちよりも先を歩んでいるのかも知れません。
後なるものは先になる。嬉しい本気の冗談が、わが家の中で時々交わされている今日この頃です。

石川正一君は、自分の生きかたを確立して、家族に愛され支えられた生活を送りました。彼は既に亡くなっています。しかし、父、石川左門氏は、東京日野に、日本で最も大きな積極的な難病患者のための会を作り、難病の人、またその家族援助の活動を続けています。
一般的に、他人の人から見ると、石川君は、難病にかかり不幸であったかもしれませんが、その生き様は今ご紹介したとおりであって、彼は20年余にしてなくなりましたが、別の形で生きてるのです。
若い皆さんは、これからいろんなことを経験するでしょう。悲しみや苦しみ、自分の弱さや挫折感を経験するでしょう。しかし、それに向き合って対処していってください。
「神は神を愛する人たちと共に働いて、万事を益となるようにしてくださる」
私たちを、神を愛する者とならせてください。そして神様が全てを益としてくださることを信じ、歩んでいくことが出来ますよう祈ります。アーメン。

＊　　　＊　　　＊

第1章 「キリスト教信仰にもとづく生き方」を学ぶ　　19

チャペルトーク：2004年1月23日

> だから、わたしたちは落胆しません。たとえわたしたちの「外なる人」は衰えていくとしても、わたしたちの「内なる人」は日々新たにされていきます。わたしたちの一時の軽い艱難は、比べものにならないほど重みのある永遠の栄光をもたらしてくれます。わたしたちは見えるものではなく、見えないものに目を注ぎます。見えるものは過ぎ去りますが、見えないものは永遠に存続するからです。
>
> 　　　　　　　　　　　　　コリント信徒への手紙Ⅱ 4章16－18

　今年度、最後のチャペルとなりました。
　1年生の皆さんの多くの人にとって、関西学院大学に来て初めて礼拝に参加する人も多かったと思います。どのように感じられたでしょうか？
　人数は秋学期になって少なくなっていきましたが、しかし、こうして出ておられる皆さんは、きっとチャペルを自分にとって意義あるものと感じておられるのではないでしょうか。
　チャペルでは、いろんな方の話や演奏を聴くことができました。それは『心の糧』であったと思います。
　今週の水曜日は、今年卒業する木原君の話でした。本当に感動的な話でした。信仰にある生活を貫かれる両親に育てられ、安定した生活を捨てて、経済的には貧しくとも、かくも心豊かに育つものと、うらやましくさえ思ったことでありました。
　いろいろな先生方の話をうかがうこともできました。先生方もこのチャペルの話は、自らの信仰を振り返りながら、謙虚に準備をし、話されていることが伺えました。そのことから、聞く私たちも素直に、心を開いて聴くことができたのではないかと思います。
　チャペルは一応1年生を対象としておりますが、これからも機会があ

ればチャペルに参加していただきたいと思います。

　社会学部は、先日春名先生が話してくださいましたように、前に掲げてある『真理は汝らに自由を得さすべし』(『真理はあなたたちを自由にする』)という言葉をモットーにしております。これは、大学として科学的な真理を追究する、研究することの大事さのみではなくて、私たちがいかに生きるかということ、つまり人生の真理を学ぶことの大事さを教えていると思います。

　スクール・モットー「マスタリー・フォー・サービス：奉仕のための練達」は社会に奉仕するために学ぶといわれるものです。

　これは、『私たちは何のために学ぶのか』『学んだことをどう用いるのか』を教えています。「学ぶもの」に、「学び方」に価値を置いているのだと思います。このようなことをモットーにしている大学は、他にないのではないかと思います。

価値自由

　科学に価値を付与してはならない、科学は「価値自由」であるということが言われてきました。しかし、そうでしょうか。

　確かに自然科学的な現象そのものには、よいとか悪いとか、価値を挟む余地はありません。例えば、物質ＡとＢが化学反応を起こしてＣとＤができるとか、不純物、吸熱・発熱反応、分子構造、また電気的特性がどうなどということは科学的事実であり、価値は入り込めません。あるいは、核物理学、原子物理学のように、核物質がどのように融合し、大きなエネルギーを出すか、これは科学的な理論であり、実験でも証明されたもので、ここには価値は入り込めないのです。しかし、オッペンハイマーがシカゴ大学で研究し、「ここに原子の灯がともった」といったとしても、また、それが科学的な大きな業績であったとしても、その理論が、原子爆弾を作り、それを戦争に使うということになっていったのであります。それは科学者として、本人の意思ではなかったけれども、

科学というのは、価値中立であるとしても、現実に政治や紛争の道具に使われる可能性を持っているのであります。では、その科学的業績をいかに用いるか、学んだことをどう用いるかということになると、それは、当然価値の課題となるでしょう。

社会学と社会福祉学

私たちは社会学部で、社会学、社会福祉学を勉強しています。

社会学科では、社会調査士資格認定機構による「社会調査士」という資格を取ることができます。量的調査、質的調査によって、その方法を駆使して事実を認識するのですが、しかしそこには、倫理性がなければならないのです。つまり、調査することが自分の研究業績であっても、あるいは仕事であっても、対象者のことを考えることが大切なのであり、調査する側には、調査をさせていただくという謙虚さが必要ではないかと思います。

私たちは震災を経験しましたが、これを千載一遇のチャンス、実験ではとても出来ない状況だとして、東京の方からも研究にかかわる人たちが押しかけてきました。身内を亡くしたり、家が壊れたりして被害を受け、悲しみの中にある人たちの心に、土足で踏み込むようなことをしたのです。そして人々は、「もう調査お断り」となったのであります。研究者たちは調査をして、その成果をどうしたのでしょうか。

社会福祉学科では、「社会福祉士」「精神保健福祉士」の国家試験の受験資格をとることができます。そのためにいろいろなことを学びます。そして、資格を取って専門職として、生活や精神的側面に様々な困難や問題を持つ人々を援助します。しかし、その専門職者としての働きやその質は、どれだけ理論や方法論を学んだかによって異なってくるだけでなく、ソーシャルワーカーとしての、その人のあり方、態度によって違ってくると思います。

社会福祉学科は、３つのＣ——日本語で言えば、『広い視野』『卓越

した実践能力』そして『人への思いやり』をモットーにしています。『人への思いやり』は建学の精神に通じるものだと思います。

　先週、福地先生が花の話をされました。星野富広さんや、『世界にひとつだけの花』の話をされました。私も花が好きです。ことに高山植物や、野生・野の花が好きですが、自然の花を見ていると多くのことを教えられるように思います。山に登って、あるいは林に入って咲いている花を見るのは感動的であります。

　星野富弘さんは、中学校の体育の教師として、器械体操を指導中に失敗して首の骨を折り、首から下が全く動かなくなりました。失望の中にあって、病院の医師や看護師、いろいろな人に支えられ励まされてリハビリテーションを続け、彼は寝たまま口で花の絵を描きそれに詩をつけることを始めました。そして今ではこれを見る多くの人々に感銘を与えているのです。

　彼は花について次のように言っています。花を見つめながら寝ているとその色その形の作りや美しさに驚かされるばかりだ。花には一つとして余分なものがなく、足らないものがない。ちょうどよいところに花がつき、ほどよいところに葉があり、葉と花に似あった太さの茎がある。葉は花の色を助け、花は葉の色と形をそこなわずに咲いていて、一枝の花であっても、広大な自然の風景を見る思いだ。一つひとつが大切で、すばらしい調和をもって咲いている。

　一つひとつの花はこのように葉や茎の色が調和をもって美しく咲いているのですが、少し視野を広げてみると、自然の森や林も見事な調和を持ってることに驚かされるのです。日本のブナ林は自然の森としては世界で最も美しい森だと言われています。カエデ、シナ、トチなど豊富な種類の木々が、水分や光の条件で見事に住み分け、四季折々に美しく、非常に安定した究極の森とさえ言われています。春、木々の芽を餌とする動物は、本能的に根こそぎ食べ尽くさないで、将来のために残し、また秋、木の実を餌とする鳥は、新しい場所に若木を生えさせる役割をも

しているのです。倒れた木は、キノコが長い時間をかけて分解し、森の代謝をしています。森や林はいろいろな動植物が調和をした生き方、共に生きることによって美しく保たれている、生命のあふれるところだといえるでしょう。生物がそれぞれ持っている働きや特性にもとづいて、お互いに助け合い協調しあって共に生きていく様子を共生と呼んでいます。どんな生物も自分一人だけでは生きていけません。自然界には動植物のいろいろな共生があります。それぞれの得手不得手を補いあって、ともに生きるために協力しているのです。田んぼ一面に咲くれんげの根に共生する根粒菌は、昔は肥料として利用されました。またイソギンチャクとヤドカリ、アリとアブラムシの共生などはよく知られています。人間は、動植物が生きていくための知恵や自然のあり方に教えられるところがあるように思います。しかし考えてみれば、私たち人間一人ひとりについてみても、国と国の関係についてみても、助けられたり助けたり、ということがあるはずなのです。ですからお互いがどのような関係をもって、共にどのように生きていくか、ということが大切なはずなのです。

　高度に産業化の進んだ現代の社会ではモノやカネを持つことが人間にとって価値あることだと思われるようになってしまったのではないでしょうか。そのために財産、知識、社会的地位、権力などを競争や策略によって獲得することが目的となり、そしてこれらをどれだけ持っているかによって人の価値をはかるようになります。人はこれらを得るための手段として他の人を利用するようになり、そして利用価値のないものは、余計なもの、邪魔ものとして放り出そうとします。一人ひとりの人格や個性はどうでもよく、生産性があるかどうか、役に立つかどうかということが評価されるようになります。そうすると自分も弱い人間ですから、どうしても自分より社会的には弱い人がいないと安心できなくなってしまいます。このような社会は、いろいろな動植物が共生する、調和のある安定した正常な社会ではなく、人を人と思わない、争いや抑

圧の絶えない不安定な社会ではないでしょうか。

　「世界人権宣言」は第一条で、次のように述べています。「すべての人間は、生まれながらにして自由であり、かつ、尊厳と権利とについて平等である。人間は、理性と良心とを授けられており、互いに同胞の精神をもって行動しなければならない」。

　「人間は、理性と良心とを授けられている」とは、なんと意味深い、希望なる言葉でしょうか。人間に授けられている理性と良心でもって、一人ひとり個性を持った人間が人間らしく生きる社会を、世界を築いてくことが課題なのです。そのために自分にできることでかかわり、協力していくこと、これが互いに同胞の精神を持って共に生きる、調和のある安定した正常な社会ではないかと思うのです。人間の理性と良心でそれができる、ということを信頼している言葉ではないでしょうか。

　聖書には、「わたしたちは見えるものではなく、見えないものに目を注ぎます」とあります。見えるものが気になる、それにこだわる私たちですけれども、これらからの解放、自由になることが私たちに与えられた課題です。永遠に続く見えないものに目を注いでいこうとすること、これは未来に希望を持って生きることではないでしょうか。

　皆さんお一人おひとりが、個性的な自己を確立し、そして希望を持って生きていかれるよう祈ります。　アーメン。

　　　　　　　　＊　　　　＊　　　　＊

　髙田先生が私たちのために語り祈ってくださったこの思いが、関西学院に連なる全ての者の中に根を下ろし、私たちが与えられた人生に向き合っていくことができるよう祈りたい。神様に全てを委ね、先生の蒔かれた種が大きく実を結ぶことを確信して…。

讃美歌　500番

1　みたまなるきよきかみ、　　わがよわきたましいを
　　主のもとにみちびきて、　　かくれしめたまえかし。
　　みたまよ、みたまよ、　　　わがたまぞあこがるる、
　　縋(すが)りまつる　手をばとりて　主にみちびきたまえかし。

2　おののける手をささぐ、　　ねがわくはとりたまえ、
　　みめぐみのきみならで、　　たれかよく主をしめさん。
　　みたまよ、みたまよ、　　　わがたまぞあこがるる、
　　縋りまつる　手をばとりて　主にみちびきたまえかし。

3　あたいなきわが身をも、　　なみだなく死もあらぬ
　　とこしえのみくにへと　　　きみはしも入れたまわん。
　　みたまよ、みたまよ、　　　わがたまぞあこがるる、
　　縋りまつる　手をばとりて　主にみちびきたまえかし。

髙田先生が天に召される数時間前に、睦子夫人、真奈さん、佳奈さんと一緒に歌った讃美歌。これが先生のご生涯最後の讃美歌となった。

第 2 章

「ソーシャルワーク」を学ぶ

　皆さんは、どうして「社会福祉」を勉強しようと思ったのでしょうか？「ソーシャルワーク」のどんなところに魅力を感じているでしょうか？ここで紹介するのは、社会学部社会福祉学科の1期生の有志たちと当時の実習助手が、2002年に髙田先生をインタビューし、その内容を『実習サポートブック』という小冊子にまとめたものです。髙田先生自身が社会福祉を志したきっかけに始まり、社会福祉研究における恩師との出会いと関係、そしてソーシャルワークの価値と倫理について語られています。大学で「社会福祉」や「ソーシャルワーク」を学ぶことの意味について、考えてみましょう。

　　　　　　　　　＊　　　＊　　　＊

福祉の世界へのターニングポイント
　僕は福祉を学ぶ前に理学部に行ったんですね。自然科学、化学が好きで理学部にいきまして、無機化学いう自然科学を勉強したんです。自然科学は個人的には非常に関心のあるテーマで、今でも好きなんですよ。だけど、それで自分の生き方としてこういう科学をやっていていいのかなと疑問に思い出してね。堅苦しく言えば我いかに生きるかというようなね。まあ自然科学をもう少しやってみて決めようと。それで理学部の

大学院にいったんですね。それでもちろん研究を続けていって、研究としては割合したんですよ。研究そのものが、大学院の研究としてはよく出来ていると、そういう評価も受けたんですけどね。

でもその悩みは絶えなくて、それで、理学を一生懸命徹底的にやってみようという事でやったんですけど、どうも満たされないというか、実験室でこうやって実験ばかりして、そういうのでいいのかという事ばかり思っててね。それで、指導教授に、自分の生き方については福祉がいいと思う、と話しました。そうしたらその教授が、当時助教授だった武田建先生[注2]を紹介してくれたんです。私の理学部の研究室に来てくれて、ソーシャルワークはこういうものや、という話をしてくれてね。

何で福祉をやろうとしたかというと、自分の生き方、若干信仰的な背景があったかもしれないね。自分がどういう風に生きればいいかということをそれなりに悩んで、そして、福祉をやれば自然科学で貢献するよりか、直接的にこう何らかの援助というかね、施設に働くにしても何にしても、社会に対してそれなりに役割を果たせるのではないか、そういう生き方が出来るのではないか、とそんな事を考えてね。

いつ頃にそういう事を思うのかと考えたら、僕は遅いかもしれないですね。大体僕らの時代は高校生くらいにそんな事を悩むんやね。だからねえ、友達と、本当に夜を徹して人生の問題とか恋愛の問題とかをよう話しました。そういう時期からするとね、ちょっとずれてたかもしれないな。

そういうことで、理学部から福祉に行ったもんだから、いろいろな人に「何で変わったの?」みたいな事をよく聞かれました。めんどうくさいから、いつもは単純に気変わりですっていいます。今日はまともに答えたよ(笑)。

だから、そういう考えがあったもんで、当初は学校に残るとかそんな事は考えてなかったんですよ。施設、まあこういう言い方を今から言うとあんまりわかってないという事になるけど、施設とかそういうのに、

自分が役に立つとね、単純に思ってたよ。学部が変わって、二年間やって、また大学院に進む事になって、それで大学院に進んで、岡村重夫先生[注3]が（大阪）市大を退職して、うちに専任教授で来られてね。私は岡村先生の指導を受ける事になって、（大学院の）前期課程を終える時に先生に、「私は施設に就職して、仕事をしたい」と言ったら、岡村先生が、「いやお前は後期課程にいって研究者になれ」と言われたんですよ。

岡村先生との出会い

僕にとっての岡村先生の存在？　いや、それは大きいですよ。それ以前に当然岡村先生っていうのはね、福祉の世界では代表的な人だからね。僕が社会福祉に変わろうかなと武田先生のお話しを聞いた時にはもう非常勤で関学に来られててね。で、先生が退職されたらうちに来てもらうようになってるよ、と言うような事を言っておられた。まあ時期的にははっきりしないけど、岡村先生がこられることを聞いてね。だから、大学院の１年目の時は、杉原先生いう精神医学の先生のゼミにいたんですよ(笑)。それで私がマクロ、地域福祉、コミュニティーオーガニゼーションや政策やりますからと言うとそれを認めてくれました（笑）。

それから（大学院の２年目に）岡村先生の指導を受けることになってね。研究についてはむちゃくちゃ怖かった。「お前この本読んだか？」と決まって突然言われるわけやね。読んでなかったら怒られる。「なんでこんな大事な本を読んでないんだ」って。読んでたら、「はい読みました」と言い、「こうこうこういう事で、先生はどう思われますか？」というと、満足そうな顔をしはる。先生の授業というのは、"ああしてこうして"という、研究についての細かい指示は無いんやね。先生を見て、こちらで学習して、やっていくという感じやね。しかし本を読めとか、そういう、ぽんと与えられるものが一番怖かった。大体大学院の学生が一人か二人しかいないから、先生と合わせても少人数でいろいろ議論する。そういう時はもうむちゃくちゃ緊張やね。だけど一生懸命やって、

さっきも言ったように、「お前、後期課程にいって研究者になれ」と言って下さったのは、みてくれてたんだと思うね。それでなかったら、「お前、どっかいけ」ってね、言われてしまったかもわからないね。まあ、そういう風に、それなりに努力をしたわけです。

岡村先生を目標として

　岡村先生がどんな人かって？　うーん、それはねぇ……。何度も言うけど研究業績、これは岡村理論という事で揺ぎ無いものだよね。それと関連しますけど、岡村山脈という事をよく言うのね。岡村先生を中心としていろんな人のつながり、研究者のつながり実践者のつながりのこと。関西を中心にして日本の社会福祉を支えてきたというそういう実績が一番に挙げられる。それで、これは話が違うかもしれないが、岡村先生は非常に多趣味なんですね。それもかなりレベルが高いんですよ。いわゆる素人というよりは、そこそこ上手いというかね。水墨画を書いたり、陶器をやったりもしてたかな。"てんこく"って言うんだけど知ってるかな？　難しい字を書くけど、判子を作るわけ。大理石とか、木に彫る場合もありますけど、道具で作るんです。そんなんをやられてましてね。そういうのはやっぱりそこそこのレベルにあって、その趣味のつながりの人が当然おるわけですしね。学者連中というか学校関係はもちろんですけど、非常に広い範囲で関係を持っておられたね。だから学閥みたいなことを全然考えずに、みんなで、一生懸命福祉の事について勉強するのならば一緒にやろうということで、研究会なんかを組織されててね。そういう意味で非常に心が広い。もちろん研究へのモチベーションも高いし、そういう先生でしたね

　やっぱりああ在りたいとかね、そんな人いるじゃない。私はああなりたいと思う、なれないだろうけど、ああいう感じがいいなあとかね。そういう理想というか、自分もこう、目指すタイプというかな。まあ僕のそういう目標だね。

ソーシャルワークの価値・倫理

　ソーシャルワークの価値と倫理をどう学ぶのか？教える方も難しいね。道徳の時間みたいに、「それで先生はどうなの？」ってなるしね（笑）。教える方も、痛みや後ろめたさをもってやらなあかんからね、非常にしんどいね。価値・倫理は目に見えないものやからね。同じ仕事をしていてもちがうなぁ〜と思わせる、そうゆう微妙なもの。仕事を誠実にやると言うのかなぁ。相手のことを思って…。結局生半可な表現になってしまうけど（笑）、曰く言い難いものやね。最初の方でね、岡村先生の話しをしたけど、あーゆう風になりたいなというそういう思いが大事なんかな。「これが（ソーシャルワークの）価値ですよ。あなたこうゆう風にしないといけませんよ」って言われるものじゃなくってね。

　「ああなりたい」と思う中にね、ソーシャルワークの3つの要素（価値・知識・技術）が含まれていると思いますね。「ああなりたい」と思う姿勢が価値を学んでいくんかな。「あぁしとけばいいんや」と言うのではなくてね。それが積み重なっていってね、（価値を）獲得していくんじゃないかな。僕はね、ちょっと話ちがうけれど、チャペルで年に2回話をするけど、それもものすごいしんどいんやね。一種の倫理的なこと、生き方について話すからね。そんな時もね、「私も不十分でそんなこという資格はないけれど、一緒に学びましょう」と言うんです。そんな中で聞いている人がどう思うか、きっかけというか刺激というか。そういう意味でいうと、教えるというより一緒に学ぶということやね。関西学院の（社会）福祉学科はね、関西学院の建学の精神というものがある。だからそれを通してね、「私もまだまだそんなこという資格はない」と思うから僕自身も（話すのは）しんどいんやけどね。理論っていうのは大学である程度勉強すれば分かるけど、（ソーシャルワークで）「人間」ということに関わってるということは、そのぐらいの（しんどい）ことなんやね。だけどそうゆうことを自覚して努力するということが大事なんじゃないかな。岡村先生の話にまた戻すけどね（笑）、90何歳の人

を見てね、「あぁ偉いなぁ」と思うのも、やっぱりその人は（岡村先生は）長い時間かかってそんな風に（人間性が豊かに）なっていったんやね。偉い人は50か60歳で業績を残すかもしれんけどね。だけど業績だけで偉いとは言えないからね。人間というのはやっぱり、70-80歳かかってね、「偉いなぁ」とこちらが思うような人になるというのかな。くどいようだけど、「こんな人になりたいな」と思う姿勢、人を見る目をもつことが人間性を育てていくんじゃないかな。それが大事なんじゃないかな。

　そいうこと（ソーシャルワークの価値・倫理について）を教科書で書くには難しいね。「教育するもの・されるもの」の関係でできるものじゃないからね。歳いってるものも、いつまでも学ぶ姿勢をもってないといけないし。そんな姿勢がその人の態度に表れるということやね。基本的には、謙虚な気持ちをもつことかな。

【注】

注1）　このインタビューは、社会学部社会福祉学科1期生（2003年3月卒）の堤陽一さん、太田和弘さん、内村美奈子さん、竹島舞さん、および当時の実習助手であった石井祐里子さんによって行われたものです。彼らは、この記事の最後に以下のようなコメントをつけて締めくくっています。「髙田先生、本当にありがとうございました。私達学生の率直過ぎる質問一つ一つに、真摯に答えてくださってとてもうれしかったです。講義ではきけない貴重なお話しを沢山きくことができました。このインタビューを通して、私達と同じような年齢の頃の、ソーシャルワークを学び始めたばかりの頃の髙田先生、そして、岡村先生に師事され研究職につかれてから現在に至るまでの髙田先生のお姿が、生き生きと浮かび上がってきました。特に岡村先生を敬愛しているご様子は、ステキな先生との出会いの大切さを感じました。私たちも今回髙田先生とお話しさせて頂き、そのお人柄にふれて『こんな風になりたい』と思えるそんな先生との出会いの大切さを実感しました。お忙しい中長い時間お付き合いしていただき本当にありがとうございました」。

注 2)　武田建＝関学で社会福祉を学んだ後、北米の大学院でソーシャルワークとカウンセリングを学び、帰国後 1962 年から 2000 年まで関学社会学部の社会福祉の中心的な教員として勤務。ソーシャルワークの行動変容アプローチを日本に紹介した。関学の学長や理事長も務める。

注 3)　岡村重夫＝大阪市立大学教授を経て、1970 年から 1975 年まで関西学院大学社会学部教授。社会福祉固有の視点である岡村理論を打ち立てたわが国を代表する社会福祉学者。2001 年 12 月永眠。

第 2 部
社会福祉原論とは

> 解説
> 第2部

内発的発展の展開

はじめに

　第2部では、「内発的発展」をキーワードにして社会福祉の各領域ごとにその現状と課題について考察していくことを目的としている。「内発的発展」を社会福祉研究に取り込もうと試みたのが髙田眞治である。この内発的発展の導入というアイディアを髙田から受け継ぐという趣旨のもと、髙田に師事した者により各章が執筆されている。髙田に師事した者は多数にのぼるので、専攻領域が偏らないように配慮し、その結果として、社会福祉原論、児童福祉論、障害者福祉論、高齢者福祉論、地域福祉論、医療福祉論、社会福祉研究方法論といった領域で各自が内発的発展を展開することになった。各章を通して、髙田眞治の思想に触れ、そのことによって読者が社会福祉理論への興味を深めていってくれることを願っている。
　そのためには予備知識のある方が効果的であると思われる。そこで、髙田眞治が社会福祉研究の先人とどのような理論的関係にあるのかを確認し、その後に髙田自身がどのような理論を提唱したのかその概要に触れることにする。そして、最後に、髙田理論の課題と内発的発展を受け継ぐことの意義について若干言及してみたい。

1　社会福祉研究の先人である岡村理論と課題

　吉田久一によると、社会福祉の前身ともいえる社会事業に関する理論的研究が開始されて半世紀以上がたっているという（吉田　1974:1）。これは1974年の指摘であるから、現時点において社会福祉研究の歴史は100年足らずということになる。これは経済学や社会学など隣接領域の

歴史と比べると非常に短いものである。しかし、その間にも何人もの社会福祉研究者が登場している。それぞれに理論的基盤があり、各々の社会福祉理論が存在している。このような中、岡村重夫は現在に至るまで理論的な影響力を持ち続けており、また、「岡村山脈」といわれるような研究者の人脈をも形成しているのである（古川 1994：33）。岡村が社会福祉研究においてどのようなことを主張しているのかをみてみることにしよう。

岡村によると、人は七つの「社会生活上の基本的要求」を満たすことによって社会生活を営んでいる。この七つとは、①経済的安定、②職業的安定、③家族的安定、④保健・医療の保障、⑤教育の保障、⑥社会参加ないし社会的協同の機会、⑦文化・娯楽の機会である。これらは社会制度との関連から抽出されたものであり、したがって、それぞれの基本的要求に対応した社会制度を通して充足されることになる。この七つの基本的要求を充足する過程が社会生活であるから、社会生活上の困難とは、これらを充足する過程の困難ということになる。この社会生活上の困難にかかわることが社会福祉である（岡村 1983：68-82）。

社会生活上の基本的要求をもつ個人が、それぞれに関連する社会制度を利用する過程が社会生活である。したがって、社会生活の要素としては、①社会生活の基本的要求の主体者である個人、②それぞれの基本的要求に応じた社会制度、③この両者を結びつける社会関係があげられる。この社会関係は二重の構造となっている。すなわち、個人の側から社会制度を見た主体的側面と、社会制度側から個人を見た客観的側面の二重構造であり、この二つは相反するものとなっている。生活上の困難は主体的側面にも客体的側面にも発生するが、社会福祉は社会関係の主体的側面の困難に着目する援助である。この点により他の社会施策等と区別されるのであり、これこそが「社会福祉固有の視点」といえる。援助にあたっては、社会関係の主体的側面からみる、すなわち、個人の側からみることに伴って、社会性・全体性・主体性・現実性という四つの原理に基づくことになる（岡村 1983：83-103）。

以上が岡村理論の概略であるが、このような岡村の理論に対してはいくつもの評価がある。比較的新しい評価としては、松井二郎と船曳宏保のものをあげることができる。松井は、岡村理論を社会の統合的側面を

強調したパーソンズの機能主義社会学との共通点を指摘しながら、社会福祉を取り巻く社会の構造的脈絡への視点が著しく不鮮明になっているという（松井 1992:22-24）。また、船曳は岡村理論の中に社会変動の概念を導入することを主張している(注1)（船曳 1993:189-190）。

この二人の評価は、岡村理論が社会福祉の内部だけに焦点を当てて理論化されていることを指摘しているといえる。したがって、社会福祉を取り巻いている社会福祉の外部にも目を向け、それに関することも理論の中に組み込んでいくことの必要性を説くものとなっているのである。ここに、社会福祉とその外部環境をどのようにとらえるのかという一つの課題に取り組み、社会福祉研究をさらに発展させることが求められようになったのである。

2　髙田理論の概要

岡村理論の課題に取り組むことを明確に意識していたかどうかはわからないが、髙田眞治の研究はそれを受け継ぐものとして位置づけることができる(注2)。髙田は『社会福祉混成構造論』と『社会福祉内発的発展論』という二つの著書の中で社会福祉とその外部環境に焦点を当てて理論を展開している。この二つの著書を参照しながら、髙田がどのようなことを主張しているのかをみてみることにしよう。

髙田は、社会の下位概念として政治、経済、文化を措定し、それらが相互に関係を持っているとする。そして、この三者は相互作用しながら、社会福祉の質と量を決定する前提になっているというのである。それに対して、現状の社会福祉は政治、経済、文化と同等に位置し、三者と相互に影響を与え合う社会制度として確立していない。つまり、社会福祉は三者にほとんど影響を与えることができないというのである。この図式は社会全体のものであるが、社会を市町村レベルでとらえてみても、同様のことが当てはまる。したがって、市町村レベルの社会福祉＝地域福祉も政治、経済、文化に規定されているが、その逆に三者への影響力を持つに至っていないのである（髙田 1993:298-301）。

これからの社会福祉・地域福祉は三者から規定されるだけにとどまら

ず、三者に影響を与えて、それらを変革していけるようになることが必要とされる。つまり、政治、経済、文化を「現状」から「もう一つの状態」(＝社会福祉の前提として望ましい状態) へと変革していくことが求められているのである。その際、この変革が外からの働きかけ、他律的な変動ではなく、いかに内発的に発展していくかが重要である。そのため、何が社会の内部から内発的発展を生じさせるのかを考えていくことが大きな課題となる (髙田 1993：302-305)。

社会福祉の前提となっている政治、経済、文化を、内発的発展によって望ましい状態に変革する鍵は社会福祉自体にある。そのために、社会福祉がいかにして内発的発展の原動力を開発するかを明らかにしていく必要がある。社会福祉が内発的発展を開発することで社会の変革をもたらし、この変革が社会福祉を発展させる前提となり、そして、発展した社会福祉がさらに社会の変革を導くという正の循環構造を長期的に見据えた展望として持つことが求められるとしている。これらのことを表しているのが図である (髙田 1993：305-318)。

(出所) 髙田 1993：316

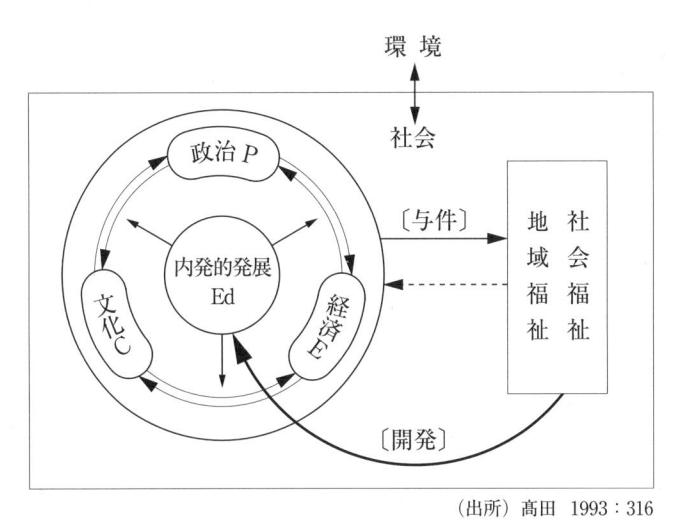

図　内発的発展を開発する社会福祉の位置

髙田は、社会福祉の五つの部面の中に内発的発展の萌芽があることを見極め、その萌芽が内発的発展へと本格的に展開していくための課題を抽出することを試みる。そして、社会福祉の思想（関係論への転換）、社会福祉の方法（計画による変革）、社会福祉の価値（共生への道程）、社会福祉の創発（新たな公共性）、社会福祉の実理（オイコスの考現）という五つが、社会福祉の内発的発展を促進する要件であることを提示するのである（髙田 2003）。

3　内発的発展を受け継いで

　髙田は、内発的発展という社会変動の概念（鶴見 1996；鶴見・川田 1989）を摂取することで、社会福祉とその外部環境に対する視座という岡村理論の課題を克服し、社会福祉研究の展開に資することができたかのようにみえる。髙田理論は社会構造というマクロな側面に対する理論的発展の試みではあるが、内発的発展を社会福祉研究に援用することは、個人の行為といったミクロな側面に対する貢献の可能性も内在しているといえる（髙田 1993：315-316）。最近、社会福祉援助論の文脈で言及される欧米諸国から外在的に伝わってきたエンパワーメントを、日本独自の概念や援助方法へと創造していく可能性がそれである。このように社会福祉に内発的発展を取り込むというアイディアは髙田による一つの貢献であるといえるであろう。
　しかし、髙田理論は大きな理論的難点を抱えている。まず、本書にある第4章の松岡論文において指摘されていることがあげられる。内発的発展とは自らの内部から自律的に変動していくことであって、その外部からの影響により他律的に変動するものではない。それにもかかわらず、髙田理論はそうはなっていない。髙田は、政治、経済、文化の相互的な構造の内発的発展が社会福祉という三者構造の外部によって誘発されるとしている。これでは外発的発展であり、論理的矛盾を起こしている、という指摘である。
　この点については、どこまでを内部とするかということで凌ぐことができないわけでない。つまり、図でいうところの「社会」の内部から生

じているので、社会全体における内発的発展と理解するというものである。しかし、このように解釈できたとしても、政治、経済、文化の相互作用的三者構造を変動させる原動力が内発的発展であり、それを開発するのが社会福祉であると髙田はするが、どうして社会福祉が三者構造に影響を及ぼすことのできる内発的発展を開発できるといえるのか、その根拠が必ずしも明らかではない。

　さらに、化学における混成軌道の援用が空論となっていることがあげられる。原子には固有の電子配置とそれに対応した軌道がある。原子と原子が結合すると安定した構造となるよう電子配置が再構成される、すなわち混成軌道をつくる（髙田　1993：298）。つまり、別々の特性を持つものが合わさると、新しく合成された別の構造を構成し、＋の側面が拡大していくというのである（髙田　1993：313）。これを援用して、内発的発展が政治、経済、文化の三者構造に混成すると、「現状」における問題が縮小されて、「もう一つの状態」が強化されるとする（髙田　1993：314）。しかし、内発的発展が生じたからといって、電子が再構成されて＋の側面が拡大するように、政治、経済、文化の抱える問題が解決されるとは限らない。問題がそのままの状態で維持されることは十分に考えられる。

　このような難点を今後乗り越えるべく理論の研鑽が求められるが、だからといって、髙田の試みがまったく意味のないことにはならない。むしろ、社会福祉研究の問題を指摘して、さらに研究が発展していくための契機となりうるものである。

　社会福祉において登場する言葉はカタカナ書きされるものが多い。例えば、ソーシャルワーク、ノーマライゼーション、エンパワーメント、ストレングスなど数え上げればきりがない。それは日本の社会福祉研究が欧米諸国によっているところが大きいからである。もちろん、先進的な研究を欧米諸国から導入することは重要であり、必要である。しかし、欧米諸国で生まれたものには、その歴史的、文化的、社会的背景がある。それらをそのまま日本に導入したところで、日本の状況に適合するとは限らない。髙田も指摘するとおり（髙田　1993：145）、日本の事情に応じた日本固有の社会福祉を内発的に開発していくことが求められているのである。

この第2部を読んで、社会福祉における内発的発展の重要性を感じ取ってもらえればと思う。読み進めていくにあたっては、必ずしも章の順番通りである必要はない。読者が興味関心を持った章から読んでいき、興味を持てない章は読み飛ばしていっても構わない。それでは、以下の各章において、内発的発展がどのように記されているかをみていってほしい。

注

注1)　船曳は、もう一つの課題として、次のようなこともあげている。岡村のいう個人が要求充足をはかろうとするなら、現実を経験、予測、評価できるような能力（＝自我ないし自己）の概念を明確にする必要がある。それにより、社会福祉の経験的な形態を構想できる。（船曳　1993：188-189）

注2)　髙田の研究以外で社会福祉とその外部環境まで射程に入れた研究としては、松井（1992）、古川（1994）の著書がある。この二人の研究は、これまでの社会福祉研究がどのように展開されてきたかを概観し、それを継承するかたちで自らの理論を展開している。理論研究という点を考えれば、髙田もこれまでの研究を継承したうえで発展させていくべきであったであろう。「岡村理論の課題に取り組むことを明確に意識していたかどうかがわからない」と記したのは、先行研究の継承ということが見られないためである。

【参考・引用文献】

岡村重夫（1983）『社会福祉原論』全国社会福祉協議会。
髙田眞治（1993）『社会福祉混成構造論』海声社。
―――（2003）『社会福祉内発的発展論』ミネルヴァ書房。
鶴見和子（1996）『内発的発展論の展開』筑摩書房。
鶴見和子・川田侃編（1989）『内発的発展論』東京大学出版会。
船曳宏保（1993）『社会福祉学の構想』新評論。

古川孝順（1994）『社会福祉学序説』有斐閣。
松井二郎（1992）『社会福祉理論の再検討』ミネルヴァ書房。
吉田久一（1974）『社会事業理論の歴史』一粒社。

第 3 章

内発的な社会福祉実践研究の実際
調査者としてフィールドに入りこむまで

はじめに

　近年の社会福祉学では、社会福祉実践研究のあり方について、関心が高まっている。10年前に大学院博士過程に入学して以来、私もこのことに関心を寄せ、今日に至るまでその方法を追求してきた。これは、髙田が内発的なソーシャルワーク開発の必要性を指摘したのと同じ動機から発している。

> 戦後における外発的な導入によるアメリカ・ソーシャルワークの模倣ではなく、50年を経た今日、わが国固有の事情に即した主体的、内発的なソーシャルワークの開発が課題になっているといえるであろう。
> 　　　　　　　　　　　　　　　　　　　　　　（髙田　2003:145）

　髙田は、日本の社会福祉のあらゆる部面において、内発的発展の必要性を訴えた。そして内発的発展を、「内側から動かしていくような力が起こり、働いていくこと（髙田　2003:2）」「自律的に発展するという信念をもち、文字通り土着の固有性を相互に尊重すること（髙田　1993:307）」と説明している。上記の引用で髙田が述べるように、エンパワーメント、ストレングスやチームワークなど、今日の日本の社会福祉実践

で重要とされている概念のほとんどが、海外、特にアメリカから輸入されたものである。海外からの輸入ではなく、日本の社会福祉実践に基づき、現場の特性を反映した内発的なソーシャルワークの方法論を開発する必要性を、髙田は指摘しているのである。

だが髙田自身は、内発的なソーシャルワークの開発をどのように進めるのかについて、言及していない。そこでこの論文では、まず、私の考える内発的な社会福祉実践研究とはいかなるものか論じていく。次いで、私の研究を例に、内発的な社会福祉実践研究の実際の一部を紹介していく。

1 内発的な社会福祉実践研究とは

内発的な社会福祉実践研究とはいかなるものか。それは、①社会福祉実践が行われている現場や人々が生活している場といったフィールドに研究者自らが身をおいて、質的調査法を用いて、フィールドの社会的現実のなかから社会福祉実践に関連した理論生成を目指す研究のことであり、②その研究を通じて、研究者も、ひとりの人間として、社会福祉研究者として、内的変容を遂げるような可能性を秘めている研究のことである。従来の社会福祉実践研究では、①の研究方法と目的に関する議論は多かったように思う。だが、私の考える内発的な社会福祉実践研究では、②の研究する人間に着目し、①を通じて研究者が変容する点をも含めている点が、これまでの社会福祉実践研究の考え方と異なる。次に、①②について、より詳しく説明していこう。

まず、内発的な社会福祉実践研究では、研究する者が社会福祉実践の現場や人々が生活している場に身をおいて、参与観察やインタビュー、文書資料の収集という質的調査の技法を用いて調査を行う研究方法を採用する。研究者がキャンパスや図書館を出て、社会福祉実

践の場や人々の生活に飛び込んでその場や活動に参加し、様子を観察したり、話を聞いたり、人々が持ちそこにある文書資料を集める。質的調査法を用いた研究では、日記、公文書、ケース記録や歴史的資料などの文書資料の収集のみで研究することも可能だが、内発的な社会福祉実践研究は、これを除外している。研究者がフィールドに赴き、フィールドの人たちと同じ空気を吸い同じにおいをかぎ、人々の生の声を聞き、生の姿を観て、相互に影響を与えあいながら、データを収集し分析する点を重視している。

　次に、内発的な社会福祉実践研究では、理論生成を目的に研究を行う。社会科学における調査研究では、質的調査法、もしくは量的調査法を用いたものであれ、理論を生成するために、あるいは、理論を検証するために、研究が着手される。理論検証型の研究とは、理論から出発して仮説を演繹し、その仮説をテストする。一方、理論生成型の研究は、データを収集し、集められたデータから体系的な理論を作り出すことを目的とする。質的調査法は、理論生成を意図した研究に用いられることが多いが、もちろん理論検証の研究のためにも使用できる。だが、内発的な社会福祉実践研究では、日本の固有の事情に即し、その社会福祉実践が生起している現場に密着した社会福祉実践の理論や概念の産出を意図しているため、理論生成を目的に質的調査法を用いる。そして、内発的な社会福祉実践研究によって構築する理論とは、理論検証型研究が前提とするような、抽象度の高い、長きにわたって通用する理論ではなくて、非常に限定された領域の、決して完成することのない暫定的なプロセスとしての理論である[注1]。その理論では、既存のさまざまな理論や概念を使ったり、既存の概念を再定義したり一部の言葉を変えたり、また、適当な概念がない場合はデータから研究者が独自の概念を作ることによって、研究対象となっている現象を説明することが試みられる。

　そして内発的な社会福祉実践研究では、上記のような研究方法・目

的に基づき研究を行う過程で、フィールドの人たちとの相互作用を通じて、研究する人間自身が、ひとりの人間として、社会福祉研究者として、内的に変容する点を認める。研究者は、自身のジェンダー、年齢、結婚の状況、家族背景、職業的背景、社会的地位をはじめ、固有のライフヒストリーやその時々の個人生活上の満足感や喜びや悩みや課題などを背負って、調査を行う存在である。そうした存在であるがゆえに、研究者はフィールドで出会う人々と距離を保ち、客観的で、個人的な感情を交えない態度をとるといった、実証主義・ポスト実証主義的な質的研究で前提とされるフィールドの人々との関係性を維持することは不可能である。むしろ、人々や生じている出来事に対して、好感、共感、賞賛、怒り、戸惑い、不信感など、肯定的な否定的な感情を抱きながら、フィールドの人々や生起している出来事に巻き込まれていく。また、人々と自分自身や、遭遇した出来事と自分の個人的・職業上の生活経験とを同一視したり、研究者自身がエンパワーメントされたり、ディスエンパワーメントされたりするということも起こりうる。あるいは、ひとりの人間であり社会福祉研究者としての自分に対し、葛藤や疑念を感じることもあるかもしれない。そうした研究者の経験は、フィールドでのデータ収集や分析に織り込まれることによって、調査している現象のより深い理解や解釈を生み出すことを可能にするのみならず、研究者自身の価値感、人生観、道徳、個人的ニーズ、自分の生活・職業経験の特性などに気づかせ、自己認識を深める機会を供給する。それとともに、個人、もしくは、社会福祉研究者としての自分や生き方に、新たな視点をもたらしたり変化を生じさせたりする可能性も秘めている。社会福祉研究者としての自分や生き方の変化に絞って述べると、社会福祉実践や研究に対する新たな姿勢や価値観が培われたり、研究者自身が新たな社会福祉実践をはじめたりということも起こるかもしれない、ということである。

　以上が、私の考える内発的な社会福祉実践研究である。次に、この

内発的な社会福祉実践研究をいかに行うか、その一部を、私が行っている研究を例に紹介しよう。

2　研究の実際

(1) 研究の概要

　私は現在、y市ある障害者福祉サービスを提供する通所型の事業所zをフィールドに、その事業所におけるソーシャルワーク的な支援活動や、通所者の自立生活を実現する過程に関する研究を行っている。用いている研究方法は、フィールドワークである。これは、参与観察、現場密着型の聞き取りや一次資料収集などの質的調査技法を用いて、調べようとする出来事が起きているその現場（＝フィールド）に出かけて行って、そこの人々との密接な接触を保ちながら行う調査のことである（佐藤　2006:34-35）。そして、その研究成果を、三毛（2004, 2007abc）で報告している

　事業所zは、親と同居している養護学校を卒業した重度心身障害者のための活動拠点として、1981年に設立された。運営しているのは、y市の社会福祉協議会である。障害者自立支援法下の障害者福祉サービス体系では、生活介護事業を中心に、今後の地域生活支援の発展のために、居宅介護事業、重度障害者等包括支援事業、相談支援事業を展開している。2007年10月現在、事業所の通所者は56名、その多くが脳性麻痺者である。職員は43名である。

　私は、この事業所には、もともとボランティアとして2001年秋頃から関与しはじめ、ボランティア活動を続けるなかで、社会福祉研究者として興味深い現象をいくつか発見した。そしてそのなかから研究テーマを見つけ、調査者としてフィールドワークを開始し、論文を書くに至っ

たのである。

　これからの描写はこの事業所での私の経験をもとにしているが、論文字数の都合から、私がボランティアとしてzに関与をはじめてから研究テーマを見つけ、調査者としてフィールドワークを開始するに至るまでの過程に限定して記述する。また、内発的な社会福祉実践研究の定義で示した研究する人間の変容という側面については、この論文以降の調査過程で生じたので、ここでは十分描写できていないことも、断っておく。社会福祉を学ぶ学生のなかには、社会福祉に関わるボランティア活動を行っている人もいるだろう。また多くの学生が社会福祉現場実習にも参加する。そうした場で、不思議に思ったり、疑問を持ったり、憤りを感じたり、興味を持ったりすることが、きっと出てくるであろう。こうして、自分のなかにふと湧きあがった思いを、いかに内発的な社会福祉実践研究の着手に結びつけていくのか、私の経験を参考に考えてもらえればと思う。

(2) 調査者としてフィールドワークをはじめるに至るまで

　2001年の4月、私は、以前の勤め先である大学に、はじめて大学教員として勤めることとなった。私はもともと医療福祉領域で研究に携わっていたが、その大学で勤めるにあたっては、医療福祉だけではなく、障害者や高齢者など他の社会福祉領域の現場も見て体験する必要性を感じた。それは、この大学は社会福祉士養成過程を有しておらず、学生には一般教養的に社会福祉を教えることが求められたからだ。これに応えるには、一般的にはあまり知られていない医療福祉よりも、障害者や高齢者福祉などのほうが、学生が社会福祉をイメージしやすく関心を持ちやすいだろうと考えた。だが私自身、社会福祉の現場体験といえば大学院修士・博士課程時代の病院ソーシャルワークの実習体験しかない。ゆえ

に、自分がもっと障害者・高齢者福祉領域の実践現場を知ったうえで、社会福祉を教える必要性を感じた。また、修士・博士課程では病院のソーシャルワークを研究領域とし、とりわけ、博士論文の執筆を終えバーンアウト気味だったこともあり、医療福祉領域から少し距離をおきたいという気持ちもあった。こうしたわけで、教員として勤務開始前後の頃、知人のツテを頼って、高齢者のデイサービスや、身体障害者の入所施設、重度心身障害者の通所施設など数カ所訪問し、そこでの社会福祉実践について話を聞きボランティ活動を行っていた。そのなかの1つに、事業所ｚがあった。[注2]

はじめての訪問

はじめてｚを訪れたのは、2001年3月5日、大学に勤めはじめる1カ月ほど前のことである。ｚを訪問先に選んだのは、大学院時代のゼミの後輩がｚの社会福祉実践をテーマに修士論文を書いており、その報告をゼミで聞いたことがきっかけだった。ノーマライゼーションの理念を具現化したような、先駆的な社会福祉実践活動を行っている事業所という印象を持ち、興味を持った。またｚの所在地が、私の家からも近いこともあり、訪問を思いたった。そこで、ゼミの後輩を介して、ｚの園長とコンタクトを取ったのである。

そして訪問当日、応対してくれた当時のｚの園長に自己紹介の後、ｚに関心を持ったいきさつや勤め先で求められる事情など、この日の訪問の趣旨を説明した。園長は事情を了解してくれ、ｚの活動内容についてのレクチャー後、ｚ内を見学することとなった。レクチャーでは、ｙ市の障害者福祉の歴史を踏まえながら、ｚの設立時から今日に至るまでのｚの社会福祉実践が展開される経緯や、ｚの理念、今日の社会福祉実践活動の内容などを聞いた。メモをとりながら話を聞いていたが、そのときは、ｚの全体像や社会福祉実践の様子があまり理解できなかった。その頃の私は、障害者福祉の歴史や障害者領域の社会福祉実践についてほ

とんど知識がなかったため、説明を一度聞いたくらいでは、その内容をよく飲み込めなかったのだ。一通りのレクチャーの後、z内を見学した。説明を受けながら、窓越しに通所者や職員の様子を眺めていたのだが、通所者の興味やニーズに応じて、毎日、午前午後に同時並行的に、「取り組み」と称される活動が行われているらしいということは、なんとなくわかった。取り組みとは、zで展開されている、自己実現プログラム、自立プログラム、社会参画プログラムの3つのプログラムの下に行われる職員と通所者による活動のことである。5-6人の通所者と2-3人の職員から構成される小集団活動から、職員と通所者の1対1の活動まで含まれる。通所者は、いくつかの取り組みのなかから自分のニーズや興味に応じたものを選んで参加しており、それがzの特性であるらしい。それまで見学に行った施設や事業所では、一度に1つの活動しか行われていないため、利用者の嗜好やニーズに沿わないものであっても、利用者はそれに参加せざるをえない、という仕組みになっていたのと対照的であった。つまりzは、利用者のよりニーズにあった社会福祉実践を提供しているということだ。

この日の訪問で、zでどのような社会福祉実践がどのように行われているのか、わかったわけではなかったが、z内部を見学した際に抱いた好印象から、zで何が起こっているのかもっと知りたいと思った。そのために、ボランティアとして1日zで過ごしてみたいと思った。そこで、事業所活動のより詳しい見学という趣旨から1日ボランティア体験をさせて欲しい旨、園長に願い出て、承諾を得た。

はじめてのボランティア体験

zではじめてボランティア体験を行うことになった3月19日、私は指示された10時に到着した。この日は、Uグループというグループに入って活動することになった。zでは、通所者は取り組みに対する各自の興味に応じて、当時4つのグループに分かれ活動していた。Uグループは

その1つであり、男性通所者10名、女性通所者12名と、職員7名から構成されていた。ｚ側は、私が社会福祉実践のなかでもソーシャルワークに関心があるということを配慮し、ソーシャルワーク的な取り組みが行われているこのグループに、私を割り振ってくれたのだった。1日の活動スケジュールは、朝礼への出席、午前中に「女支援会議」という取り組みへの参加、昼食介助、午後は「ドリップ」という取り組みへの参加、終礼への参加というものだった。また、この日は、事業所活動の詳しい見学という意味も込めてのボランティア体験であったので、活動中に見聞きしたことのメモをとらせて欲しい旨、Uグループの職員に願い出て、了解を得た。ゆえに、この日についてのこれからの記述は、主にそのメモをもとにしている。そしてこの日、後にｚでの定期的ボランティア活動を開始する動機となった、4つの印象的な出来事を体験したのである。

　その1つは、午前中に参加した女支援会議のなかで展開された通所者と職員とのコミュニケーションである。女支援会議は、通所者の家庭生活のなかでの困りごとや将来生活などについて、職員も交えながら通所者同士で話し合うという、女性のみが参加する取り組みである。参加者は4人の女性通所者と2名の女性職員だった。Uグループに所属する通所者の多くが音声言語障害を持つと聞いていたので、音声言語障害のある人たちの会議とはどのように進められるのか、最初は想像がつかなかった。だが、会議は見事に成り立っていたのである。

　会議出席者のなかで、たとえばNさんの場合、ひらがなや言葉や文章の候補を職員が文脈から考えて声に出して、それが彼女の伝えたいものと合致しているならば、彼女は口を開ける。口を開けることで、「はい」という意思表示をしているのだ。Nさんのように、会議に参加していた通所者全員が音声言語障害を持っていたが、皆、各々に応じた方法で話をしていた。一方職員は、通所者が伝えようとしていることを聞き取る姿勢を徹底させていた。この人はこう思っていると、先回りして思いを断定するのではなく、職員は、1つの単語や言葉や本人が伝えたい

文章の候補をあれこれ考えて口にし、それが本人の伝えたいことなのか、確認して会話を進める。また、本人が話すと時間がかかるような複雑な内容の場合は、「○○さん、代わりに言っていい？」と承諾を得てから、職員は話しはじめる。通所者の意思を尊重しながら、コミュニケーションをとっていると感じさせる行為である。

また、通所者が話しはじめてから終わるまでの間、そこに流れる空気も、私が日常的に経験している会話時のものとはまったく異なっていた。皆、1行の文章を伝えるのに、健常者以上の時間がかかる。会話は、人の声が響かない静かな間を時々に挟みながら、繰り広げられる。1つのひらがなや単語が職員の口から発せられ、それに対して本人が口頭や顔の表情や手指のサインで応える。その間、その応えをじっくりと待つという雰囲気が、その場全体に感じられる。したがって会議は、非常にゆっくりとしたペースで進む。こうしたなかで展開する会話では、わずか1行ほどの文章であっても、大変な重みを感じる。私は、Nさんが何を伝えようとしているのか、直接、自分で理解できるようになりたいと思った。

次に、女支援会議で話された内容にも惹きつけられた。その日のトピックスは3つあり、1つめがNさんの携帯電話購入をめぐっての母親との意見対立、2つめが生活保護制度の手続き方法、3つめがSさんの家庭での入浴介助についてであった。このときの会議だけでは、トピックスの全体像は見えてこなかったが、話されていたのは、ソーシャルワーク的な関わりによって対応されうる問題や悩みではないだろうかと思った。

第3に印象に残ったのは、午後の取り組みのドリップに参加していて楽しかったことだ。この取り組みでは、風鈴、ティッシュケース、お菓子など、何かを作ることが行われる。参加者は5名の通所者と職員3名と私。この日は、バナナケーキを作るということだった。身体障害者がどのように調理するのかという疑問と興味を持ちながら、その様子を見

ていた。すると、実際に調理をするのは職員なのだが、調理の仕方や味付けや皿への盛り方など、ひとつ1つの行為を職員が声に出して述べ、どのように行為するかをメンバーに尋ねながら、調理を進めていたのである。そしてときには、職員や通所者が冗談を言ったり、合いの手を入れたりといった、和気藹々とした雰囲気のなかでケーキ作りが進められた。お菓子作りなど、自分自身が久しくやっていなかったことに参加したことに加えて、皆でわいわい言いながらケーキを作るのが楽しく感じられた時間だった。

　最後に、それまで見学やボランティアに行った障害者入所施設とは異なり、通所者や職員から元気さや明るさを感じたことも驚きだった。先にボランティアを体験した入所施設では、入所者も職員も介助に追われて1日が終わっていたのを目にしたということもあったので、重度身体障害者は気の毒で施設職員も大変だ、というイメージが私のなかで形成されていたようだ。しかしzでは、取り組みや昼食時に、通所者や職員の間から笑いが漏れ冗談やユーモアが飛びかい、時にはこちらの腰が引けるほどののりのよさを感じた。また、通所者の服装や車椅子にピンクや赤や黄など色鮮やかなカラーが使われていたり、キャラクター入りトレーナーを着ている人がいたりといったせいであろうか、その場全体から受ける色彩のイメージがカラフルで明るい。それらが一体となって、入所施設とは異なる格段の元気さや明るさをグループ全体から感じた。

　以上の4点から、私はzに興味や好印象を抱き、zでもっと時間を過ごしたいと思った。また、zの社会福祉実践をよりわかるためには、1回のボランティア活動だけでは不可能だとも感じた。そこで、再度のボランティア活動を願い出た。

定期的ボランティアとしての関わり開始に至るまで

　大学が夏期休暇に入った2001年8月から11月下旬にかけて、曜日を変えて、不定期的に計8回ボランティアに通った。曜日を変えて参加し

たのは、曜日によって行われる取り組みや通所する通所者の顔ぶれが異なると聞いたからである。また、通所者の送迎への同行や、通所者の通所時間前や帰宅後の職員会議へも参加させてもらった。

　このときのボランティア活動でも、3月に出席した女支援会議と同じ趣旨の取り組みである「支援会議」に惹きつけられた。これは、これまで男女別に行われていた支援会議を、2001年度からは男女の通所者一緒に開催するようになったものである。ここでは、女支援会議と同様の、通所者の現在の家庭生活や将来生活への思い、職員の支援や他の事業所の支援やサービスのあり様も耳にできた。何度か出席するうちに、通所者の状況や支援者の支援の実際が、少しずつわかるようになっていった。また、ある人が会議で以前述べていたことがその後どうなり、これからどうなっていくのかということも気になっていった。この取り組みに参加すると、通所者の生活上の問題という、ソーシャルワークで対象とする問題や、それに対する施設や職員の援助方法も見えてくるのではないかと思った。

　また支援会議以外にも、リハビリを目的にした取り組みや、絵本を読む取り組みなどにも参加した。これらはやはり、参加していて楽しかった。自分が日頃行っていないことを体験するので新鮮であり、それを他の人たちと一緒にわいわいと言いながら行うことが、おもしろかった。その他、私の日常生活では行わない介助も、新鮮であった。相手のペースや様子を見て相手に合わせながら身体に触れる介助という行為は、通常の意識とは違う感覚を私にもたらす貴重な体験となっていった。また介助を通じて、通所者との心理的距離もほんの少し縮まったように思う。そして通所者と一緒にいる時間が増えるにつれ、言語障害があっても、彼・彼女らが伝えようとしていることが、少しわかるようになった。

　以上あげたような、社会福祉研究者としての関心、取り組みの楽しさ、そして、介助や通所者とのコミュニケーションへの関心から、私はもっとUグループに関わりたいと思った。こうしたことから、不定期な

ボランティアとしてではなく、週1回の定期的ボランティアとしての参加を考えるようになった。そして、2001年11月27日から、毎週火曜日の定期的ボランティアとして、zでの活動を開始したのである。

定期的ボランティアとしての関わりスタート

　zの1日は午前9:00からはじまる。事業所全体の会議やグループ内での打ち合わせの終了後、9時30分過ぎから、職員は通所者の送迎のために通所宅にタクシーやzの車で赴く。ボランティアの活動は、通所者がzに到着する10時頃からの開始である。お茶の介助、朝礼への出席、10時30分から12時頃まで取り組みへの参加、12時過ぎから13時30分まで昼食介助と片付け、13時30分から15時頃まで取り組みへの参加、15時過ぎからお茶の介助と終礼への出席、15時30分頃に活動終了、これがおおよそのボランティアの1日である。その他、食卓の準備や食器洗いなどの手伝いや、車椅子の移動や衣服・靴の着脱といった介助も入る。また、介助に慣れてくると、職員からトイレ介助の手伝いも頼まれ、職員や通所者に教えてもらい、できるようになった。今では、私ひとりでトイレ介助ができるようになった人もいる。

　また、定期的なボランティアということで、私が参加する取り組みも固定化されることになった。私は支援会議に関心があったので、それへの参加をお願いした。その希望にそった形で、午前中は「支援会議」に、午後は支援会議とは趣の違う取り組みに参加したほうがzや通所者のことが理解できるだろうというz側の配慮で、「やってみよう」という取り組みに参加することになった。やってみようは、ゲーム、お菓子作り、外出、年賀状作成などを、通所者、職員とボランティアが一緒に行う取り組みであった。

　不定期的なボランティア活動中から、社会福祉学を専門領域とする大学教員の自分が、ボランティアとしてどのような態度や役割で通所者や職員と関わり活動するのか、ということを意識していたが、定期的ボラ

ンティア活動を行うにあたって、これを徹底させようと心がけた。具体的には、①あくまでもボランティアとして、通所者を介助し職員の仕事の手助けを優先させること、②社会福祉研究者としての自分が職員の支援や通所者の言動に影響を与えるような振る舞いはしないこと、③そのうえで、自分は障害者領域の社会福祉実践や障害者の実情を知らないので、zでの活動を通じて勉強させてもらうこと、この3つである。とくに、大学教員としてではなく、ひとりのボランティアとして扱って欲しいと思ったので、「先生」という呼称ではなく、苗字で呼んで欲しい旨、Uグループの職員や通所者には伝えた。最初は皆、私のことを「先生」または「三毛さん」と呼んでいたが、そのうち、苗字で呼ばれるようになった。また服装についても、パンツやジーンズにTシャツやトレーナー、ソックス履きという、職員や通所者と同じような格好をして、その場の雰囲気になじむように努めた。ただし、以上の3つの態度で臨むと心に決めていても、取り組みの性質と私自身の関心、そして、職員から求められた役割などから、参加していた2つの取り組みの間では、私の参加の仕方は異なっていた。なかでも支援会議については、ボランティアといっても社会福祉研究者としての目と耳を持って会議の場に居合わせたので、時間が経つにつれ、私の態度や期待される役割も変化した。

　支援会議では、最初、会議の内容や進行を見るという形で、その場にいることが多かった。支援会議は皆で話をする取り組みなので、介助はあまり必要ない。参加していた通所者全員に音声言語障害があったが、コミュニケーションのサポートがいる人は1名で、これは職員が行っていた。したがって、私は会議の内容をじっくり聞き、その様子を見ることができた。最初のうちは、自分の意見や感想などは言わず聞き役にまわる、という態度で臨んでいた。その場に慣れていなかったので、会議中に発言することに遠慮があったし、社会福祉研究者としての自分が職員の支援や通所者の言動に影響を及ぼすような振る舞いはしないようにと、心がけていたこともあった。また、私はいわば、フィールドワーク

における「よそ者」であり、自然な人間状況へのよそ者の出現は、その光景において、混乱を引き起こす。ゆえに、よそ者出現による変化を防ぐように、自分自身が振舞うように心がけたという面もあったように思う（Schatzman & Strauss=1999：92）。だから、聞いていてわからなかったり疑問を持ったりしたことを職員や通所者に尋ねたいと思っても、質問できなかった。だが、出席回数を重ね、場や皆に慣れてくると、会議中に、あるいは、会議中に時間がない場合は会議後に、どうしても尋ねたいことは、職員や通所者に質問するようになっていった。ただし、話されている内容について自分の意見や感想を言いたいと思うこともあっても、皆の意見や会議の流れに影響を与えることを懸念し、口にせずに我慢していたことが多かった。このような関わり方であれば、自分の影響は少ないと思っていたが、それは誤りだった。耳にした内容がわからないから質問すると、その質問そのものが、それに関する会議参加者の気づきを促したり考えを深めたりするのである。また、質問をしながら私自身の意見や感想を述べるということも、自然に生じていった。そうした私の発言は、参加メンバーの発言や意思決定に影響を与えたこともあった。支援会議の記録に残されていた次の職員のコメントは、その表れである。「今期からは甲南女子大学の三毛美予子さんが参加し、彼女の発言は、会議を引き締め『介助制度をよくする会』への参加を促すなど、メンバーにとってはいい刺激となっていたと思う」。

　また支援会議に関しては、不定期なボランティアとして活動をはじめた頃から、活動の空き時間中や、主には家に帰ってから、会議で話されていた内容を逐語的にノートにメモ書きしていた。通所者の生活や状況を知るうえで非常に興味の持てる内容だったことや、漠然とではあるが、もしかしたら、調査者として、zでのソーシャルワーク的な支援について、いずれ研究を望むようになるかもしれないとも考えたからである。その後、定期的ボランティアとして会議に参加しているうちに、家に帰ってメモを書くよりも、会議中にメモをとるほうがより正確な記録ができ

るのでは思いはじめた。注3)だが、ボランティアであるのに記録をとるということについて、会議に参加している通所者や職員はどう思うだろうかと、気がとがめた。かといって、「将来的に調査協力をお願いするかもしれないが、今のところはまだはっきりしたことは言えない。でも、念のために会議の記録をとらせてもらえないだろうか」と頼むこともできなかった。こうした葛藤を感じながらも、支援会議で話される内容に関心を持って、自分の勉強にもなるので、会議中に記録をとらせて欲しい旨、職員Oさんに思いきって話してみた。すると、通所者らの許可があれば構わないと言われた。そこで支援会議のときに通所者たちに切り出してみたところ、皆、異論なく了解してくれた。こうして、ノートとペンで、会議で話されている内容の逐語録や自分が感じたことや疑問に思った点などを、記録しはじめた。そのうちに、その場にパソコンを持ちこみ記録するほうが、より正確な記録ができると思い、同じように頼んでみた。通所者・職員とも構わないということだったので、それ以降、パソコンで記録をとった。ただパソコンを持ち込んだ当初は、ノートとペン以上に、会議参加者にはインパクトがあったようである。「記録されているから、変なこと言われへんな」と、半ば冗談、半ば本気のような感じでOさんに言われたり、通所者がちらちらとパソコンの画面を見ているということもあった。だがそのうち、皆、パソコンの存在が気にならないようになっていったように思う。

　ただ、参加者全員の了解は得たものの、将来の調査可能性を意識しながらもそれを皆には明言することなく、会議にノートやパソコンを持ち込んで逐語記録をとっていたことに対する後ろめたさは、消えなかった。こうした自分の行為は、職員や通所者に本心を打ち明けずに、嘘をついていることになるのではないか、という罪悪感に似た思いがずっとどこかにあった。だから、トイレ介助のために会議中に中座する必要が生じた場合、記録するのを即やめて介助に取り掛かるというような、ボランティアとしての役割をより優先させるように行為していたように思う。

一方、やってみようは、介助をしながら取り組み内容自体に参加することが、職員・ボランティアに求められる。通所者が身体を動かすことを助けたり、通所者に代わって職員・ボランティアがボールを投げたりカードをめくったりするのである。また、参加している通所者の意思確認と意思疎通を図り、介助を進めていくことも求められた。ゆえにこの取り組みには、介助者としての役割を果たしその技術をアップさせながら、自分も楽しもうという気持ちで参加した。つまり、純粋なボランティアという意識で参加していたのである。この取り組みに関しては支援会議のように詳しいメモをとるということはせず、その日の取り組み内容や感想や疑問などを、簡単にノートやパソコンに書いていた。

支援会議での発見

　ボランティア活動中にもっとも関心を持ったのは、やはり支援会議で語られる話だった。支援会議に参加していた通所者は、後の私の研究で焦点をあてることになったAさん（三毛 2007abc）、MさんFさん（三毛 2007c）、Sさんだった。職員は2人の女性職員が参加していた。そのうちのひとりがOさんという役職付きの立場にある人で、後に私が調査者としてzで活動するにあたってもいろいろ相談し、また調査が円滑に進むように様々な配慮をしてくれた人物である。

　毎週の会議に参加するうちに、参加メンバー各々の家庭生活の様子、家庭内で本人がおかれている状況や親子関係などが、次第に見えてきた。不定期的ボランティア時にも、Uグループ所属者の多くが、入浴その他の身辺介助のために介助者派遣事業所からの介助者を家庭に入れたりガイドヘルパーと外出したりしていることや、事業所としてもそうした社会資源の利用を勧めていることは耳にしていたが、そのときは、なぜ通所者がこうした社会資源を利用し、なぜz事業所では社会資源の利用を勧めるのかということまで、意識して考えたことはなかった。というのも、社会福祉の世界では、社会資源の利用というのは、いわばあたりま

えのサービスや支援方法の1つであって、その理由を改めて問うという姿勢が私のなかで麻痺していたのである。しかし、定期的に会議に参加するうちに、たとえばAさんやMさんの場合は、家庭での主介助者である母親が高齢になったため介助負担が増し、それを軽減するため介助者派遣事業所からの介助者を家庭に入れていることがわかってきた。z側も、家族の介助負担の軽減という理由の他に、本人が家族以外の他者による介助で外出したり入浴したりすることによって、成人として経験するべき通常の生活を経験し社会参加するのを促す意図でも、介助サービス利用を勧めていることを見出した。支援会議に継続して参加するうちに、社会福祉に関して私自身があたりまえに捉えてしまっていたことや、通所者・職員のひとつ1つの行為や決定の背景や意味を問うてみると、興味深い発見があることに改めて気づいたのである。

　そのような意識を持って支援会議に参加しはじめてから、もっとも関心を持って聞いたのが、zで行われている「ステイ」という事業についてであった。ステイという言葉は不定期のボランティアのときから何度か耳にしていたが、その頃はあまりその趣旨が理解できなかった。だが、支援会議に継続して出席するなかで、ステイをたびたび行っているAさんの体験を何度か耳にして、その概要がわかってきた。

　Aさんがステイを行うと聞いたのは、2002年1月15日の支援会議である。そのことは、職員Oさんから参加メンバーに告げられた。介助者派遣事業所から派遣される介助者の介助によって、kという所で3泊4日過ごすらしい。この頃には、質問できるほど私の遠慮意識や緊張感も解けてきていたので、会議終了後にOさんにAさんのステイについて突っ込んで尋ねてみた。Oさんによれば、Aさんが行うステイとは、将来の生活像を探ったり自立生活技術を習得したりするために、同じ市内の自立生活センターが所有する自立生活体験室kを借りてそこに寝泊りしながら、介助者派遣事業所から派遣された介助者の介助でAさんが数日生活をするという、z事業所が展開する事業である。Aさんは

kにおいて、2泊から5泊程度のステイをこの1年のうちに4-5回行っていた。一般に、障害者が自立生活体験室を利用する場合、支援者として関与するのはその体験室を有する自立生活支援センターのピアカウンセラーなのだが、Aさんたちが利用していた自立生活体験室に関しては、その自立生活センターのピアカウンセラーの関与なしで、自立生活の練習という趣旨であればということで、体験室が貸し出されていた。z事業所ではその自立体験室を借りて、事業所の自立プログラムという事業の一環として、つまり、zの職員が支援者として支援しながら、ステイを実施していたのである。

そして、ステイ終了後の1月22日の支援会議では、Aさんは自分のステイの様子を皆に話した。自分には逆流性食道炎という持病があるため、泊まって2日目の朝、吐血したが、病院へ行き薬をもらい、医者や親と話し合いステイを続けた。家では親がいるため自分で自分の健康に気をつけることはあまりないが、ステイ中は自分で自分の健康に注意しなければならないので、健康の自己管理をする練習になる、ということだった。以前だと体調不良になるとステイを途中で中断して自宅に戻っていたが、今回は、体調不良でもステイを継続したという点で、このステイはAさんに自信をつけさせたようだ。親元を離れて行うステイは思いもよらないハプニングが起こる可能性があるようだが、Aさんも職員Oさんも、Aさんが今後もステイを続けていくことを当然視していた。その様子から、Aさんが、何かをどこかを目指して、ステイを続けていると感じた。

さらに、MさんやSさんもステイを実施することも耳にした。とくにMさんの場合は、Aさんの同様の趣旨で、数泊のステイをこの1年のうちに4-5回行っていた。こうしたステイの話を繰り返し聞くにつれ、通所者の将来生活の行方やそのためのzによる地域生活支援に対して関心が向いてきた。zでは通所者のほとんどが、親の介助を受けながら親と同居して生活しているが、親が高齢化して子の介助が負担になり、そ

して、いつか親の亡くなる日がやってくる。そのとき、zの通所者はどうするのだろうか。どこで誰とどのように暮らすのだろうか。入所施設なのか、グループホームなのか、兄弟姉妹と暮らすのか。彼・彼女らの思い描く生活を実現するためには何が必要なのだろうか。そのために社会福祉援助者には何ができるのだろうか。とりわけAさんMさんはじめ、40代に入っている他の通所者も、介助者である親が70代に入り介助負担が増しているということから、自分たちは後がない状況にある、と思っている。一体、彼・彼女らはこれからどうするのだろう……、支援会議に出席するうちに、こうした問いや思いが浮かんできた。

　一方、通所者のなかには、職員の支援の結果、親との同居生活からひとり暮らしとしての自立生活やグループホームという、新たな生活の仕方に移行していた人が何人かいた。なかでも、すでにひとり暮らしを開始していたUグループ所属の3名の通所者に、私は惹きつけられた。ひとり暮らしをしている人たちやその支援に関しては、初回のz訪問時に園長から聞いて知っていたが、そのときは、それらの意義や意味をわからなかった。だが、支援会議に参加するうちに、通所者の大半が親と同居生活しているなかでひとり暮らしをはじめた人がいることの意味や意義、そして、その生活を実現し継続するにあたってのzの支援の意味深さがはっきりしだした。

　このように、私の関心は通所者の将来生活の行方やひとり暮らしをしている人たちに向けられていったのだが、それは、これらが障害者福祉領域で重要な研究・実践課題であるからという理由のみならず、当時の私の個人的事情によるところも大きかった。当時私は、30代後半で経済的に自立していたものの、両親と同居していた。しかし、1-2年前から両親、とくに母親との間に心理的な葛藤を感じ、就職によって経済的に自立したことを契機に、親との同居生活を解消しようと悪戦苦闘していたところだった。だから私は、そういう自分の姿を、次の生活に向けて努めるAさんやMさんの姿と重ねあわせて見ていた。そして、そう

いう自分であったから、重度の障害を持ちながらもひとり暮らしをしている人たちに惹きつけられたのだと思う。

ボランティアから、調査者兼ボランティアへ

以上のような経緯で、通所者の将来の地域生活のあり方やそのためのzの地域生活支援、とりわけ、ひとり暮らしとしての自立生活とそれに関連したzの支援に興味を抱いた。またzでの経験の一方、障害者の自立生活や地域生活・自立生活支援に関する関連文献を探して読むということも行った。これらについて、文献では何がどの程度まで明らかにされているか、把握するためである。すると、地域生活・自立生活支援の方法として、ケアマネジメントやピアカウンセリングなどの方法は示されているものの、どのようなプロセスを経てその人の望む地域生活・自立生活に移行するのか、その詳細を示した先行研究がないことがわかった。また、障害者の地域生活支援が障害者福祉施策や障害者福祉における大きな課題となっているにもかかわらず、重度の身体障害者の地域生活・自立生活支援に関する経験的調査研究も行われていないことも、発見した。つまり、これに関連したテーマで研究を実施することの学問上、及び、社会的意義が大きいことを、文献研究によって確認したわけである。

そこで、zでの障害者の地域生活支援、なかでも、自立生活という地域生活に焦点をあてて、それに向かう本人の動きとzの実践について、フィールドワークを用いて調査者としてフォローしていくという研究を構想した。私がボランティア活動中に行っていたことは、フィールドワークに近く、そこから得たものが多いと感じていたからである。

そして研究計画書を作成し、その計画書をもとに、調査の協力を依頼することにした。その後フィールドワークが進むなかで研究テーマも変化し、研究計画書を何度も書き直したが、最初は、z事業所における地域生活支援、なかでも、ひとり暮らしとしての自立生活実現に向けての

支援に焦点をあてることを意図した計画書を作成した。研究方法としては、高齢化した親の介助負担が増すなかで自分の将来生活を構築するために動いている数名の通所者に焦点化して、調査者としてフィールドワークでフォローすることにした。一方で、これまでのようにボランティアとしての関わりも継続することにした。これは、前述したように、通所者の地域生活支援に直接関係ない取り組みや介助も、私にとって貴重な時間となったからだった。なかでも介助については、昼食介助やトイレ介助などの介助場面も、通所者の生活などについて本人から直接話を聴けるので、有効なフィールドワークの機会であるのだが、介助は一個人として貴重な体験となっていたので、ボランティアとして介助に関わっていきたいという気持ちが大きかった。こうして作成した研究計画書をもとに、まずはOさんに私の意図を打診し、研究の大まかな概要を説明した。Oさんは私の意図を理解してくれ、園長やグループの職員に私の意向を伝えてくれた。そして、研究計画書をもとに、Uグループ職員に対して私の研究計画についてプレゼンテーションを行い、グループの職員から研究開始の了承をもらった。こうして、私の調査者としての活動がはじまることになったのである。

3 まとめ

この論文では内発的な社会福祉実践研究を、①社会福祉実践が行われている現場や人々が生活している場といったフィールドに研究者自らが身をおいて、質的調査法を用いて、フィールドの社会的現実のなかから社会福祉実践に関連した理論を生成することを目的とし、②研究者も、ひとりの人間として社会福祉研究者として、内的な変容をするような可能性を秘めた研究と捉え、その一端を記してきた。以上の私の経験は、フィールドワークにおけるフィールド・エントリー（箕浦 1999:42-44）

第 3 章　内発的な社会福祉実践研究の実際　　67

やアクセス（佐藤 2002：35）までのプロセスに相当する。ボランティアとしてフィールドに関わるうちに私のなかに湧きあがった疑問や関心から、いかに研究構想を思い立ち、どのように調査者としてフィールドへエントリーしていったか、フィールドワークの枠組みにしたがって、最後に整理しよう。

　事業所 z には元々は調査者として関わりはじめたわけではないが、ボランティアとして参入するにあたっては、z の園長がフィールドワークにおけるゲートキーパーの役割を果たした。ゲートキーパーとは、研究者がフィールドに参入する可否を判断し、決定する権限と責任をもつ人のことである（佐藤 2002：36）。z は、もともとボランティアを広く受けいれている事業所で、かつ、実践活動や研究活動に社会福祉の大学教員がこれまでも関与しており大学教員に対するアレルギーが少なかったことも関係していたのだろう、ボランティアとして活動することに対して、すぐに了承を得ることができた。

　そしてボランティア活動を進めるなかで、どのように私の研究テーマが浮上したかということも、以上の記述から明らかになったと思う。最初は、何が z で生じているのかといった漠然とした関心から、z でのボランティア活動を開始した。そして活動のなかで、z の取り組み、通所者と職員のコミュニケーション、z の元気で明るい雰囲気、通所者に対する介助などに興味を持った。さらに不定期的なボランティア活動を続けるうちに、私の関心はソーシャルワーク的な要素が見られた支援会議という取り組みに向けられていった。またこの会議は、私のなかであたりまえになってしまっていた社会福祉に関する知識について、新たな一面を発見させ改めて目を開かせる機会を提供してくれた。そうしたなかで、支援会議のなかで「ステイ」というトピックスに惹きつけられた。このトピックスを通じて、親が高齢になり介助が難しくなった折の通所者の将来生活の行方やあり方が通所者の多くの課題であり、それに対する支援のあり方も z 側の課題となっていることを知り、通所者の将来生

活の行方や地域生活・自立生活支援に自分の関心が焦点化された。その焦点化された関心には、私と母親との心理的葛藤という個人的な事情も絡み、関心が膨らんだ。　一方で、関連文献も購読し、自分の関心を研究テーマへと発展させることの学問上と社会的意義も確認した。このように、ボランティア活動のなかで自然と行われた参与観察によって興味の対象を見出し、それが私の個人的な事情に基づく関心と結びつき、文献レビューを行うことによって研究の意義を確認するという一連のプロセスを経て、研究テーマが導き出されていったわけである。

　ボランティア活動にあたっては、どのような立場や役割でフィールドの人たちと関わっていけばよいのかという役割関係についても、対応した。すでに述べた3つの原則を踏まえながら、苗字で呼んでもらうことや服装への留意など、印象のマネジメント（佐藤 2002:57）も行った。その背後には、「自分は障害者領域の社会福祉実践についてよく知らないので、zで勉強させてもらう」という意図があったからである。これは、師匠としてのインフォーマント（佐藤 2002:63-65）、あるいは、ボランティア型（志水 2007）という役割関係を、フィールドの人たちと結ぼうとしたということである。しかし、会議中に私が発した質問や感想が、通所者の態度や会議の流れに影響したこともあった。これは、研究者がフィールドの人たちのインフォーマントになり、現場に持ち込む知識や情報が実践を作り変える契機となるインフォーマント型の役割（志水 2007）であり、こうした役割関係も、時に経験したのである。

　またこの時期、私の後の研究活動の行方を左右したのが、職員Oさんの存在だった。Oさんは、フィールドワークにおけるキーパーソン（岡本 2005:57）に当たる人物である。キーパーソンとは、研究者がフィールドワークを行うにあたって、自身がフィールドにおいて拠り所となる人のことで、研究者の相談相手となったり、連絡窓口になったり、フィールドでの他の人々との調整を行ったりという役割を担う。このOさんを通じて、私はボトムアップ的に調査実施の許可を得た。つまり、z事

業所の園長という管理的立場の人物に調査を願い出たのではなく、ボランティア活動を通じて交流が深まっていたOさんという実践場面での責任者に、調査の件を打診したわけである。

　そして、内発的な社会福祉実践研究の要素の1つである、研究を通じて研究者もひとりの人間として社会福祉研究者として、内的な発展を遂げるという側面についても、調査者がフィールドの人々にどのような感情を抱くかという部分に限ってのみ紹介した。私は、zの人々や社会福祉実践に対する好感や後ろめたさや葛藤という感情や、通所者AさんやMさんと自分の同一視も経験したが、こうした経験は、第一に、私の研究構想発展に影響を及ぼした。具体的には、研究テーマの選択・設定に際して、私と母親との関係という個人的な事情が作用したということである。また、ここでは詳細は述べないが、AさんやMさんが親との同居生活からひとり暮らしへ移行するこれ以降の過程を、私は調査者として共に歩み見ていくことになるのだが、そのなかで、私の両親に対する様々な感情が噴出し両親や親子関係に対する理解が深まったし、そうした私の経験が、2人の歩んだひとり暮らし実現過程の分析にも影響したように思う。第二に、私がzの人々に抱いた感情はフィールドの人々との役割関係にも影響した。関心を持った支援会議では、ボランティアといいながらも将来の調査着手をどこかで意識しながら、調査者的な目と耳で会議に参加していたことは、葛藤の種であった。このときの私は、調査者は調査対象としているグループの一員であるが、潜入ルポのような形で関与しており、調査者が調査をしているということはグループの人たちには気づかれない「完全なる参加者」（佐藤2002:70）に近い役割をとっていたように思う。後に正式に調査協力を依頼し許可を得たことで、調査者が調査を目的としてその現場にいることが対象者に知られ、準メンバーとしての役割を与えられる「観察者としての参加者」の役割（佐藤 2002:70）に移行したわけだが、これで、私自身ホッとし、葛藤が軽減した。

以上が、フィールドへ参入するまでの私のたどったプロセスである。この論文を読んでいる学生のなかにも、ボランティアや実習先で、なにかの事象に遭遇して、興味を持ったり憤りを感じたり問題意識を持ったりしたことがあるだろう。また、私が経験したような機会や人間関係や感情を経験したこともあるだろう。そうした場合、是非、内発的な社会福祉実践研究にチャレンジして欲しい。

【注】

注1) この理論の考え方はGlaser and Strauss (=1996) を基盤にしている。
注2) この論文は、z事業所の園長と後に紹介する職員Oさんに示し内容の是非を確認してもらい、掲載の許可を得ている。
注3) フィールドワークでは、フィールドで自分が体験したことについて、フィールドノーツと呼ばれる記録を書く必要がある。本稿におけるメモとは、佐藤(2002:161)がフィールドノーツの1種としてあげている現場メモに相当する。なお、本稿の不定期・定期ボランティアに関する記述は、このメモをもとに行っている。

【文献】

Glaser,B.G, and Strauss, A.L.. (1967). *The Discovery of Grounded Theory: Strategies for Qualitative Research*. Aldine Publishing Company. (= (1996) 後藤隆・大出春江・水野節夫訳『データ対話型理論の発見——調査からいかに理論をうみだすか』新曜社。)
三毛美予子 (2004)「エコマップを活用した重度障害者の地域生活支援の方法——青葉園の場合」『甲南女子大学研究紀要　人間科学編』第40号、81-92。
――― (2007a)「母との闘い——親と暮らしていた脳性麻痺者がひとり暮らしとしての自立生活を実現する一過程」『社会福祉学』47-4巻、98-109。
――― (2007b)「一人暮らしへの傾斜——親と暮らしていた脳性麻痺者が一人暮らしとし

ての自立生活を実現する一過程」『甲南女子大学紀要　人間科学編』43号、57-68。
───（2007c）「家族と暮していた脳性麻痺者の自立生活選択背景から考えるソーシャルワーク」『ソーシャルワーク研究』Vol.33No.2,15-21。
箕浦康子（1999）「第3章　フィールドワーク前期」箕浦康子編著『フィールドワークの技法と実際──マイクロ・エスノグラフィー入門』ミネルヴァ書房、41-55。
岡本依子（2005）「第4章　フィールドに関わる」伊藤哲司・能智正博・田中共子編『動きながら識る、関わりながら考える──心理学における質的研究の実践』ナカニシヤ出版、49-62。
佐藤郁哉（2002）『フィールドワークの技法──問いを育てる，仮説をきたえる』新曜社。
Schatzman, L. and Strauss, A.L.(1973)*Field Research: Strategies for a Natural Sociology.* Prentice-Hall.（=（1999）川合隆男監訳『フィールド・リサーチ──現地調査の方法と調査者の戦略』慶應義塾大学出版会。）
志水宏吉（2007）「第4章　研究を進める」小泉潤二・志水宏吉編『実践的研究のすすめ──人間科学のリアリティ』有斐閣、51-64。
髙田眞治（1993）『社会福祉混成構造論──社会福祉改革の視座と内発的発展』海声社。
───（2003）『社会福祉内発的発展論──これからの社会福祉原論』ミネルヴァ書房。

▶▶▶キーワード集　　　社会福祉研究法

▶質的研究
　資料、文献、インタビュー記録、観察記録、フィールドノーツ、映像など数字で表しにくい媒体をデータとして分析し、結果を導き出す研究を総称して質的研究と呼ぶ。定性的研究ともいう。ケーススタディ、エスノグラフィー、現象学アプローチ、グランデッドセオリーアプローチ、バイオグラフィーなどが代表的な質的研究法としてあげられる。これら方法論は、質的データを読み解くことによる理論構築を主眼とし、社会現象、行為、概念などを理解、解釈、発見するための探索的な目的で行われる場合が多い。

▶量的研究
　数量化されたデータを統計解析によって変数間の関係を明らかにしたり、有意な変数を浮き彫りにすることにより、理論検証・構築を果たしていく研究方法の総称。定量的研究ともいう。社会現象や行為、概念について操作的定義を施し、ひとつの変数と見なす。各変数は、尺度化された測定道具などによって数量化され、質問紙や観察法によってデータ収集が行われる。多くの場合、独立変数、従属変数、媒介変数などからなる仮説に基づいてデータ収集およびデータ分析が行われ、仮説検証から理論検証を行う研究デザインに基づいて研究が推進される。

▶演繹法
　演繹法とは、一般原理や理論から出発し、論理的な推論や実証を経て、最初に示した一般原理や理論の妥当性や有用性を確認、検証する思考法を指す。帰納法とは対極にある考え方。社会福祉学の場合、これまで構築された実践理論や人間科学に関する理論をとりあげ（例：職場バーンアウト理論）、調査研究（例：援助者への質問紙調査）から理論の研究対象への有用性を検証していくといった理論検証型の研究が行われる。これは演繹法による研究デザインに基づいた研究として理解できる。演繹法による検証により、理論の整合性や有用性が試され、より説明力と妥当性を備えた理論を構築していくことが可能となる。

Keyword

▶帰納法

　個々の事象を積み上げ、その情報を元に推論を展開し、一般原理や理論を打ち立てていく思考法を指す。演繹法とは対極にある考え方。社会福祉学の場合、実践現場で日々観察し、交流するなかで繰り返し起きる行為や現象をとらえ、詳細に記述していくなかで一般的な法則や理論を構築していくといった探索的、理論構築型の研究が行われる。これは帰納法による研究デザインに基づいた研究といえる。帰納法により、複雑な社会現象や人間行為のなかに潜む法則や一般原理を探索する糸口（仮説構築）を果たすことが可能となる。

▶フィールドワーク

　人類学や社会学における代表的な調査手法。近年では、社会福祉学、心理学、教育学など多くの分野で取り入れられている。フィールドワークとは、調査者自ら調査対象の現地や集団に入り込み、その「現場」で同じ生活やプログラムを体験する中で見たもの、聞いたこと、触れたこと、感じたことなどを詳細に描写したものや映像として記録したものをもとに、結果をまとめていく一連の調査手法全体を総称する。フィールドワークの目的は、概念や現象の法則性を見出す、あるいは理論を検証することではない。対象は限られているがより深く詳細に「解釈」「理解」「発見」することに力点が置かれ、人間の実生活や文化など全体性を捉えようとする。実証主義に基づく調査目的および手法とは異なる目的、認識論に立脚している。

▶フィールドノーツ

　フィールドワークを実践するなかで、見聞きしたものや感じたことを書き留めたメモなどを元に、調査対象である集団やプログラムの詳細な記録を描写しまとめたものをフィールドノーツと呼ぶ。フィールドノーツには、フィールドワークを通じて得た会話、スケッチ、エピソード、主観的見解、行動パターンなどの記述が含まれる。フィールドノーツは、調査結果や民俗誌を作成する際のデータ（主に質的データ）であり、コード化や概念化といった分析対象となる。

▶文献研究

　文献研究は、次の3つの目的に基づく。1）仮説構築：今後必要とされる研究領域を見出し、仮説を設定するために、研究対象に関する過去の文献（理論的、

実証的研究）を包括にレビューする。2）仮説検証：研究調査で得られた結果を解釈したり、説明するために、これまでの研究に関する文献と比較例証し、読者と結果について共有する基盤を築く。3）探索調査：未だ明らかにされていない社会現象、法則、概念などを過去の文献を探索、読解、解釈していくなかで見出す。

▶事例研究

ケーススタディとも呼ばれる。ケースとは、臨床事例、プログラム、イベント、事件などひとつのユニットあるいは限定された事象を示す。それらケースについて、詳細な記述、記録をもとに分析していく研究方法。臨床事例の効果測定に見られるように、援助プロセスにおけるクライエントの健康度を数量的に示すケーススタディもあるが、多くの場合、質的方法に基づき、事象が起きたプロセスや文脈を明らかにしながら、ケースの実態を深く掘り下げて理解、解釈することに目的が置かれる。ケーススタディから得られた知見や発見は援助実践方法の改良や政策的示唆に反映される。

▶参与観察

フィールドワーク実践において、研究対象となるプログラムや集団、特定の現地に調査者自ら参加し、行動や生活を共にしながら、そこで起きている行為、社会現象、コミュニケーションのパターンなどを探索し、発見していく調査方法。プログラムなどに参加せず、あくまでも観察者の視点から記録する「直接観察」とは異なる。調査対象となる現地に長期間滞在し、現地の人々と生活を共にしながら風習や文化を記述していく人類学者の調査手法は、参与観察に基づいている。参加の仕方は、現地の人々に調査者であることが知られていない場合、知られている場合、あるいは、参加の回数、程度などさまざまなバリエーションが存在し、調査の段階、目的、規模によって異なる。

▶社会構成主義

社会構築主義ともいう。社会構成主義とは、現実に起こる社会現象や人間行為を説明できる絶対的な理論や真理を否定し、社会のあらゆる行為や現象は、個々の人々の認識と感情に基づいて構成されるものであり、現実とは個々によって異なるという社会学から発信された認識論である。社会福祉学では、社会構成主義の認識論に立脚した援助方法として、ナラティブ・アプローチ、ストレングスの

視点に基づくアプローチ、エンパワーメント・モデルなどがある。これらアプローチに共通する前提は、クライエントの現実認識（ストーリー）は個々に異なり、援助者はその認識を把握しながら相互交流することによってクライエントの認識に変化がもたらされ、結果的に問題解決の道筋が広がる、という点にある。

第 4 章

障害者福祉と内発的発展
ノーマライゼーション、共生を軸にして

はじめに

　ノーマライゼーション[注1]とは、社会福祉、特に障害者福祉領域[注2]で生まれた概念の中でも最も人口に膾炙しているものの一つである。また、共生についても、社会福祉・障害者福祉に留まらず、というよりは本来は社会福祉にとって外来的な概念（髙田 2003）であり、社会福祉を含めた全体社会の現状を自省的に顧みて、今後の「あるべき姿」を内発的に追求する上での鍵概念の一つに位置づけられている。

　本章では、特に障害者領域に焦点を絞り、今後の障害者福祉の設計を考える上で欠かせないと考えられるノーマライゼーションと共生という二つの概念について、それらが意味するところのものの確認をまず行う。その上で、これらの概念間の関係を、障害者福祉の内発的発展を見据えた場合に、どう考えればよいのかについて検討を行ないたい。

　最後に、ノーマライゼーションと共生のいずれともに広く一般に浸透するにしたがって、表面的な理解に留まったり、あるいはその真意が伝わらず、むしろ正反対の理解を強めてしまうような現象すら生じてきている。この点は、社会福祉の教育・情報提供的側面から見た場合、特に障害者領域にとって大きな課題として見なせる。こうした現象がなぜ生じるのかについて、スチュアート・ホールによる有名な「エンコーディ

ング／デコーディング」の考え方を採用して分析を試み、今後における障害者福祉の課題を論じてみる。

1　社会福祉システムと内発的発展

　髙田眞治は、社会福祉をマクロ的に見た場合に、その構造は、政治 (politics)、経済 (economics)、文化 (culture) の混成 (hybrid) に影響されているとする。そのダイナミックな全体の構造が、それを構成する各領域を表す英単語の頭一文字をとって「PEC構造」と呼ばれているものである。換言すれば、PEC構造こそが社会福祉の与件として位置づけられている（髙田 1993）。

　システム論的に捉えた場合、従来において社会福祉は独立したシステムではなく、政治、経済、文化システムからのアウトプットとして描かれることが多かった。PEC構造という概念を用いるとすれば、その変化に応じて、PEC構造からのアウトプットとして社会福祉が形成され、維持され、変動しているという捉え方である。例えば、松井二郎は、社会構造、すなわち全体社会システムには三つの領域から構成されていることを指摘し、それらを「経済的なるもの」、「政治的なるもの」、そして「社会的なるもの」と呼んでいる。それぞれ、経済システム、政治システム、文化（価値・規範システム）に相当する。そして、松井は、これら相対的に自律しつつ、相互に依存している各システムの連関によって、社会福祉制度は歴史的に変化してきたことを述べている。

　この松井の図式によれば、政治システムが残る二つのシステムの間を媒介する機能を果たしており、政治システムが経済システムに対して「経済政策」の形で介入しつつ、文化システムに対しては社会福祉制度の実現によって、「市場経済の維持・存続と支配の正当性・社会統合の維持・確保」（松井 1992:100）の達成を可能にしているということになる（松

井 1992)。つまり、社会福祉には社会構造の中で、政治、経済、文化の各システムと同等の位置が与えられておらず、政治システムからの単なるアウトプットとして描かれているに過ぎない。

　こうした見解に対して、髙田は、社会福祉が、政治、経済、文化の各システム、すなわちPEC構造から影響を受けていることは確かだとしつつ、社会福祉もまた独立したシステムであり、全体社会システムの下位システムであると見る。この点はそれほどはっきりと主張されていないのであるが、髙田による図（図1参照）を見ればその意図は明らかであろう（髙田 1993：300）。社会福祉制度や実践が、相互に関連し合った様々な要素からなる全体としてのまとまりがあることから、それ自体をシステムとして見なしたり、そのように表現することはもちろんそれまでされてきた。それだけにとどまらず、社会福祉を全体社会システムの下位システムの一つとして、政治、経済、文化システムと並行する存在として位置づけたところが、髙田モデルの大きな特色になっている。

（出所）髙田　1993：300

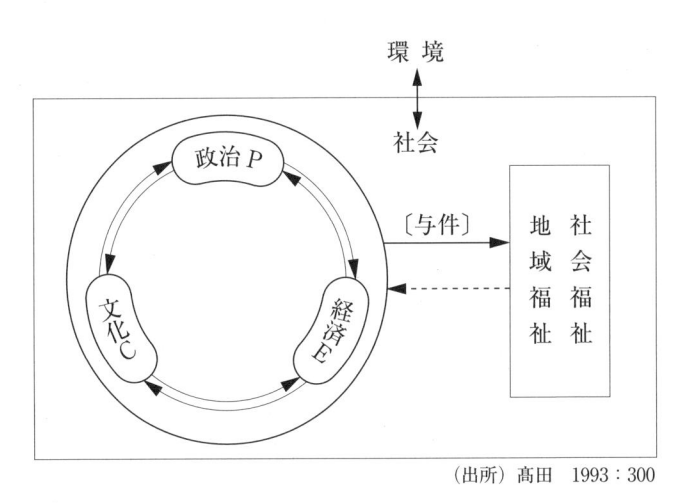

図1　社会福祉・地域福祉の与件の構造

もっとも、社会福祉が独立したシステムであったとしても、もし仮に他のシステムからただ一方的に影響を受けるだけという関係が想定されるのであれば、従来の「社会福祉＝アウトプット」説とそれほど変わりがない。社会福祉が他システムに対して受け身の存在として描かれていることには相違ないからである。実際のところ、髙田も今日の制度のもとでは、社会福祉が PEC 構造に対して与える影響は少ないことを認めている（髙田　2003：151）。しかし、社会福祉も全体社会を構成するシステムの一つとして位置づけることによって、他のシステムに対して影響を及ぼし得るという双方向の関係を少なくとも理論的にその可能性を提示することができるようになる。そして、この双方向の関係による、「相互影響的、ラセン的な変革、社会システムの発達を構想」（髙田　2003：2）していくことが、あるべき姿として求められてくる。ここにこそ髙田モデル、すなわち「社会福祉＝システム」説の眼目があるといえるだろう。
　それでは髙田は、社会福祉システムは PEC 構造に対してどのような影響を与え得ると想定しているのであろうか。この点については筆者なりの解釈になるが、その回答は以下のようなものであったと考える。まず、これまでの PEC 構造の変化のキーワードは「近代化」であった。しかし、「近代化」に向けての展開は、例えば、市民よりも行政・企業の優先や環境問題といった問題に直面する中で次第に行き詰まりを見せるようになってくる。そうした現状への反省と課題への対処から、「近代化」に代わって「全人的発展、人権の確立」（髙田　1993：310）という普遍的な目標が指向されるようになってきている。髙田は、この目標を達成すべく PEC 構造の各システムが自律的に「これまでの状態」とは違う「もうひとつの状態」を実現させていくことが求められているとし、これを「内発的発展」（endogenous development）と呼んだ。そして、この PEC 構造の内発的発展を促進化させる働きを社会福祉システムが有しているというのがこの問題に関する髙田の結論である。すなわち、「社会福祉の与件は政治・経済・文化であるが、これらを変革しうるの

は内発的発展であり、そしてこれを開発しうるのは社会福祉である」（髙田　1993:315-6）という双方向の関係がそこに想定されている。ここに、私たちは「社会福祉＝アウトプット」説では持ち得なかった視点、すなわち社会福祉のあり方によってPEC構造が新たな方向性に発展し、またそれによって社会福祉も螺旋状にさらに新たな発展を遂げていくという視点を獲得できたといえるだろう。

　ただし、文字どおりに内発的発展とは外部からの影響の結果ではなく、システム内部から生まれてきた自律的な変化を意味している以上は、髙田が考えるような、PEC構造の内発的発展を社会福祉システムが開発し得るという図式は論理的に矛盾している点は否めない。PEC構造にとって社会福祉システムは外部の存在である以上は、そこからの「内発的発展」とは外からの影響に他ならないからである。この点での整理が十分ではないことを認識しつつ、同時に次のような点にも気づくことができるであろう。すなわち、社会福祉システムもPEC構造から影響を受ける一方で、そうした外部からの影響とは無関係に社会福祉システムの内部から自らを変革する動きが生じ得るということ、すなわち「社会福祉の内発的発展」という現象である。この現象を描くことを可能にしたのも、髙田モデルの貢献であるといえる。そして事実、髙田は社会福祉システムの内部から、この内発的発展につながる様々な動き、萌芽が見いだせるという（髙田　1993;2003）。

　ここまでで、髙田の議論（とその筆者なりの解釈）を紹介することをとおして、社会福祉自体が内発的に発展し、その結果はPEC構造のあり方に影響を及ぼし得る、という捉え方が理論的に可能になることを確認してみた。そこで次に、社会福祉の内発的発展とノーマライゼーションおよび共生の概念がどう関連しているのかを見ていくこととし、まずはノーマライゼーションと共生について、それぞれの概念の中身を確認しておきたい。

2　ノーマライゼーションにおける3つの流れ

　ノーマライゼーションの考え方は、デンマークにおいて知的障害者の親たちが入所施設の劣悪な処遇改善を訴えた運動と、それを支援し、「知的障害者福祉法」(1959) 制定に尽力した同国社会省のバンク＝ミケルセン (Bank-Mikkelsen, N.E) によって始められたとされている。ただし、河東田博が紹介しているように、隣国スウェーデンにおいて既に1946年の段階で同国社会庁報告に「ノーマライゼーションの原理」という言葉が用いられ、障害者の社会的不平等解消が指向されていた。このスウェーデン社会庁報告がバンク＝ミケルセンに何らかの影響を与えた可能性を河東田は示唆している（河東田 2005）。したがって、厳密な意味で、バンク＝ミケルセンはノーマライゼーションの「創始者」ではないかもしれない。しかし、一つの理念として整理され、それを世に広める上で彼が大きな役割を果たしたことは事実であり、その意味では「ノーマライゼーションの父」という称号は、やはりバンク＝ミケルセンに対して与えられるのが相応しいだろう。

　北欧に誕生したこの概念は、その後、世界に発信され、広く受け入れられていくことになる。花村春樹は、バンク＝ミケルセンの生涯を紹介した翻訳書の中で、日本にノーマライゼーションという言葉が文献等にみられたのは、1974年の知的障害者親の会の機関誌『愛護』での座談会が最初であることを指摘している（花村 1994：97）。爾来、30年以上経つが、今日では様々な場面でこの言葉が当たり前のように使用されるに至っている。ノーマライゼーションは、今日の日本で、社会福祉の専門用語の中では最も「大衆化」が進んだものの一つと見なしてよい。

　髙田によれば、ノーマライゼーションとは社会福祉の内発的発展の萌芽を示すものであると同時に、その示す内容を具体化していくことは、そのまま社会福祉システム及びPEC構造双方の内発的発展の具体化に向けた課題になると位置づけられている（髙田 2003：4-5）。しかし、こ

の言葉の「大衆化」が進展すると共に、漠然、曖昧とした理解がされるようになってきているのも事実である。往々にして忘れられがちであるが、ノーマライゼーションはそれほど単純な概念ではなく、かつ「ノーマリゼーションの概念とか原理のようなものは本当には存在しないのである。むしろ、共通の起源をもつ一群の考え方が存在するにすぎないのである」（エマーソン 1994：21）とさえ言われている。それゆえに、エリック・エマーソンによれば、「どの、誰のノーマライゼーションの見解なのか」を明示する作業が欠かせないということになる（エマーソン 1994）。そうであれば、いずれに立脚するかによって、使用するノーマライゼーションという概念の意味内容が異なってくる。したがって、社会福祉の内発的発展を考える場合に、「どの、誰のノーマライゼーションの見解」に基づくのかを明確にしていくことが欠かせないだろう。

　ノーマライゼーションでいう「ノーマル」とは何を意味するかを考えた場合、障害の有無に関係なく生活スタイル自体が各人とも違うことから、そもそも「ノーマル」な生活というものなど存在しないという印象を与えてしまいかねない。しかし、シュラミット・レイモンが指摘するように、個々人で相当違いがある生活スタイルであっても、障害者と健常者に大きく分けて比較を試みた場合に、そこには明らかに相違が存在しているのである（レイモン 1995）。特に、施設収容中心主義の中で障害者が強いられる施設での生活と健常者の多くが過ごす施設外での生活の余りにも大きな格差が、まず問われたのであった。デンマークにおいてバンク＝ミケルセンらによって目指されたのは、知的障害者の施設生活を「ノーマルにすること」、具体的には施設生活の改善とそこに入所する知的障害者の人権保障であり（中園 1982）、今日における一般的な理解としての施設生活に対するアンチテーゼ[注3]という性格は少なくとも当初は希薄であった点は注意したい（杉野 1992）。その後、あとで述べるように米国の流れの影響を受けながら、障害者の地域での自立を重視する理念としてノーマライゼーションは「変容」してきたのである。

先のエマーソンは、バンク＝ミケルセンとスウェーデン出身で「ノーマライゼーションの原理」でこの概念の体系化を図ったベンクト＝ニイリエ（Nirje, B.）という初期のノーマライゼーション理論を代表する二人の論者の見解には微妙な違いが見いだせるものの類似点も多く、むしろ二人と北米のノーマライゼーションを代表するヴォルフ・ヴォルフェンスベルガー（Wolfensberger, W.）との間により大きな相違点が存在していると指摘している。そして、スカンジナビア出身の二人に共通する特徴として、以下の三点を挙げている。すなわち、①サービス利用者の権利についての平等主義による主張、②個人の生活の質に関して、平等主義の主張、および③サービス計画で隔離の問題を取り上げないこと、である。ここからエマーソンは、ノーマライゼーションの初期の定義は、社会における平等主義と（知的）障害者の基本的権利を重視する点で大きな特徴をなしていると述べている（エマーソン　1994）。事実、バンク＝ミケルセンはノーマライゼーションとは「イクォーライゼーション」（花村　1994：134）、すなわち平等化であると強調しているし、ニイリエも自らのノーマライゼーションの定義は、「人道的で平等主義的な価値観に基礎をおいている」ことを明言している（ニイリエ　2004：112）。ただし、「ノーマルな」生活を人為的な環境操作で実現させていく以上は、どうしても施設生活が前提となり、基本的には「施設福祉論」としての性格を色濃く引きずっていたことが指摘されている（杉野　1992）。

　このような平等主義の色彩が濃いスカンジナビア生まれのノーマライゼーションを、いわば北米化し、社会学の理論と関連づけて再公式化したといえるのがヴォルフェンスベルガーである。彼は、1960年代に隆盛を見た社会学の逸脱理論、なかんずくレイベリング（ラベリング）論を障害者の置かれている状況に当てはめ、そこからノーマライゼーションの理論的精緻化を図った。ヴォルフェンスベルガーは、障害者は歴史的に低いラベルを貼られてきた逸脱者であると規定し、「憐れみの対象」、「病人」や「嘲笑の対象」といった八つの役割を果たすことが社

会から期待されてきたという（Wolfensberger, 1972 = 1982 : 31-46）。その上で、ヴォルフェンスベルガーは「できるだけその独自の文化を代表するようなものであるべきであり、逸脱している人（その可能性のある人）は、年齢や性というような同一の特徴を持つ人たちの文化で（つまり、通常となっている）行動や概観を示しうるようにされるべき」（Wolfensberger, 1972 = 1982 : 49）と主張した。ここで、彼が言う「文化―特定的」という考え方に基づきながら、ノーマライゼーションの概念を特定文化で通常（normative）とされている基準に合わせていくという形で、その内容の再構築が試みられたのである。

ヴォルフェンスベルガーのノーマライゼーション論は、後に「ソーシャルロール・ヴァロリゼーション（Social Role Valorization : SRV）」論へと発展していくことになるが、ノーマルとされる文化基準への同化を重視するその主張を見る限り、スカンジナビア型に見られる「平等主義原則から逸脱集団の社会的位置の修正に関する理論へと変貌」（エマーソン 1994 : 36）を遂げたことは明らかである。ヴォルフェンスベルガーのこうした「変貌」は、彼自身が言うように、ノーマライゼーションの考え方を米国の文化条件に適用可能にすることを意図したことからくるものであるが（Wolfensberger 1972 = 1982 : 15）、障害者を逸脱者視し、社会に同化させるものだとして多くの批判が投げかけられている（花村 1994、茂木 2003、杉野 1992、横須賀 1996）。

もっとも杉野昭博によれば、ヴォルフェンスベルガーにおいても施設福祉重視の姿勢は維持されており、必ずしも地域福祉優先に舵を切ったとはいえないとされる（杉野 1992）。

こうした変貌によって、いわば北米型ノーマライゼーションとでもいうべきものが生み出されたのであるが、ノーマライゼーションは米国を経由することで、もう一つの看過できない大きな変化を遂げることになる。それは、1960年代から始まる脱施設化や1970年代に肢体障害者を中心に展開された障害者の自己決定を重視する自立生活（IL）運動の影

響を受け、さらにはソーシャルワーカーが全てを決め得るという専門職中心主義への批判とも関連しながら、「自立生活を最善のものとし、地域生活を中心とした在宅福祉を根拠付ける理念へと変化していき、その概念は再構成」(三島 1999:82) されていったのである。

　米国を経ることで、社会からの逸脱として障害を見なし、その改善を図ろうとするヴォルフェンスベルガー流のノーマライゼーション概念を生んだ。さらにもう一つの変容の結果として、今日に一般的に理解されている、障害者の地域での自立生活と一体化したノーマライゼーションの捉え方がここに登場したのである（これらの過程自体が、髙田が言う内発的発展の一例として見なせるかも知れない）。したがって、ノーマライゼーションには杉野も指摘しているように、その系譜を見る限りは、三つの流れの存在に気づくことができる（杉野 1992）。それらを筆者なりに名付けるとすれば、(1) 平等主義のスカンジナビア型、(2) 文化基準への同化を重視する北米型、そして (3) 地域福祉重視型、ということになろう。ただし、実際のところは論者によって相対的にいずれに力点を置くのかという程度の相違であり、それぞれの使われ方ではかなりの程度混合化していると思われる。

3　共生と障害者文化

　髙田は、萌芽した内発的発展への動きを本格化させていくために社会福祉に与えられた幾つかの課題をまとめてみているが、その一つとして、障害者とソーシャルワーカーの関係などを見直す「関係論への転換」を挙げている。この「関係論」においてキーワードに位置づけられているのが共生である。髙田は、「二者、あるいは多者の関係のありようを示す代表的な言葉」(髙田 2003:6) として共生を取り上げ、その重要性を指摘する。もっとも、共生は社会福祉にとっては外来的なものであっ

第 4 章　障害者福祉と内発的発展　　87

て、PEC 構造の各システムにおいて、社会福祉よりも早く内発的な動きとしての共生が芽生えてきたとされる（髙田 2003）。見てきたように、PEC 構造は社会福祉にとっての与件であるから、内発性による PEC 構造の変化は社会福祉システムに必然的に波及することになり、社会福祉内部からの新たな動きに転換されていく可能性を持つ。そして、社会福祉内部に生まれたこの変化はさらに PEC 構造に向って回帰的に波及していくという螺旋状の変動が描かれていた。髙田は、この螺旋状の動きをさらに進展させていくためにも、PEC 構造から波及してきた動きに応じて社会福祉の「関係論」を見直す必要を説き、その道標としての役割を共生に期待したのである。

　共生とは、一般には争いのない単なる調和としてイメージされることが多い。「極めて平板で、葛藤のない、うわすべりな人間関係」（嶺井 1996：34）として捉えられることも少なくないが、実際には決して予定調和的ではないことが強調されている（髙田 2003）。教育学者の嶺井正也も、「平板で矛盾なき道ではなく、たえざる葛藤の中で人間としての関係」（嶺井 1996：35）こそが共生の基本思想であることを述べている。このように共生において、調和や協調の優先ではなく、葛藤や対立が生じてむしろ当然とする発想が根底にあるのは、髙田が指摘するように、「異質なものの存在を病理としてではなく健康な社会の生理としてとらえる」（髙田 2003：160）という視座が存在しているからであろう。つまり、「異なる存在」であることが共生の前提にされているのであり、このことは「異文化の共生」という類の標語からも容易に連想できる。もっとも、嶺井は「異なること」を前提にすることは、むしろ関係の中に何らかのカテゴリーを導入することであって、そもそも同じか違うかを問うこと自体に問題があるという指摘があることを紹介しており、先の前提を承認することには慎重である（嶺井 1996）。

　障害者と健常者との関係を考えた場合、人間としての尊厳の面で両者の対等性、平等性が理念的に受容されつつも、実際のところは健常者中

心の社会の中で、障害者は慈善の対象、社会的弱者、マイノリティとして保護的、差別的、抑圧的に扱われてき現実があったし、現在も改善は進みつつもそれほど劇的な変化を遂げたわけではない。「マジョリティ、支配者としての健常者」と「マイノリティ、被支配者としての障害者」という構図は依然として根強いと見た方がよい。「障害児殺し」に典型的に見られるように、能力主義的、優生思想の下で、障害者はその生存さえ脅かされることもあった。そうであるからこそ、スカンジナビア型の平等主義的ノーマライゼーションが理念として今日においてもその輝きを失なっていないのである。

　こう考えると、障害者と健常者の間には明確に、置かれている立場の相違が存在していると考えた方がよいし、事実、杉野や横須賀俊司は両者の間に埋めがたい溝が存在していることを述べている（杉野 1997；横須賀 2003）。そうであればこそ、ポジションを異にする障害者と健常者の関係を見据えた場合、立場が違うこと、そこから生じる食い違いや葛藤を「当然のこと」、「健康的である」と見なしつつ、相互に影響を与えながら共に生きていくことを目指す理念が追求されることは、至極当然のことであったといえる。

　では、障害者と健常者との間に存在する差異として何が想定されているのだろうか。従来において、両者の相違は医学的な基準に見いだされることが多かった。障害を医学的に還元した場合（医学モデル）、心身機能の欠如や制約の有無が、すなわち障害者と健常者の差だったのである。この有無は生産性と効率が重視される社会の中で能力主義的な価値に結びついて、働けない障害者、特に重度の障害者ほど価値のない存在として見なされてしまう傾向を生む。その結果、両者の関係は優劣関係に染まっていくことになる。そして、能力的に劣った障害者を健常者の水準に合わせていくこと、すなわち健常者への同化を進めていくことこそがこれまでの障害者支援の基本的な考え方であった。この同化は、見方を変えれば、健常者中心の枠組みや社会観を障害者に押しつけること

を意味する。当初は押しつけの同化路線に従順だったかも知れない障害者も、次第に異議申し立てを行うようになるが、それは特に障害者運動の形をとって世界各地で展開されていくことになる。この過程で、これまでの医学モデル的な差異観からの脱却と新たな見方を見い出すための模索が試みられたのである。

　既に多くの論者が指摘しているところであるが（田中　2005a、杉野　2007）、欧米や日本の障害者運動が健常者中心の社会に対する対抗から、特に社会への障害者の同化圧力に対する抵抗として、「異化」という戦略を実践してきたことが知られている。すなわち、敢えて自分たちは健常者とは違うということを強調してきたのである。その中で障害者達は、スティグマ化され、傷つけられてきた自己のアイデンティティを回復させ、障害者集団としてのエンパワメントを果たしていくことが目指される。そのアイデンティティは健常者から規定されたもの（医学モデル的な差異観や能力主義的な優劣）ではなく、障害者自身の現実から出発した新たな構築でなければならない。障害者の生活をありのままに捉え、そこに肯定的なアイデンティティが成立し得る基盤を構築していく。この基盤となるものが障害者文化（disability culture）[注4]と呼ばれるものであり、障害者の個人的なアイデンティティと、障害者という共通性の中で育まれた社会的アイデンティティとの統合体としての性格を有している（田中　2005a）。

　このように障害者文化を主張することによって、敢えて健常者と障害者の差異を協調しようとする立場は、障害学（disability studies）では「異化アプローチ」や「差異派」と称されるものである（石川　2002、倉本　1999、杉野　2002）。そこには、障害者の自らの存在意義を積極的に探求しようとする強い意思が存在しており（田中　2005b）、「異なることの賛美」の指向が見いだせる（田中　2005a；2005b）。そして障害者文化という考え方を延長していけば、健常者と障害者の差異は文化の違い、アイデンティティの相違という捉え方も可能になる。それによって、

医学モデル的な差異観などに代わる新たな見方を獲得し得るかもしれない。ここにおいて、差異は解消の対象ではなく、むしろ逆に強調されるべきものへと変貌を遂げる。障害を個性と捉える「障害個性論」も、同様の文脈で主張されるようになったといえる。

　こうした差異派の主張には、却って障害者と健常者の間の対立を煽るのではという危惧から首を傾げる向きもあるかも知れない。しかし、長瀬修の「違いを優劣に還元してしまいがちな土壌の中で、『差異』、『違い』を主張することは確かに困難である。しかし、『同じ人間である』地点に到達する前にかんがえなければいけないことがたくさんある」（長瀬 1999:24）という言葉にあるように、平等を指向するだけでは見逃されてしまうものがありそうである。平等だけではない何か、すなわち「違う」という点に光を照らしてみれば、障害者文化という考え方の必然性が理解されるのではないろうか。しかし、これで障害者文化という言説の必要性が認識されたとしても、そのままでは差異による葛藤や対立の懸念が解消されたわけではない。文化間の対立が生じることは容易に想像できる。ここに、障害者福祉領域では、共生概念と障害者文化がミックスされなければならない理由がある。

　共生で前提とされている差異とは、障害者領域で具体的に何を意味するのかという点は、障害者文化の考え方によって回答が示される。つまり、障害者と健常者の差は「文化」の相違となる。また、障害者文化は共生と結びつくことで、自らに内包する対立の論理を、共存の論理へと発展させていくことが可能になる。そして、これら二つを統合的に捉えてみれば、障害者と健常者の関係は、異なるアイデンティティを有する者どうしが、その違いの相互認識から出発し、ある時に意見の一致を見たり、別の時には対立しながらも、相手のことに思いを馳せながら、共に生きていく道を探ることが追求されるべきであり、その過程の中で支配文化たる健常者文化の見直しを常に問うていく作業が求められてくる。「対立なしでの共生」では、圧倒的多数の健常者の論理に障害者が

飲み込まれてしまうおそれが強いと杉野が指摘するのも正しくこの点を看取しているからである（杉野　2007：227）。

　こうして見ると、髙田が描いたような、PEC 構造から波及してきた共生の考え方が社会福祉福祉の新たな内発的な展開を生みだすというダイナミズムは、少なくとも障害者福祉の領域でいえば「異文化共生」の創出という図式に置き換えることができるかも知れない。さらには、社会福祉からブーメランのように PEC 構造に還元され得るとする螺旋状の発展が盛り込まれていたことを想起してみれば、障害者福祉の中で「異文化共生」に沿った内発的変化が具体化すると、その成果は PEC 構造へと波及していく可能性も想定し得る。

　もちろん、障害者文化といっても現実的にそれが創出されたとはいえない状況であり、また障害者文化に自らのアイデンティティを見いだせない障害者を排除してしまいかねないという問題点も存在する（田中　2005a）。さらに、障害者文化とは障害者がそう認識せざるを得なかった、やむを得ない選択という捉え方もできるのであって、そうした選択を強いられていること自体がやはり問題であるという見方も存在する（杉野　2007：243）。障害者文化という形で差異を強調する視点には、このように様々な原理的、実践的な課題が残されていることは銘記しておくべきであろう。

4　ノーマライゼーション、共生、そして内発的発展

　ここまでで、髙田が社会福祉の内発的発展の萌芽として描いたノーマライゼーション、そして社会福祉にとって外来物ながらもその内発的発展を促進する可能性を包摂する共生、とそれぞれが意味するところのものを確認してみた。髙田のモデルでは、両者は内発的発展という概念を介して結びつけられているのであるが、単純に二つとも同じ方向に向け

て走る車の両輪のような存在と見なして良いのだろうか。この点は、高田の内発的発展に関するこれまでの議論では必ずしも明確になっていなかったものである。

　まず、既に確認したようにノーマライゼーションには様々な立場があるので、その中でもスカンジナビア型のそれを特に取り上げてみたい。というのも、この概念のそもそもの出発点が障害者と健常者の平等を実現することにあったのであり、ノーマライゼーションの論者に立場の違いがあっても、多かれ少なかれこの平等主義の視点は継承されていると考えられるからである。そのように考えれば、ノーマライゼーションは「平等性に基づく統合」を、一方で、共生、特にそれが障害者文化の考え方と結びついた場合には「異化による統合」が、それぞれ指向されているとまとめられる。つまり、いずれ共に「統合」という最終目的は同一であり、障害者と健常者が「統合」される形で社会福祉の内発的発展が指向されていると見てよい。しかし、同じ目標であっても、その過程で指向されているベクトルの向きには明らかに違いが見られる。すなわち、平等化と異化という相違である。そうであれば、目標が同じであるだけに、どちらか一方のみで済ませればよいというものだろうか。

　健常者が障害者と接してみて、自分とは何か違うという気持ちを抱くことが少なくない。障害者も人間として平等である以上は違うと感じた自分を恥じ、そうした気持ちをタブー視しがちである。しかし、既述したように、障害者の方は人間として平等であっても自分たちと健常者は同じとは思っていないものである（中途障害や精神障害などの場合は一概に言えないが）。障害者文化の箇所で述べたように、両者には立場の違いが存在している。そうであれば、このタブー視は共生の根底にある、違うもの同士が葛藤しつつも共存していくという姿勢とは相容れないものであることに気づける。

　「平等か異化か」という点は障害学の中でも論争されているテーマ(平等派対差異派)であるが、杉野が障害者運動の流れを分析しながら、「障

害者は、『同じ』という主張と、『違う』という主張をつねに両方持ち合わせている必要があるし、障害者差別はそのようかたちでしか抵抗できない」(杉野 2007:247) と強調している点は重要であろう。つまり先ほどの比喩を採用して言えば、障害者福祉ではむしろ双方のルートを開発し、走破することが必要とされていると考えた方がよい。出発点から目標地までのルートを新たに建設する際に、山側ルート、海側ルートのどちらともその開発が欠かせないのである。二つのルートは、決して矛盾するもではないし、トレードオフの関係にあるわけでもない。

　ただし、どちらのルートの開発・走破が優先されるかということは戦略的に検討されても良い。このことは、社会福祉の内発的発展を計画的に実現しようとするのであれば、その計画策定に当たって非常に重要な検討事項になる。もし優先度を選択するとすれば、依然として障害者に対する障壁が解消されず、権利保障の面でも不十分さを隠せない日本社会の現状を考慮してみて、平等主義的ノーマライゼーションの方がより優先的に重視されるべきなのかも知れない。この点は、孫良がいう「選択的ノーマライゼーション」という主張と通じるものがある。孫は、自立生活とノーマライゼーションという二つの理念について検討し、両者共に実現の必要性があることを認めつつ、後者による平等の実現をより優先的に検討していくべきことを「選択的ノーマライゼーション」という言葉を用いて強調している (孫 2006)。障害者と健常者の人間としての平等の確保を前提に、両者の違いを相互尊重し、共生を探っていく手だてを構築していくことが、障害者福祉における内発的発展の流れとして考えられるだろう。

5　課題としての普及化：新たな内発的発展に向けて

　最後になるが、障害者福祉領域における内発的発展への道筋を上記の

ような流れとして捉えた場合、ノーマライゼーションと共生という考え方がどこまで広く社会の中で受容され、普及化していくかどうかが、その成否の鍵を握っているということはいえるだろう。それは、福祉教育ないし広報戦略的な課題でもある。しかし、ノーマライゼーションをとってみても、それが意味するところのものは、見てきたように相当に複雑であり、論者によっても微妙な相違点が認められる。一般においても、単なるスローガン的な意味合いで受け止められていることも少なくない。したがって、社会の理解と受容に向けての発信には困難が伴うことを当然のように覚悟しておくべきである。むしろ、この点については社会福祉は余りにもナイーブで素朴すぎたといっても過言ではない。正しい理念や考え方を発信すれば、間違いなく世間は理解してくれるという一種の神話を崇拝していたといえる。そのこともあって、この点の学問的、実践的な蓄積は皆無に等しい。ここでは、スチュアート・ホール（Hall, S.）による「エンコーディング／デコーディング」モデルの考え方を紹介することをとおして、障害者福祉の内発的発展を具体化するための教育・情報広報戦略の課題を見てみたい。

　伝統的なコミュニケーションの理解では、発信側と受信側の間に直線的な関係を想定し、発信側の意図を受信側が誤解なく受け止めることが当然視されていた。これに対して、ホールのモデルは、受信側が必ずしも発信側の意図を正しく読み取って、理解するという保証がないことを私たちに教えてくれる。ホールは、発信側が自らの専門的知識、想定する受信者像などに基づいて何らかの情報を編成していく過程をエンコーディングと呼んでいる。これに対して、発信された情報を受信側が読み取り、消費する過程をデコーディングと称するが、これはエンコーディングから相対的に自律しているとされる。発信者の意図は受信側の読み取りに影響を及ぼすが、必ずしもそれが強制されるとは限らない。むしろ、様々な読み方や解釈の可能性（解釈のコード）がある中で、それらのコードは相互に等価の可能性があるわけではなく、むしろ不均衡な関

係にあり、中には支配的なコードも存在している。こうして各コードは激しくせめぎ合っているものと考えられている。

　ホールに従えば、読み取りを行うこととは、発信側の意図、支配的なコードあるいはそれ以外のコードとの間で折衝を行っていくといった方がよい。折衝の結果、支配コードをそのまま受け入れることもあれば、全く正反対の捉え方をすることもあり得る。支配コードの完全受容とそれへの対抗という二つを両極端におけば、読み手が解釈する内容はその間の連続線のなかで様々な可能性を持つ。ホールのモデルは単純な「解釈の多様性」を意味しているのではなく、どんな読み方であっても、発信側の意図と支配的なコードとの間で全くの交渉を持たないで成立することはあり得ないことを示している。さらには、支配的コードであってもそれとの対抗と新たな変容につながっていく可能性がある、という点がそこで強調されているのである（Procter 2004=2006、吉見 2000、山口 2001）。

　このモデルを当てはめてみると、ノーマライゼーションや共生の考え方を発信していっても、読み手（オーディエンス）はそれを直裁的に解釈してくれるとは限らない。発信側の意図に影響されつつも、現代社会の中では障害者を取り巻く様々なコードがある中で、支配的なコードやそれ以外に可能なコードとの折衝の結果として、受け手の解釈が左右されてくる。結果として、発信側の意図どおりに受け止められ、浸透していくとは限らない。こうしたデコーディングでのせめぎ合いを無視して、ただ発信すればよいという姿勢では、決して社会福祉教育や啓発の成果をあげることはできないであろう。そうであれば、健常者と障害者の関係において支配的なコードは如何なるものなのか、これまでオーディエンスがノーマライゼーションと共生をデコーディングしていく中で、そこにどの様なコード間の交渉過程が展開され、何が支配的な位置を占めているのかを分析することは大きな意味を持つ。それは、障害者に対する社会の支配的コードの強固さ、そしてそれに様々な形で受容、対抗、

妥協、あるいは変容を試みる人びとの営みを浮き彫りにさせていくことになる。

ホールのモデルに類似した考え方は、ソーシャルワーカーの養成教育の現場でコミュニケーション技術との関連で知られていることであり、例えば、芝野松次郎がフィルターという視点で同種モデルをコミュニケーション理解の中で紹介している（芝野 1999）。しかし、ホールのモデルはそれに留まらず、社会福祉教育や広報普及化にあたっても示唆を与えてくれるところは大きいと思われる。社会福祉の内発的発展の実現のために、これらが重要な位置を占めていることを考慮すれば、コミュニケーション理論やカルチュラル・スタディーズの知見を取り入れながら、福祉教育と広報における社会福祉独自の理論的、実践的基盤を築いていくことが求められることは明らかであろう。また、そのこと自体が、新たな社会福祉の内発的発展への一歩を意味するともいえる。

【注】

注1）　「ノーマライゼーション」以外に「ノーマリゼーション」といった表記もあるが、本章では前者の表現を原則としつつ、引用元で「ノーマリゼーション」等で表されている場合はそのまま従って用いている。

注2）　「障害者」の漢字表現については、その漢字の持つ否定的なニュアンスのために、今日では「障がい者」や「しょうがい者」といったように、ひらがなで表記されることが多いが、ここでは「障害」を個人の属性と見なさず、社会の障壁と見なすイギリス障害学の基本的な考え方を踏襲し、ひらがな等に変えることなくそのまま用いている。この場合は、障害者は「社会から害、迷惑を被っている存在」という意味合いを持つ。また、「健常者」についても、「常に健やか」という虚構の上に成り立っている漢字表記であるが、その点や含意されている「権力性」（常に健やかの方が優れている）を強調すべく、敢えて漢字もそのままで使用している。

注3）　ニイリエは、ノーマライゼーションに関する誤解として八点を挙げ、それらへの反論を試みている。第三番目の誤解「支援なしに人びとを地域の中に投げ出している」

については、「知的障害者の生活が地域の他のメンバーの生活にどれだけ近づいている」（ニイリエ 1998：109）かが肝要であるとし、施設入所がノーマライゼーションに反するという捉え方を否定している（ニイリエ 1998）。ノーマライゼーションが施設入所へのアンチテーゼとして捉えられるようになったのは、本文中でも触れているように、北米を経由することで、脱施設化や自立生活思想との混合が起こり、当初のスカンジナビア型の内容が変容した結果と考えられている。

注4)　「障害文化」という表現のされ方もあり、論者によって「障害者文化」と同一の意味内容として扱われることもある。なお杉野昭博によれば、「障害文化」といった場合は、アメリカにおいては「哀れみの対象という伝統的障害者観に挑戦していく」（杉野 2007：205）ことから出発しており、障害種別ごとのアイデンティティを形成したり、障害者と健常者の違いを強調することは目的とされていない（杉野 2007）。一方、ろう、もう、知的障害や精神障害といった個々の障害種別に、同じ impairment を有するが故の共通するルール、慣習や世界観を基盤に成立した文化というニュアンスが前面に出る場合は、健常者との差や障害種別による違いが強調されることになる。したがって、この場合は disability culture ではなく、impairment culture と英語表記した方がよいし、それを日本語にした場合は「障害者文化」になると杉野はコメントしている（2007年7月28日「障害者ソーシャルワーク研究会」関西学院大学梅田キャンパス）。「ろう文化」といった場合は、杉野が言う「障害者文化」の一つということになる（もっとも、ろう文化を主張するろう者の人たちは自らを障害者ではなく言語的少数者と位置づけることが多いので、「障害者文化」という位置づけに対しても異議が予想される）。こうした概念的な混乱があることを認識しつつ、その解消を他日の課題と受け止め、本文では引用した原著の標記に従った。

【引用文献】

エマーソン・エリック（1994）「ノーマリゼーションとは何か？」ヘレン・スミス／ヒラリー・ブラウン編、中園康夫・小田兼三監訳『ノーマリゼーションの展開——英国における理論と実践』学苑社、21-41。

花村春樹（1994）『「ノーマライゼーションの父」N・E・バンク・ミケルセン——その生涯と思想』ミネルヴァ書房。

石川准（2002）「ディスアビリティの削除、インペアメントの変換」石川准・倉本智明編著『障害学の主張』明石書店、17-46。

河東田博（2005）「新説 1946 年ノーマライゼーションの原理」『立教大学コミュニティ福祉学

部紀要』7、13-23。
倉本智明（1999）「異形のパラドックス――青い芝・ドッグレッグス・劇団態変」石川准・長瀬修編著『障害学への招待』明石書店、219-55。
松井二郎（1992）『社会福祉理論の再検討』ミネルヴァ書房。
嶺井正也（1996）「共生教育論の系譜と課題」嶺井正也・小沢牧子編著『共生・共育を求めて――関わりを見直す』明石書店、16-39。
三島亜紀子（1999）「社会福祉の学問と専門職」大阪市立大学大学院修士論文（立命館大学グローバルCOE「生存学」創成拠点のアーカイブ。
http://www.arsvi.com/1990/990300ma.htm　2007/9/4 アクセス）
茂木俊彦（2003）『障害は個性か――新しい障害観と「特別支援教育」をめぐって』大月書店。
長瀬　修（1999）「障害学に向けて」石川准・長瀬修編著『障害学への招待』明石書店、11-39。
中園康夫（1982）「ノーマリゼーションの課題とその実現方法――特に主要な定義との関連において」『社会福祉学研究』31、24-9。
ニイリエ・ベンクト著、河東田博・橋本由紀子・杉田穏子・和泉とみ代訳編（2004）『ノーマライゼーションの原理――普遍化と社会変革を求めて（新訂版）』現代書館。
Procter, James (2004) Stuart Hall, Routledge. (=（2006）小笠原博毅訳『スチュアート・ホール』青土社）。
レイモン・シュラミット（1995）「ノーマリゼーションの原理と概念」シュラミット・レイモン編、中園康夫・小田兼三・清水隆則訳『コミュニティケアを超えて――ノーマリゼーションと統合の実践』雄山閣、18-47。
定藤丈弘（1999）「ノーマライゼイション」『福祉社会事典』弘文堂、800-1。
芝野松次郎（1999）「人と接するときの基本的な態度とコミュニケーションの技術」白澤政和・尾崎新・芝野松次郎編著『これからの社会福祉9 社会福祉援助方法』有斐閣、77-90。
杉野昭博（1992）「ノーマライゼーションの初期概念とその変容」『社会福祉学』32-2；56-76。
―――（1997）「『障害者の文化』と『共生』の課題」青木保ほか編『岩波講座文化人類学8 異文化の共存』岩波書店、247-74。
―――（2002）「インペアメントを語る契機――イギリス障害学理論の展開」石川准・倉本智明編著『障害学の主張』明石書店、251-80。
―――（2007）『障害学――理論形成とその過程』東京大学出版会。
孫　良（2006）「『平等性』と『個別性』――イギリスにおける知的障害者の脱施設化からの考察」関西学院大学大学院社会学研究科博士論文。
髙田眞治（1993）『社会福祉混成構造論』海声社。
―――（2003）『社会福祉内発的発展論』ミネルヴァ書房。

田中耕一朗（2005a）『障害者運動と価値形成——日英の比較から』現代書館。
──────（2005b）「障害者運動と『新しい社会運動』論」『障害学研究』1、88-110。
Wolfensberger, Wolf（1972）The Principle of Normalization in Human Services, National Institute on Medical Retardation.（=（1982）中園康夫・清水貞夫編訳『ノーマリゼーション——社会福祉サービスの本質』学苑社）。
山口　誠（2001）「メディア（オーディエンス）」吉見俊哉編著『カリチュラル・スタディーズ』講談社選書メチエ、52-92。
横須賀俊司（1996）「ノーマライゼーションに求められるもの——多元主義の思想」『社会福祉学』37-1：73-87。
──────（2003）「障害者運動から見たソーシャルワーカー」ソーシャルワーク研究、28（4）：4-7。
吉見俊哉（2000）『思考のフロンティア カリチュラル・スタディーズ』岩波書店。

▶▶▶キーワード集　障害者福祉

▶障害者福祉

　障害者を対象にした社会福祉制度、施策、援助方法、援助実践の総称である。身体障害者福祉法（1949年）、精神薄弱者（現・知的障害者）福祉法（1960年）、精神保健及び精神障害者福祉に関する法律（1995年）が日本の障害者施策体系の中心である。また障害者基本法（1993年）、障害者自立支援法（2005年）により障害種別によらない包括的施策へ転換がはかられている。障害者福祉には、社会の差別や偏見に対する啓発や社会運動、権利擁護が必要である。また障害当事者がサービス提供や政策提言に参加するプロセスを重視する。さらに未だ施設収容に偏重する日本では、障害者が地域生活を維持するのに必要なシステムの構築と支援者の専門性の確立が喫緊の課題である。

▶ノーマライゼーション

　障害の有無、年齢や人種、性別にかかわらず、すべての人が同じ社会の一員として地域社会で共に生活することがノーマルであり、それが可能な社会こそノーマルであるとする理念である。1950年代前半に北欧で、閉鎖的巨大施設での障害者の隔離収容や劣等処遇に対する批判から生まれた。その後その概念は変遷しつつ世界に普及し、日本でも社会福祉領域全般でスローガン的に用いられている。そして社会からの隔離と排除として機能する施設主義から、脱施設化、そして地域福祉へ転換するための思想的基盤となっている。これはさらに統合化（インテグレーション＝分離からの統合）から包括化（インクルージョン＝すべての人の包摂）へといった理念の変遷とも共通する。支援者にはただ隔離をなくすだけでなく、個々のニーズに合わせた地域生活支援を展開することが求められる。

▶リカバリー

　1980年代後半、アメリカで精神障害当事者を含め精神障害リハビリテーションに関わる人々の間で語られはじめた。それは症状や障害の除去ではなく、将来への希望、自尊心、社会的役割や存在価値、人間関係などの回復を意味する。し

たがって希望を持つこと、コントロールと自由の感覚を大切にすること、人間的な交流を保つこと、自分の体験に価値を見出すことなどがリカバリーの要因として挙げられる。そのためにはセルフヘルプ活動と知識教育が重要である。当事者は自らの力と回復を信じる必要があり、支援者も従来の医学モデル的発想を転換し、段階的に向上するのではない一人ひとり個別の回復に、過度に介入することなく寄り添う姿勢が求められる。

▶自立生活運動

IL（Independent Living）運動ともいう。70年代にアメリカで発祥したとされているが、世界各地で起こった重度の全身性身体障害者を主体とした権利獲得運動である。経済的、職業的、身辺自立を優先する従来の自立観を覆し、自己決定権の行使により、自らの人生を自らの責任で主体的に生きることを自立とした。つまりケアを受けながらも自立は可能という考え方を打ち出したのである。これによって障害者の「自立」のためには各種の社会的支援が必要であり、そのサービス供給システムは、ニーズを最もよく体験的に理解している障害者自身が担うべきであるとして制度などの改革を求める運動が展開されていく。障害者の自立（自己決定）と社会参加によって社会変革が目指される。

▶障害者自立支援法

支援費制度施行後に利用者が増加し財政が破綻したこと、障害種別や地域によりサービス格差があることを背景に、2005年10月に成立した。法のポイントは、障害者施策の3障害一元化、利用者本位のサービス体系へ再編、就労支援の強化、サービス支給決定の透明化・明確化、安定的財源の確保の5つである。サービス利用に原則1割の定率負担が必要となり、障害者や家族の生活に大きな打撃を与えている。施設体系の再編により施設収入は減り、存続さえできないところがでてきている。さらに就労支援を強調しており、経済的・身辺自立を志向していると評せざるをえない。自立生活運動等によって自己選択・自己決定をして自らの人生をコントロールするのが自立であるとした、これまで培ってきた理念が覆されたとも受けとれる。さまざまな課題が山積している法である。

▶社会福祉士

1987年「社会福祉士及び介護福祉士法」によって創設された、日本最初の社

会福祉専門職の国家資格である。「専門的知識及び技術をもって、身体上もしくは精神上の障害があること又は環境上の理由により日常生活を営むのに支障がある者の福祉に関する相談に応じ、助言、指導、福祉サービスを提供する者又は医師その他の保健医療サービスを提供する者その他の関係者との連絡及び調整その他の援助を行うことを業とする者」と定義されている。福祉系大学等で受験資格を得た者が国家試験に合格し厚生労働省に登録することで資格を取得できる。社会福祉士には、信用失墜行為の禁止、秘密保持、医療関係者との連携の義務が課せられている。それらの義務違反に対しては懲役又は罰金という罰則規定も設けられている。しかしこれは名称独占資格であり、その実践の質を担保するに至っていない。社会福祉士の質と社会的地位向上が課題である。

▶精神保健福祉士

わが国の精神保健福祉は、平均在院日数の長さ、精神科病床の多さ、スタッフ不足など、諸外国と比較してもかなり遅れているのは否めない。入院患者、特に10年、20年といった長期の入院患者が多く、退院支援と社会復帰の促進が喫緊の課題であった。そこで専門的知識・技術をもって精神障害者の社会復帰に関する相談援助を行う専門職の創設が求められ、1997年8月に「精神保健福祉士法」が成立した。そこでは精神保健福祉士を、精神障害者の保健及び福祉に関する専門的知識及び技術をもって、精神障害者の社会復帰に関する相談に応じ、助言、指導、日常生活への適応のために必要な訓練、その他の援助を行う者と定めている。受験資格をもって国家試験に合格し、厚生労働省に登録して精神保健福祉士資格を取得する。

▶セルフヘルプグループ

自助グループ、当事者組織ともよばれる。公的な援助に頼らないで自分たち同士で助け合うということではない。同じ体験をした人たちが共通の体験を通して相互に気持ちを分かち合い、それぞれの生き方を見出していくグループである。当事者が主体的に継続的な集まりをもち、当事者同士だからこそできる苦しみ、思いの共有や、情報交換を通して互いに助けあうのである。個人の自己変容と、ソーシャルアクションによる社会変革を目指す機能がある。ここでは専門職は側面的にグループを支援するスタイルを取り、当事者との対等な関係を目指す。疾病、障害、アディクション、家族など、その分野は多岐にわたり、グループによっ

て運営の仕方も多様である。

▶エンパワメント

個人や集団、地域が状況を好ましいものに変えていく力をつける、あるいはそうした力を獲得することである。個人的（人生を自分でコントロール）・集団的（仲間と連帯し社会の抑圧構造について批判的知識を共有）・社会的（社会的影響力を持ち社会資源の開発、公平な配置を実現）エンパワメントの3層からなり、相互に関連し展開される。クライエントは援助される対象としてではなく、自身に影響を及ぼす事柄をコントロールするか潜在能力や可能性を持つ者と認識される。社会によってもたらされたパワーの欠如状態（powerlessness）や無力化（disempowerment）からの回復は、クライエントと専門職との協働を通して遂行される。ソーシャルワーカーは empowering profession と呼ばれている。

▶障害学

障害学は、医療や社会福祉の視点からではなく、障害者の視点から障害とそれを取り巻く問題を見ていく。ここでは援助や治療の対象としてのみ語られる障害から、社会によって作為的、無作為的に作られた様々なバリアこそが障害の本質であると、障害観の転換がなされている。医学モデルのアンチテーゼとして位置づけられる社会モデルを基礎にし、社会変革を徹底的に追及する。リハビリテーションを否定するものではないが、障害者が社会に適応できるよう変わるのではなく、ありのままの障害者が社会参加できるよう、社会の側こそ変わるべきだと主張する。障害者問題の原因は個人の身体的制約ではなく、社会、政治的問題であるとする。

第 5 章

子ども家庭福祉における内発的発展の展望

はじめに

　近年、少子化の加速度的な進行や、頻発する児童虐待、少年犯罪などの事例に触れるたびに、私たちの社会が決して「健全」とはいえない方向に向かっているように感じてならない。いつの時代であっても、社会に潜む病理やストレスの影響を真っ先に被るのは、社会システムの中で最も弱い立場に置かれている「子どもたち」ではないか。そのような意味で、少子化の進行や児童問題の激化という現象は、現代社会の歪みを映し出す鏡のようなものであるといえる。

　本章では、髙田眞治が提唱した社会福祉混成構造論及び内発的発展論に依拠しつつ、現代の子育てを通して見えてくる日本社会の様相を概観する。その上で、次世代を担う子どもたちを家庭及び地域社会においてしっかりと育むためには、どのような対応が求められるかについて、子ども家庭福祉の観点から検討を加える。とくに、近年、市民活動をベースに多様な取り組みが展開されつつある地域子育て支援の動向に着目しながら、子育て環境の変革や充実に向けた「内発的発展」の可能性について展望する。

1　子育てを通して見える社会の様相

　近年、日本においてはますます少子化が進行していることについては承知の通りであろう。図1に示したように、1970年代前半の第2次ベビーブーム以降、出生数・合計特殊出生率ともに低下傾向にあり、平成17年には戦後最低の出生数・出生率を記録するに到っている。日本における少子化は、人口の高齢化とも相俟って、社会保障制度を根底から揺るがすだけでなく、経済活動全体に影響を及ぼすことが危惧されている。ただし、ここで着目したいのは、少子化が進む背景にある「子どもを産み育てにくい」社会の様相である。

　一国の経済発展が少子化をもたらすことは、他の先進諸国の事例を見ても明らかなことである。欧米を中心とする経済的に豊かな国々では一様に少子化が起こっており、経済発展が「子どもを少なく産んで大切に育てようとする」傾向を高めることは通説にもなっている。しかし、生活者の立場、すなわち子育て当事者としての親・家庭の視点に立てば、このような見解のみでは説明しきれない様々な要因が少子化の背景に見えてくる。それは地域社会関係の希薄化であったり、子育て家庭の孤立であったり、あるいは保守的な性別役割意識やそれを容認する企業社会のありよう、そして制度・政策面での不備である。

　日本では戦後の経済成長を経て、地域社会のありようは劇的に変化してきた。都市化が進み、親同士、子ども同士、さらには世代を超えて人と人とがふれあう機会が減少する中、家庭が孤立する傾向が高まっている。子育てを助け合うような地縁・血縁関係は希薄になり、子どもたち同士で群れて遊べるような環境も著しく減少した。その半面で保守的な性別役割意識が根強く残る中、家事や育児に孤軍奮闘し、息苦しい子育てを強いられる女性（母親）が増えている。

　さらに、女性の社会進出が進む一方で、いわゆる「男性中心」の企業社会においては、妊娠・出産・育児支援に前向きでない場合が多く、仕

第5章　子ども家庭福祉における内発的発展の展望　107

事と家庭の両立に悩む女性は少なくない。ましてや男性労働者（父親）の育児休業や労働時間の短縮といった措置については、「否定的」ともいえる状況にある。加えて、育児休業制度はあっても全企業での完全実施に到っておらず、保育施策の充実・多様化は需要に追いつかず、今もって保育所の待機児童が存在するという制度・政策面の不備もある。

　すなわち、少子化が進む背景には、子育て困難な社会状況が立ちはだかっている。これはある意味で、戦後の経済成長がもたらした弊害であり、それに対して有効な手立てを講じてこなかった制度・政策面での不備であり、また日本社会に根強く残り続ける性別役割意識という文化的側面が、相互に影響してもたらされた結果であるともいえよう。

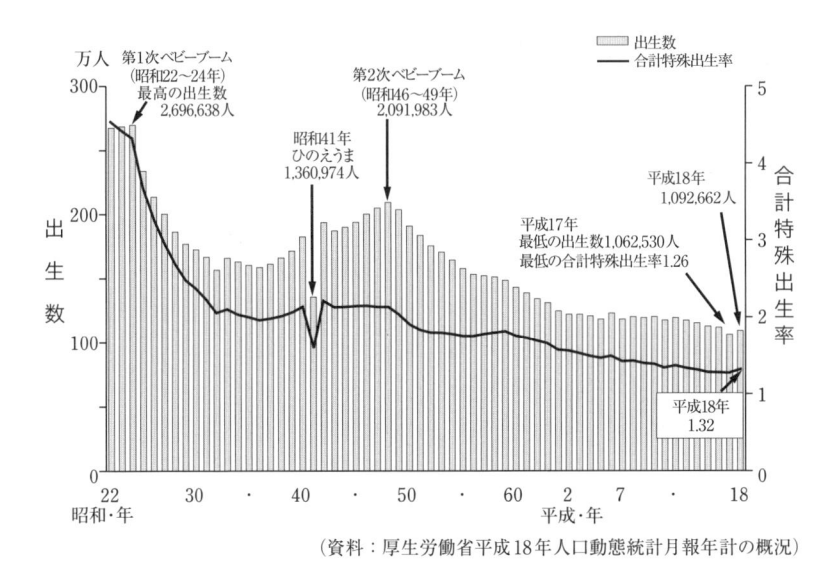

（資料：厚生労働省平成18年人口動態統計月報年計の概況）

図1　出生数及び合計特殊出生率の年次推移

髙田眞治は、「社会」の下位概念として政治（politics）・経済（economics）・文化（culture）の3つの領域と、それらの相互作用からなる混成構造に着目する「PEC構造」を提起したが（髙田1993:299）、上記のように、少子社会の様相もこの「PEC構造」によって説明することが可能である。とりわけ、近年急速な経済成長を遂げ、日本と同様に女性の社会進出が進む半面で保守的な性別役割意識が残る東アジア圏の隣国でも、少子化が進行している事実に目を向けておきたい。2003年時点で、韓国、台湾、香港、シンガポールなどではすでに日本を下回る合計特殊出生率を記録しているのである。

髙田眞治はさらに、社会福祉の観点から社会構造の変化をとらえると、いうまでもなく課題は「少子・高齢社会ということ」と前置きした上で、以下のように述べている（髙田 2003:217）。

> わが国における高齢社会の進展は、政治・経済の状況、また医療・保健の進歩からして早くから相当の精度で予測されていたことである。政治は「社会福祉は弱者救済」という考え方から脱皮をして、予防的な社会システム構築のために先行投資をすべきであった。また経済は市場万能論から脱皮をして、新たな経済社会システムを構築すべきであった。今日なお基本的な議論を欠いたままで市場原理に拘泥し、対症療法的に、また既存のシステムの安易な援用ないし修正で対応しようとしているのである。

この言説は、日本の高齢社会だけでなく、少子社会に到る社会的動向を理解する上でも示唆に富んでいる。児童福祉法を中心とする児童福祉関連施策については、これまでに抜本的な見直しが行われることなく、従来から要保護児童対策を中心に展開されてきた経緯がある。もちろん虐待・障害・非行などにかかる要保護児童対策の充実は不可欠ではあるが、半面でそのような児童問題の発生や重症化を未然に防止するための

予防的な対応策が不十分であったことは否めない。

　ここでいう予防的な対応策とは、深刻な問題が発生した事例への事後対応ではなく、近年では「子育て支援」と総称されるようになった一般家庭対策や保育施策等の拡充を意味する。つまり、あらゆる子育て家庭を身近な地域の中で支える観点から、育児相談や保育ニーズに柔軟に対応できる施策を講じることは、児童問題の発生を抑止する予防的な社会システムの構築につながる側面がある。しかし、日本において子育て支援の拡充が始まるのは、少子化対策が次々に打ち出されるようになった1990年代以降であった。この頃から、子育て支援は少子化対策と同義語のように扱われるようになり、「あらゆる家庭」ではなく、「問題の起こっていない家庭」のみを対象とする施策であるかのごとく位置づけられることが多くなった。一方で、虐待の恐れがある家庭、障害児を養育している家庭、ひとり親家庭など、現に何らかの問題を抱える児童とその家庭への対応は、事後対応を中心とする従来からの児童福祉法の中に置き去りにされ、結果として一般家庭対策と要保護児童対策の分断化が決定的になってしまったように思える。

　子育て支援が少子化対策の一環として位置づけられている限り、少子化の抑制、すなわち出生数・出生率の向上によって政策的評価を受ける側面を免れない。したがって、どうしても子育て家庭の多数派を占める「問題の起こっていない家庭」をターゲットとした施策を重視する傾向が生じる。しかし、子育て支援は少子化の抑制のみを目的とするのか。子育て支援とは、より豊かな子育て環境の構築を目指す政策及び実践であり、要保護児童問題への予防的対応としても明確に位置づけられるべきではないか。予防的対応を包括した児童福祉関連制度のあり方と体系化をめぐる基本的議論が、今なお不足しているように思えてならない。

　経済については、貨幣的価値と競争原理を重視する市場万能論から抜け出せないでいる。その結果として、妊娠・出産・育児という家庭における基本的な営みは経済活動において非生産的と見なされ、保守的な性

別役割意識も相俟ってそのしわ寄せは女性に集中することになるのは先述の通りである。これに対して髙田眞治は、モノ・カネといった貨幣では測れない生活側面を大事にし、競争ではなく協同を重視するような「生態循環型」経済への転換を提唱している（髙田1993：269）。しかし、企業間での、あるいは地球規模での厳しい競争にさらされ、目先の利益を重視する多くの企業にとって、その実現に向けた道程は前途多難で険しい。母親も父親も、仕事とともに家庭を大切にし、子育てに費やす労力や時間を十分に保障されるようになるには、経済政策や労働政策の見直しだけでなく、企業社会における主体的な変革が求められる。

　これまで述べてきた様々な課題は、少子化によって児童数が減少しているにもかかわらず、児童問題が増加・激化している現状を鑑みれば、まさに「待ったなし」でその対応が施されなくてはならない。図2は全国の児童相談所で対応した児童虐待の相談件数の推移を示しているが、過去17年間で約34倍に急増している。近年、児童虐待に関する社会の意識が高まり、加えて平成12年に成立した「児童虐待の防止等に関する法律（通称：児童虐待防止法）」によって通告義務が強化された影響はあるとしても、このような増え方は決してノーマルではない。その他にも、不登校児童数は依然として増加の一途をたどっており、少年犯罪・触法の発生率も近年上昇に転じていることも付記しておきたい。

　次世代を担う子どもたちを健全に育むことのできない社会は、そのツケを将来必ず払わされることになるだろう。少子化や児童問題の激化という現象は、その警鐘として真摯に受け止めなくてはならないのではないか。

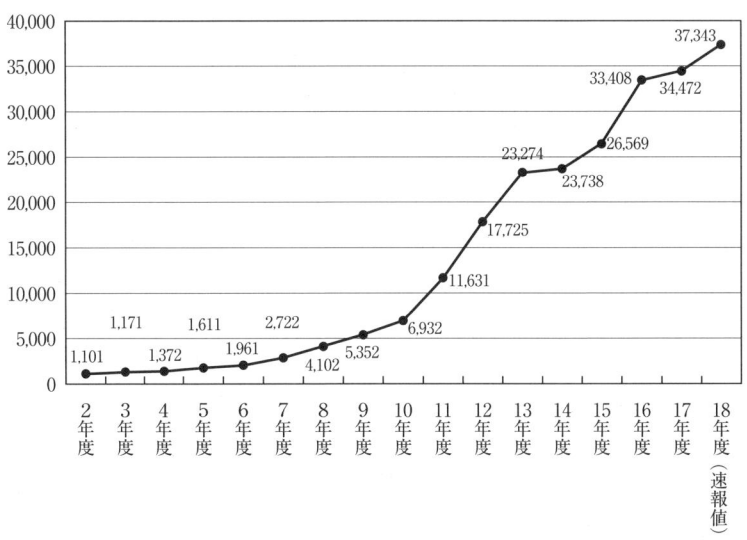

(厚生労働省報道発表資料：平成18年度児童相談所における児童虐待相談対応件数)

図2　児童相談所における虐待相談対応件数の推移

2　子ども家庭福祉と地域子育て支援

　これまで述べてきたように、少子化の進行や児童問題の激化の背景には、子育て困難な社会状況が存在している。そのような中、要保護児童対策に傾斜した従来の児童福祉制度を見直し、あらゆる子どもの権利を擁護し、また子どもだけでなくその家庭への支援を一体的に行う必要性から、「子ども家庭福祉」と呼ばれる研究や実践が展開されつつある。
　子ども家庭福祉の概念については様々なとらえ方があるが、ここでは1999年に設立された「日本子ども家庭福祉学会」の設立趣意書（日本子ども家庭福祉学会1999）から一部引用しつつ、以下のように定義しておきたい。

子ども家庭福祉とは、子どもの権利を擁護し、子どもとその家族のウエルビーイング（個の尊重・自己実現）を図るという点を共通理念に、児童・家庭福祉を総合的な見地から網羅し、一体的な支援のあり方を追究する領域である。

　本章ではこのような子ども家庭福祉の視点に立ち、子育て家庭を地域で支える方策について検討を加え、そのこと自体が地域社会に変革を与える内発的発展の可能性についても言及する。尚、本章で着目する"地域"とは、子どもとその家族にとって最も身近な（日常生活における）生活圏を意味するが、より具体的には近年の地域福祉政策等の動向をふまえつつ市町村や学校区単位の小地域を指すこととする。

(1) 子育てを支える地域ネットワーク

　前節では政治・経済・文化からなる「PEC構造」に基づいて子育て困難な社会状況について幅広く概観してきたが、ここでは社会を構成する下位システムとしての"地域"に着目し、子育てを支えるネットワークとしての機能をとらえてみたい。
　現代の日本においては、地域の社会関係が希薄化する中で、子育てを支える地域ネットワークが機能しにくくなっている。図3に示したように、子育てを支える地域ネットワークは、世代を超えた子育て経験の受け渡し（タテの関係）、子育て現役世代の支えあい（ヨコの関係）の2つの軸に置き換えて、その全体像を把握することができる。

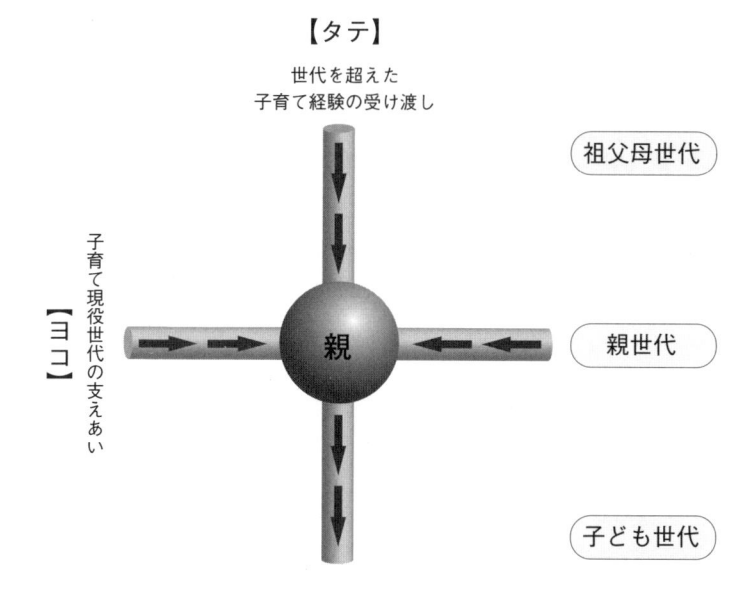

図3　子育てを支える地域ネットワーク

　タテの関係は、祖父母世代、親世代、そして子ども世代へと、世代を超えた結びつきの中で子育て経験が受け渡されていく関係性をあらわしている。核家族化が進行した現代では、このような祖父母世代からの経験の受け渡しが次第に難しくなってきた。また、子ども世代にとっては、少子化によって"一人っ子"が珍しくない時代にあって、親の子育てを助ける経験を通して幼い子どもにかかわる機会が減少している。これらは結果的に、若い世代が子どもにかかわる経験を持たないまま親になり、親になった後も世代を超えた支えを得られない傾向を高めている。

　ヨコの関係は、同じ時代に子育てをする親世代の支えあいをあらわしている。この関係には、同世代だからこそ価値観や境遇を共有でき、お互いに理解しあえる関係が築きやすい面がある。一昔前の話にはなるが、かつて長屋が主流だった時代には、近所の親同士が井戸端に集まって情

報交換をしたり、日頃の悩みを打ち明けることができた。現代のように、都市部ではマンションが林立し、常に人口移動がある中では、子育て家庭は容易に孤立してしまう。一方、地方部では、過疎化が進み子育てを行う若い世代が急速に減少する中で、同じ世代の仲間を見出すことすら難しくなっている。

　子育てとは、家庭の中だけで完結する営みではなく、本来はこのようなタテとヨコの関係に支えられ、地域の関与があってこそ成立する営みであると考える。したがって現代のように、地域のタテの関係もヨコの関係も分断され、子育てという営みが家庭の中だけに閉じ込められていく状況は、ノーマルではないといえよう。

(2) 地域子育て支援の概念

　本章では、子育てを支える地域のネットワークを再生し、より豊かな子育てが行える環境づくりに取り組むことを「地域子育て支援」と呼ぶ。また、子どもだけでなく、その家庭に対する支援を包括するという意味で、子ども家庭福祉の一分野としても位置づけておきたい。以下、3つの基本的視点に立って、地域子育て支援の概念についてより詳細に述べておく。

家庭、地域の子育て機能を高める視点

　従来の"子育て支援"においては、親・家庭の養育能力の低下が叫ばれる中、家庭における子育て機能を高めることに重点が置かれ、おもに母子保健や保育の専門職による親子への支援が行われてきた。また、少子化対策の一環として保育サービスの重点的な整備が図られ、家庭における子育てを補完することにも力が入れられてきた経緯がある。

　ただし、地域子育て支援においては、親・家庭支援と併せて、地域の

子育て機能を高めることも視野に入れる必要がある。ここでは地域の子育て機能にも着目した子育て支援の定義として、柏女霊峰による「子どもが生まれ、育ち、生活する基盤である親及び家庭、地域における子育ての機能に対し、家庭以外の私的、公的、社会的機能が支援的にかかわること」（柏女 2005:6）という見解に基づくものとする。

近年、子育て支援の必要性がますます高まる中でその定義や概念は多様化しているが、「地域子育て支援」という場合には、地域の子育て機能を高めるような支援を含むことをあえて強調しておきたい。既述のように、地域の関係がますます希薄化する中で、子育て中の親同士、あるいは世代を超えた人と人とを結びつけるような支援が求められている。そのためには、子育て中の親とその子どもに対する個別的なかかわりだけでなく、親子の交流を促し、地域交流やネットワークづくりにも積極的に取り組む必要があると考える。

地域の実情、特色に着目する視点

地域子育て支援においては、その地域の実情や特色に着目し、特有の子育てニーズに沿った支援のあり方を検討する必要がある。たとえば地方によって、人口規模、自治体の面積、人口の流出入、母親の就労率、祖父母との同居率も異なれば、自然環境や風土・文化も大きく異なっている。そのような意味で、どの地域でも標準的な支援が保障されることは大切だが、半面で、地域の状況にかかわりなくどこでも画一的な支援が行われることは不自然だといえる。

したがって地域子育て支援においては、その核となる働きをふまえながら、それぞれの地域に根ざした支援のあり方を追求するべきだと考える。そのためには、①身近な地域の中で必要な支援を受けられる体制づくり、②その地域にある社会資源を最大限に活用する、③その上で地域の実情や特色に見合った支援のあり方を模索する、という働きかけが求められる。

予防を重視する視点

　日本の児童福祉関連制度においては「要保護児童対策」と「一般家庭対策」が分断されており、児童問題の発生や重症化を防止するための予防的な対応策が不十分であったことは前節で述べた通りである。

　ここでアメリカやカナダを中心とする北米の動向に目を移すと、日本の"子育て支援"に相当する概念として「家族支援（family support）」があり、おもに子育て家庭に対する予防的な支援として1980年代以降に活発な取り組みがなされてきた経緯がある。ウィッスボードとケイガンによれば、家族支援活動における目標として、以下の3点が提起されている（Weissbourd& Kagan 1989）。

　　①子どもの養育における親の能力の向上
　　②親が自分たちの利益のために活動できる力を高め、変化を起こす
　　　代弁者になれるような機会を創造すること
　　③親に対して地域資源を提供すること

　これらを地域子育て支援の概念に沿ってとらえなおしてみたい。たとえば、①に関しては、専門職による支援だけでなく、地域のタテとヨコのネットワークの再生を通して、親としてより多くの学びを得る機会が増えることが期待できる。②については、親同士がヨコのネットワークを形成して支えあい、協力して地域の子育て環境を向上させるような活動に参画することで、子育てに対する意識や主体性が高まることが想定される。③については、専門職による支援はもちろんのこと、地域のネットワークを通した情報交換によって、子育てを支える協力者・支援団体・サービスを効果的に活用できる機会が拡大されるだろう。このようにして親としての成長が促され、地域の支えを得て子育てを行う環境が整うことは、子どもの養育に関して深刻な問題が発生することを予防できる側面があると考えられるのである。

3　地域子育て支援の拠点と内発的発展

　これまで地域子育て支援の概念について筆者なりに論じてきたが、それはあくまでも子育て困難な状況を地域社会において解決するための理論的な考察であり、実践として各所で展開されるまでにはなお時間と労力を要する。

　平成6年のエンゼルプラン策定以降、国家的な少子化対策や次世代育成支援対策が次々と打ち出される中、育児相談や園庭開放などを通して地域の子育て支援に取り組む保育所や幼稚園が増えてきた。また、平成16年に国が発表した『子ども・子育て応援プラン』では、地域の子育て支援の拠点として「つどいの広場」と「地域子育て支援センター」が位置づけられ、平成21年度までに全国6,000カ所に倍増させる目標が掲げられてもいる。

　しかし、このような社会資源の量的な拡充が急ピッチで推進される一方で、実際に提供される支援の質にはかなりの格差が生じているといえる。たとえば、子育て家庭のニーズに基づくプログラムを提供しようと努める実践団体もあれば、単に場所を開放しているだけで支援者のかかわりすら確保されていない団体も散見される。また、積極的にサービスの質の向上に努める団体であっても、子育て家庭をめぐる地域の実情及び課題を見据えつつ、どのような支援が求められるのかを試行錯誤し、懸命に模索している現状があるといえよう。

　以下、政策的に地域子育て支援の拠点として位置づけられている「つどいの広場」と「地域子育て支援センター」に着目し、その実践を通して得られた知見と課題に基づき、子ども家庭福祉における内発的発展の可能性を論じてみたい。

（1）つどいの広場と地域子育て支援センター

　地域子育て支援センターは、地域における育児相談や育児サークル等の支援を行う中核的施設としてエンゼルプランに整備目標が掲げられ、平成7年度から国庫補助事業として保育所を中心に併設されてきた。少子化対策の一環として国から制度化の方針が先に示され、その後に各所での実践が推し進められた経緯があることから、事業を受託する保育所側には当初混乱が生じたことが報告されている（新澤　2006）。ただし、その後の量的整備は着実に進み、平成18年には全国3,433カ所にまで達している。

　一方、つどいの広場は、1990年代後半から子育て中の母親あるいは子育て経験者が、草の根的な市民活動として取り組んできた「ひろば」活動に端を発している。「ひろば」とは、子育て当事者としての経験に基づき、孤立しがちな親子が自由に集い、交流し、お互いに支えあうような居場所づくりが原型になっている。2000年代に入ると先駆的な実践団体がNPO法人化され、商店街の空き店舗や民家などを活用した「ひろば」が各所でみられるようになってきた。このような動向をふまえ、平成14年（2002年）に国庫補助事業として制度化され、社会福祉法人のみでなくNPO法人や民間事業者にも委託可能な事業として創設されたのがつどいの広場である。近年、その実施団体は急速に伸びており、平成18年度には全国で682カ所に達している。

　社会福祉の内発的発展という観点からとらえるならば、まさに髙田眞治が提起する「文化における内発性としての支えあい」に依拠する点において、つどいの広場に着目すべきであろう。また、NPO等による市民活動が政策面に影響を与え、実践を後追いするように制度化が図られた点においても、つどいの広場の動向にまずは着目したい。

　国が実施要綱において示したつどいの広場の事業内容としては、子育てにおける孤立感や閉塞感が高まりやすい低年齢児（おもに0-3歳）を

養育する親に対して、①親子の交流の場の提供と交流の促進、②子育てに関する相談・援助、③地域の子育て関連情報の提供、④子育て・子育て支援に関する講習、を行うことを基本としている。それでは、このようなつどいの広場が、実態として子育て中の親にどのような支援効果をもたらしているのだろうか。

筆者が平成16年度に「つどいの広場」の利用者（親）を対象に行った調査では（68カ所、2,022人の利用者が回答）、図4のように、子育てに関する知識・情報が高まり、ストレスの軽減や孤立感の解消など一定の効果がもたらされている傾向が示されている（渡辺 2006a：85）。

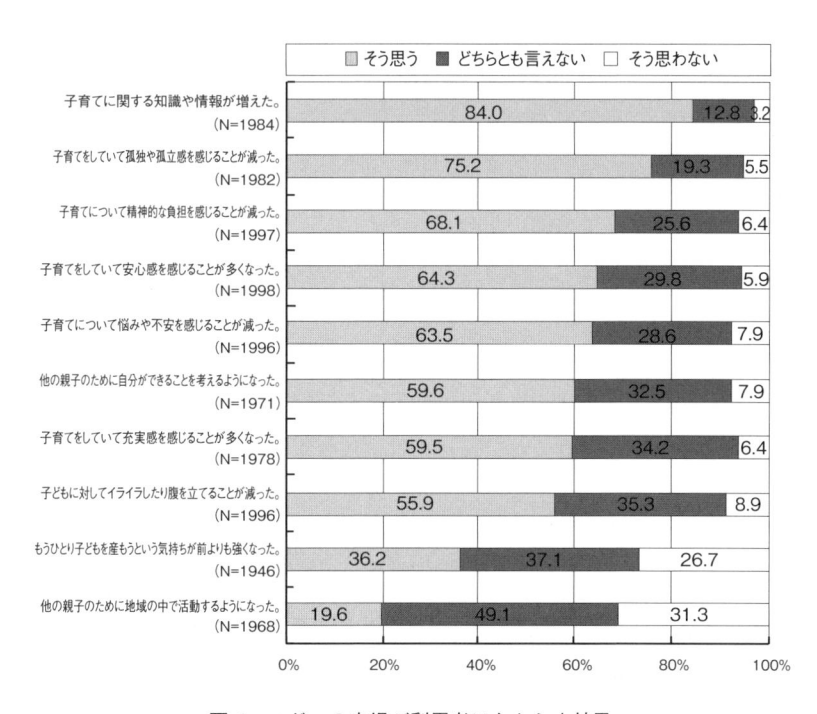

項目	そう思う	どちらとも言えない	そう思わない
子育てに関する知識や情報が増えた。(N=1984)	84.0	12.8	3.2
子育てをしていて孤独や孤立感を感じることが減った。(N=1982)	75.2	19.3	5.5
子育てについて精神的な負担を感じることが減った。(N=1997)	68.1	25.6	6.4
子育てをしていて安心感を感じることが多くなった。(N=1998)	64.3	29.8	5.9
子育てについて悩みや不安を感じることが減った。(N=1996)	63.5	28.6	7.9
他の親子のために自分ができることを考えるようになった。(N=1971)	59.6	32.5	7.9
子育てをしていて充実感を感じることが多くなった。(N=1978)	59.5	34.2	6.4
子どもに対してイライラしたり腹を立てることが減った。(N=1996)	55.9	35.3	8.9
もうひとり子どもを産もうという気持ちが前よりも強くなった。(N=1946)	36.2	37.1	26.7
他の親子のために地域の中で活動するようになった。(N=1968)	19.6	49.1	31.3

図4　つどいの広場が利用者にもたらす効果

また、「他の親子のために自分ができることを考えるようになった」と回答した利用者が6割弱おり、親同士の支え合いの場としての可能性も示唆されている点にも注目したい。このような子育て現役世代のヨコの関係には、同じ立場にあるからこそより深く共感しあい、互いに支えあうようなピアサポート効果が期待できる。専門的な相談援助も大切だが、ピアサポートを高めていくために利用者同士を結びつけていくことも、地域子育て支援の観点から必要とされる支援であるといえる。
　このように市民活動に端を発したつどいの広場が制度化され、その効果が次第に認識されるようになる中で、従来からある地域子育て支援センターの実践にも少なからず影響がもたらされつつある。ポジティブな側面としては、つどいの広場の取り組みが地域子育て支援センターの実践にも影響を与え、相互に影響を与え合う中でその支援の質が高まる場合がある。ネガティブな面では、新たに台頭してきたつどいの広場への対抗意識などから、地域において両者の対立が生じてしまうリスクが挙げられる。この点については地域によって状況は異なっているが、できる限り前者のポジティブな影響がもたらされるように、両事業が相互に協力・連携することを期待したい。
　地域の子育て支援の拠点として、つどいの広場及び地域子育て支援センターの双方に共通する課題として、世代や立場を超えた地域交流を積極的に図り、地域のタテのネットワーク再生に努めることを挙げておく。たとえば民生児童委員や主任児童委員との連携の下、中高年層のボランティアを積極的に受け入れ、あるいは学校教育機関の協力を得て小中高生や大学生との交流を図るなど、あらゆる可能性を模索することが重要である。
　ただし、現状においては支援者（職員）による直接的な相談援助や情報提供が主であり、地域交流を推進するよう働きについては消極的な取り組みにとどまっている。筆者は、平成17年に全国1,551カ所の地域子育て支援センター及びつどいの広場を対象に実態調査を行った。その結

果、9割以上の施設・団体が「相談や情報提供」に日常的に取り組む一方で、「地域の人たちとの交流」に取り組む施設は1割強に過ぎず、「小中高生や大学生との交流」にいたっては5％弱しかないことが明らかになっている（渡辺 2006b）。

(2) 地域子育て支援における内発的発展の展望

　上記の課題以外にも、つどいの広場や地域子育て支援センターをめぐっては、人材の養成や財源の確保などの様々な課題が山積している。また、つどいの広場に関しては、NPOによる市民活動に端を発したものの、制度化されることによって市町村直営の拠点施設が増加しており、当事者性に基づく課題意識が次第に希薄化する傾向にある。他方、保育所併設が大半を占める地域子育て支援センターに関しては、子どもに主軸をおく伝統的な保育から脱却し、家庭支援や地域支援の視点をも有する人材の確保が課題となっている。そのような意味で、子どもと家庭の双方に着目し、個の尊重や自己実現といった社会福祉の理念に基づきながら、総合的な支援のあり方を追究する「子ども家庭福祉」の視点が今後ますます重要になるだろう。
　ただし、その半面で、つどいの広場や地域子育て支援センターにおいて着実にその実践が積み上げられてきたことは、地域における子育て環境や、子育てに関する政策面においても一定の変革をもたらしてきたといえる。とくに、つどいの広場の発展の原動力となった子育て当事者による市民活動は、これまで政策面に少なからず影響を及ぼした点において、今後も内発的発展の促進要因としての可能性を有すると考えられる。
　尚、平成19年度からつどいの広場や地域子育て支援センターに関しては、「地域子育て支援拠点事業」として再編・統合化が図られている。その背景には、地域子育て支援の拠点の量的整備だけでなく、支援の質

を高めようとする政策的意図が読み取れる。「地域子育て支援拠点事業」においてとくに注目したい改正点を以下に述べておく。

①ひろば型（従来のつどいの広場に相当）、センター型（従来の地域子育て支援センターに相当）に加えて、児童館型が新設されたこと。

②ひろば型、センター型、児童館型という形態にかかわらず、従来のつどいの広場の基本事業に沿って、共通する事業内容が設定されたこと。

③センター型に「地域支援活動」、ひろば型に「地域の子育て力を高める取り組み」を新たに設定し、地域に積極的に出向いて支援を行ったり、学生・異年齢児・世代を超えた様々な人たちとの地域交流を図るような支援が強化されたこと。

このように、先述の地域子育て支援における課題を含めた改正が織り込まれていることは、実践面における動向が政策面に反映され、相互に補完するような好ましい影響がもたらされていると考えられる。さらに、近年の新しい動向として、地域子育て支援拠点事業に取り組む先駆的なNPOの活動において、企業との協働による子育て情報の配信や、母親の職業復帰に向けた支援などの取り組みがみられることも付記しておく。

また、平成18年の法改正によって、就学前児童の保育と幼児教育を総合的に提供する「認定こども園」が創設されたが、その認定基準の1つには「地域における子育て支援（子育て相談、親子の集いの場の提供など）」の実施が盛り込まれている点に着目したい。これによって今後は、「認定こども園」として親子の交流などに取り組む保育所や幼稚園が増加することも予想されるのである。こうして子育て当事者による「支えあい」に端を発した「ひろば」の実践は、子育てに関する政策面に確実に影響を与え、制度・政策も実践面を補完するような相互作用が起こり始めている。この相互作用に、先駆的な実践団体にみられる企業との協

働が効果的に絡み合い、地域の子育て環境の向上に経済界が一定の貢献をもたらすことが期待される。

　今後、地域子育て支援の実践が、内発性としての「支えあい」を軸として政治・経済・文化の相互作用からなる「PEC構造」に影響を与え、子ども家庭福祉の実現に向けた内発的発展に寄与することを願ってやまない。そのためには、子育て家庭を取りまく地域社会のありようを俯瞰し、生活者の視点からニーズを把握し、地域子育て支援の質を高めていくような実践的努力が不可欠であろう。とりわけ、子育て中の親を単に利用者にとどめるだけでなく、エンパワメントの視点から相互の支えあいを促すような交流を図り、子育て環境の向上に向けて当事者として働きかける力を引き出すことが、内発的発展を継続的に促進する原動力となるように思われる。

【参考文献】

柏女霊峰（2005）『ニューウェーブ子ども家庭福祉――市町村発子ども家庭福祉』ミネルヴァ書房。

新澤拓治（2006）「第6章　今後の地域子育て支援をめぐる課題と展望」渡辺顕一郎・杉山恵理子ほか『拠点型地域子育て支援におけるプログラム活動のあり方に関する研究』平成17年度児童関連サービス調査研究等事業報告書、財団法人こども未来財団、92-100。

髙田眞治（1993）『社会福祉混成構造論――社会福祉改革の視座と内発的発展』海声社。

―――（2003）『社会福祉研究選書①　社会福祉内発的発展論』ミネルヴァ書房。

日本子ども家庭福祉学会（1999）「日本子ども家庭福祉学会設立趣意書」
　　　（http://blog.livedoor.jp/jscfw/archives/50003588.html,2007.9.5）。

渡辺顕一郎編（2006a）『地域で子育て－地域全体で子育て家庭を支えるために』川島書店。

―――（2006b）「第3章　量的調査の結果と分析」渡辺顕一郎・杉山恵理子ほか『拠点型地域子育て支援におけるプログラム活動のあり方に関する研究』平成17年度児童関連サービス調査研究等事業報告書、財団法人こども未来財団、17-56。

Weissbourd,B.,& Kagan,S.L.（1989）Family support programs: Catalysts for change. *American Journal of Orthopsychiatry*,59,20-31.

▶▶▶キーワード集　児童福祉

▶児童福祉法

　我が国における児童福祉に関する総合的基本法。第2次世界大戦の敗戦による混乱の中で児童のおかれた環境は深刻なものであった。特に戦災孤児、浮浪児と呼ばれる児童に対する保護は緊急の課題であった。本法は新憲法下の第1回国会に提出され、1947年12月12日に制定・公布され翌年1月1日に施行された。児童福祉法の構成は、総則、福祉の保障、事業及び施設、費用、雑則並びに罰則からなっている。総則において児童福祉の理念、児童育成の責任、原理の尊重が示されている。逐時の改正を経ているが、1997年には保育所への入所方法の変更、児童福祉施設体系の再編など大規模な改正が、2004年には児童虐待防止対策の強化、市町村の役割の強化などの改正が行われた。

▶子どもの権利条約

　条約名は政府訳では「児童の権利に関する条約」であるが、一般的には「子どもの権利に関する条約」、「子どもの権利条約」と呼ばれている。1989年第44回国際連合総会において採択され、我が国は1994年6月に批准した子どもの権利に関する包括的な国際条約である。締約国は2003年現在192カ国でアメリカを除き世界のほとんどの国が加入している。「差別の禁止（第2条）」「子どもの最善の利益の尊重（第3条）」「子どもの意見の尊重（第12条）」が基本原則として示されている。全体は54条からなり、子どもが大人から与えられる援助を受ける権利のみではなく、子ども自身が権利行使の主体であることが明確にされ、表現の自由、思想・良心の自由などの市民的自由権も保障されている。

▶児童虐待

　一般的には親又は親に代わる保護者などによる「子どもの心身を傷つけ子どもの健全な成長・発達の妨げになる行為」をいう。近年子どもに対する虐待事例の急増から、2000年に「児童虐待の防止等に関する法律」が制定され、身体的虐待、性的虐待、保護の怠慢・拒否（ネグレクト）、心理的虐待の四類型として定義さ

れた。全国の虐待事例については児童相談所による取扱件数が代表的なものであるが、2006年度では37,343件であり、全国的な統計を取り始めた1990年の1,101件から比較すると年々増加して約34倍になっており、児童福祉における最も重要な課題の一つである。死亡事件等の重大な虐待事例も後を絶たず、特に乳児における死亡事件が多発している。

▶少子化対策

　1989年の合計特殊出生率が、1966年（丙午）の年の1.58を下回る1.57となり、「1.57ショック」として少子化が深刻な社会問題として国民に広く認識されるようになったことから、1990年以降に講じられてきた様々な対策を総称して少子化対策という。具体的には、健やかに子どもを生み育てる環境づくりに関する関係省庁連絡会議（1990年）、エンゼルプラン・緊急保育対策等5カ年事業（1994年）、少子化対策推進基本方針・新エンゼルプラン（1999年）、待機児童ゼロ作戦（2001年）、少子化対策プラスワン（2002年）、少子化社会対策基本法・次世代育成支援対策推進法（2003年）、子ども・子育て応援プラン（2004年）などが次々に打ち出されてきたが、2006年の合計特殊出生率は1.32であり、少子化傾向は進行している。このことによって今後の我が国の社会保障、労働力など社会の基本構造に大きな影響が出ることが懸念されている。

▶次世代育成支援

　少子化対策の一環として、次世代の育成に関する基本理念、関係者の責務を示し、国、地方公共団体、事業主を含め、行動計画を策定し、次世代を担う子どもたちを健やかに育成することを目的として2003年次世代育成支援対策推進法が制定された。保育サービスの充実、仕事と子育ての両立支援等従来少子化対策として取り組まれてきた施策に加え、男性を含めた働き方の見直し、多様な働き方の実現が重要な施策として取り上げられるなど、職場における子育て支援への取り組みが重要であることが強調された。また、2005年度から2014年度までの10年間の時限立法であること、301人以上を雇用する事業主に対する計画策定の義務化なども大きな特徴である。

▶要保護児童対策

　保護者のない児童又は保護者に監護させることが不適当であると認められる児

童を適切に保護、指導すること。具体的には、親の死亡、行方不明、虐待など何らかの理由により実親の元で養育されることができない要養護児童、刑罰法令に触れる行為をした児童や家出、乱暴などの不良行為をする児童などの非行児童への取り組みがある。児童福祉の視点だけではなく、教育、警察、少年司法、青少年育成など関連領域との協力が不可欠であり、保護者、児童本人への意向の聴取など権利擁護の視点も重要な点である。近年、少年法改正、児童福祉法改正、児童虐待防止法改正など法的、社会的にも関心の高い分野である。

▶学校ソーシャルワーク

児童・生徒たちの生活の質を高めるために学校を基盤として展開されるソーシャルワーク援助の総称。20世紀初めにアメリカで誕生し、子どもたちをサポートするシステムとして制度化された。日本では、不登校、いじめ、校内暴力など学校での問題が顕在化し、また児童虐待や家庭内暴力など家庭内の問題が学校に持ち込まれるようになった1980年代半ばから学校ソーシャルワークの必要性が訴えられるようになった。そこでは、子どもたちの問題は環境との相互作用にあるとするエコロジカルな視点が大切にされ、環境の調整や学外資源との連携などを積極的に推進する。また、子どもたちを矯正や治療の対象とするのではなく、問題解決に共に取り組むパートナーと位置づける。全国的には制度化されていないが、都道府県や市町村の教育委員会としての導入が進みつつある。

▶児童相談所

児童福祉法基づく行政機関であり、各都道府県及び指定都市に設置が義務づけられている。2005年法改正により都道府県、指定都市以外の市では政令により設置が認められることとなった。児童相談所は、子どもに関する相談のうち、専門的な知識・技術を必要とするものに対応するとともに、市町村の相談業務を支援する役割がある。相談の種類は、養護相談、非行相談、心身障害相談、育成相談、保健相談などがあるが、近年急激に増加している子ども虐待（分類上養護相談に含まれる）への対応においては中心的対応機関として、子どもの一時保護や施設入所等の行政処分を行う権限が付与されている。2007年現在全国で196カ所の児童相談所が設置されている。

Keyword

▶児童福祉施設

　児童福祉法第7条に基づき設置され、児童の保護、自立支援、治療、機能向上、健全育成などを目的としている。助産施設、乳児院、母子生活支援施設、保育所、児童厚生施設、児童養護施設、知的障害児施設、知的障害児通園施設、盲ろうあ児施設、肢体不自由児施設、重症心身障害児施設、情緒障害児短期治療施設、児童自立支援施設、児童家庭支援センターがあり、生活型施設、通所型施設、利用型施設に大別される。2004年現在全国で総数33,406カ所であるが、保育所（22,494カ所）、小型児童館・児童センター（4,544カ所）、児童遊園（3,827カ所）などが多く、障害児関係施設（842カ所）、児童養護施設（556カ所）、助産施設（460カ所）などが続く。

▶保育所

　児童福祉法に基づく児童福祉施設の一つであるが、様々な保育施設と区別するため「認可」保育所というときもある。保護者の委託を受けて、保育に欠けるその乳児又は幼児を保育することを目的としている。2007年現在全国に約2万3千カ所、利用人数は約200万人を超えており、児童福祉施設の中ではカ所数、利用人数が一番多い。子育て支援のための施策としても期待が大きく増加傾向にある。運営は、児童福祉施設最適基準、保育所保育指針等に基づき行われ、保育士が主な担い手である。就学前児童を対象とする幼稚園との機能の統合が検討され、2006年には就学前の子どもに関する教育、保育等の総合的な提供の推進に関する法律が成立し、従来の保育所、幼稚園に加え認定子ども園が発足した。

第 6 章

ヘルスケアと内発的発展
社会福祉との関連から

　本章では、髙田眞治が『社会福祉混成構造論』(1993) と『社会福祉内発的発展論』(2003) で展開した枠組み（以後、髙田モデルとする）の中で、医療・保健を包摂したヘルスケアはどのように位置づけられ得るのか、またそれと他のシステムとの関わりをいかに考えればよいのかについて考察していきたい。髙田の言説は、その主な関心が社会福祉にあったため、社会福祉とは相互的に関係性が深く影響し合っているヘルスケアについての言及が十分になされていなかった点は否めない。もちろん、髙田自身の更なる考察の深化によって、いずれはヘルスケアについても検討が加えられた可能性はあるが、残念ながらその機会は失われた。

　本論の第1の目的は、髙田がやり残したと思われる PEC 構造（政治、経済、文化システムの混成）とヘルスケア、そしてヘルスケアと社会福祉の関連を考察していくことにある。それによって、髙田モデルの拡大版（「拡大髙田モデル」）として見なし得るモデルの提示を試みたいと考える。ここでいう「拡大」とは、いうまでもなくヘルスケアをも含めた、という意味である。

　さて、承知のように、日本のヘルスケアは近年において激動とでもいうべき変化を遂げてきている。それは、経済における市場経済主義、競争主義に代表される考え方や、政治における構造改革路線の影響を受け

て、米国式の医療格差社会へと負の螺旋を描きながら展開しているかのようである。本章の第2の目的は、この近年のヘルスケアの変遷を整理した上で、それらを「拡大髙田モデル」と関連付けることによって、なぜヘルスケアはこのような動きを示しているのかについて論じることにある。その際には、「健康転換」概念を援用してみたい。

最後に、ヘルスケアの内発的発展に社会福祉が果たし得る役割とその課題を示してみることも本章の目的に含めた。その前提には、社会福祉の内発的発展がヘルスケアのそれを促進し得るのではないかという筆者なりの仮説が存在している。これらの作業をとおして、ヘルスケアと社会福祉という、近接し密接に関連し合っている領域の共働関係を浮かび上がらせていきたいと考える。

なお、ここでいうヘルスケアとは、保健、医療の制度や政策のみを示すものではなく、それらによって提供される各種サービスやその実践を含んだものを意味する。また、社会福祉・ソーシャルワークにおいて提供されるサービスと実践については、介護サービスを含めてソーシャルケアの方に含めて考え、それとヘルスケアとは区別して用いることにしたい。

1 髙田モデルの拡大へ

髙田（1993:297-318）は、社会福祉のあり方を考察するにあたって、「社会」の下位概念（サブシステム）として、政治（Politics）、経済（Economics）、文化（Culture）が相互に関係を持ちながら存在しており（PEC構造）、このPEC構造は、社会福祉の量と質を決定する与件であるとした。歴史的にみて社会福祉はPECから一方的に影響を受ける部分が大きく、それと対等に相互に影響し合う存在ではなく、二次的なものになっていることは否めない。それでは、社会福祉はPEC構造のあり方によって

ただ左右されるだけの存在なのであろうか。髙田は、ここに内発的発展（Endogenous development：Ed）という考え方を導入することで、社会福祉がPEC構造に影響を及ぼし得る道筋を示したのである。

髙田によれば内発的発展とは、PEC構造を「その内側から、あるいは根底から刺激し、その相互関係のあり方を変えていく」（髙田、1993；311）現象である。この説明から明らかなように、それ自体は純粋にPEC構造の中身に関わるものである。しかし、この内発的発展の特質として挙げられている点、すなわち全人的発展・人権尊重指向、住民参加と草の根運動による協同の重視、生態系を重視した定常状態の維持と共生指向は、まさしく社会福祉が「社会的機能の強化」として課題にしてきたことと共通する。つまり、今後において期待されるPEC構造の内発的発展の中身と社会福祉が有する基本的視座が一致していることを意味しており、そうであれば社会福祉は、内発的発展を媒介し、政治・経済・文化への影響を肯定的に変革する鍵を有するという視点を提示したのである（図1）。

（出所）髙田　1993：316

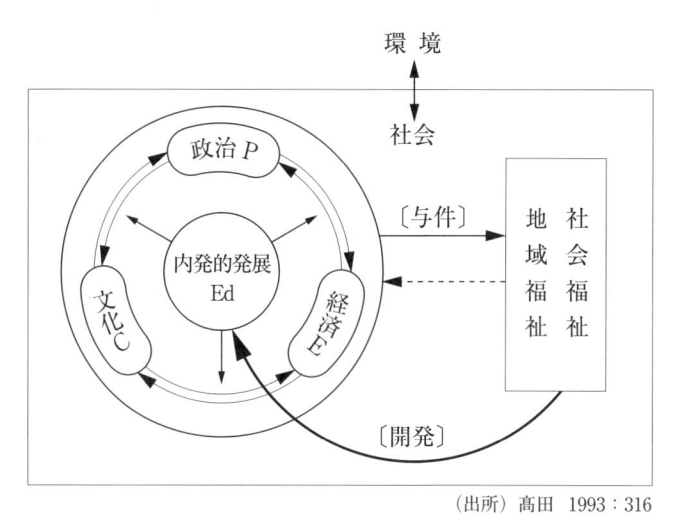

図1　内発的発展を開発する社会福祉の位置

この髙田モデルの大きな特徴は、次の二点に認められる。まず、社会福祉がPEC構造から影響を受けながら、社会福祉自体の変化によってPEC構造がまた変化し、更にそれによって新たな波が社会福祉に及んでいく、という螺旋型の発展が想定されている点である。もう一点は、社会福祉がPEC構造に影響を及ぼし得る、つまりそれ自体が独立した社会システムのサブシステムとして想定されているというものである。

これらのことを前提にして、本章の関心であるヘルスケアの位置づけを問うていくことにしたい。ヘルスケアと社会福祉は密接に関連しつつも、それぞれ独自性を有しているのであるが、それでは髙田モデルの中では如何なる地位を示すものと想定されたであろうか。この点について髙田は、十分な形では触れておらず、ヘルスケアは髙田モデルの枠外に置かれていたといえる。

しかし、社会福祉とヘルスケアの関係を考えると、両者はかなり近接した位置にある。その良い例が、高齢者支援であり、マクロ的には、元々独立していた老人福祉制度と老人保健制度の理念や施策が介護保険制度に統合され、またミクロ的には、ソーシャルワーカーとヘルスケア専門職（医師・看護師・保健師など）が密接に協力し、クライエントと家族の生活と健康を支えていく実践が行われている。実際に、高齢者支援の要となるケアマネジャー（介護支援専門員）の背景職種としては、看護職が最も多いという現状もあり、社会福祉とヘルスケアは相当に混合しているといってよい。しかし、全く同一かというとそうではなく、両者の視点は明確に異なっている。ヘルスケアは健康問題への対処とそこから派生する生活課題に介入するのに対して、社会福祉は人と環境との相互作用の場面において介入を果たす専門領域であり、また制度的にもそれぞれの範疇が異なることは周知のとおりである。

このように考えれば、両者を同一のシステムと見なすのではなく、ヘルスケアも社会のサブシステムとして、髙田モデルの中に組み込む必要があるだろう。すなわち、髙田モデルの第一の拡大としての、ヘルスケ

第6章　ヘルスケアと内発的発展　133

アのモデルへの導入である。このヘルスケア・システムは既述してきたように、社会福祉システムと密接な関連にあり、相互に影響し合っていると見なすことができる。そして、PEC構造が社会福祉の与件であったのと同様に、それはヘルスケアの与件であり、その影響を受けてヘルスケアの質と量が規定されるといって良いだろう。例えば、近年のヘルスケア改革における諸制度の劇的な変動を見ていると、経済（E）の低成長時代における市場主義原理、政治（P）における構造改革路線、文化（C）の自己責任的な健康志向や患者の権利意識向上などが、ヘルスケアに競争主義を導入することを含めて、医療構造改革に大きく影響を及ぼしていると判断できる。

　ヘルスケアを髙田モデルに組み込むことによって、自動的にさらに第二の拡大を考慮することが求められるだろう。それは、人の健康を扱うヘルスケアは、確かに社会のサブシステムであるが、人口動態や疾病構造の変化からも大きく影響を受けるという理由からである。例えば、生活習慣病等の慢性疾患の増加や、少子高齢化による超高齢社会が進展すれば、ヘルスケアの中身は大きな変化を強いられる。このように、ヘルスケアを左右する要因は、PEC構造だけに所以するものではなく、明らかにそれと異なる存在もその与件になっていると考えられる。

　それでは、髙田モデルの中で、ヘルスケアを左右する人口動態や疾病構造等はどこに位置づければよいのだろうか。髙田モデルは、明らかに社会モデルの枠内で構想されていたのであり、PEC構造、社会福祉、さらに拡大追加されたヘルスケアは、それぞれ社会システムを構成するサブシステムとして位置づけられる。これら社会システムを「社会の営み」に関するものとすれば、当然、それは自然環境を含めた外部環境との相互作用があることが想定される。「社会の営み」といえども、自然から全く独立しては成立しないことは自明である。髙田モデルでも自然環境の存在は想定されていたが、具体的な言及には至っていなかった。ここで問題となる、人口動態や疾病構造等は、外部環境の中でも自然環

境的な側面を有していると考えられるだろう。なぜならそれは生物としてのヒトのあり方に関わるからであり、社会環境ではなく自然環境により近いと考えるのが自然だからである。

　人口動態等が外部環境に位置づけられるとすれば、その変化によって社会システム自体も変動せざるを得ない。つまり、それらは社会システムに対する与件になっているのである。そして、当然、社会システムの一部である PEC 構造、社会福祉、そしてヘルスケアに対する与件にもなっていることに気づくことができる。もちろん、社会システムと外部環境との関係性は一方的なものではなく相互作用的なものであって、例えば、女性の社会進出（政治経済）が少子化（人口動態の変化）の一要因になっていること、あるいは食生活の変化（文化）が人びとの健康に大きな影響を及ぼす（疾病構造の変化）ということなどからも、その点は容易に理解できる。

　以上のように考えると、外部環境に人口動態や疾病構造等を含め、それらと社会システム及びその下位システムであるヘルスケアとの相互作用を明確に位置づける必要がある。これは、髙田モデルの拡大というよりも、その一部を具体化したものと表現した方がより適切なのかも知れないが、ともかくモデルの再編成を行う二つめの理由がここに存在しているのである。

　さて、ここまで二段階で髙田モデルの拡大を行ったのであるが、この「拡大髙田モデル」における各要素間の関係を整理しておきたい。まず、社会システムの中に、PEC 構造、社会福祉、ヘルスケアがサブシステムとして存在している。PEC 構造と社会福祉の間には内発的発展を介しての螺旋状の相互関係が想定されていたのであるが、同様のことは、PEC 構造とヘルスケアとの関係にも理論的に想定できるのではないだろうか。また、社会システムの外部環境は社会システムに影響を及ぼしており、その具体的な影響は PEC 構造、社会福祉、そしてヘルスケアのそれぞれに現れることになる。また、ヘルスケアと社会福祉への影響

の現れ方は、PEC構造が社会福祉とヘルスケアの与件になっていることを考慮すれば、次の二つのルートが想定できる。まず、外部環境から直接的に、社会福祉、ヘルスケアに影響が及ぶというルートであり、もう一つは外部環境の変化がPEC構造の変動を引き起こし、それが社会福祉とヘルスケアにも波及していくという流れである。それを図示すると以下のようになる（図2）。

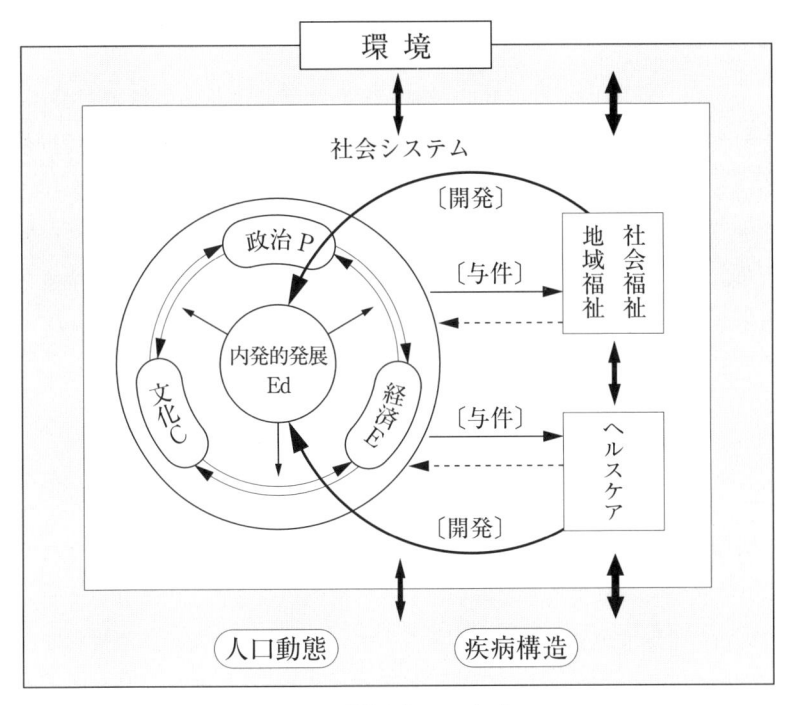

図2　「拡大髙田モデル」

本章では、この「拡大髙田モデル」を前提にして、ヘルスケアと外部環境の要因との関係、そして社会福祉とヘルスケアの関係に限定して考察を進めていくことにする。

2 ヘルスケア改革の変遷について

まず、日本のヘルスケアがどういう変遷の途を辿ってきたのかについて検討してみる。わが国の保健・医療の状況は、経済の発展と国民皆保険を背景として医療施設の整備や、栄養・衛生状態の改善などが積極的にすすめられたことから、世界最高水準の平均寿命や高い保健・医療水準が保たれている。WHO（世界保健機構）の評価においても、わが国のヘルスケアシステムは世界有数であるとされている（国民衛生の動向 2007:163-165）。

しかし、特に1990年以降、保健・医療制度の改革が大幅に行われ、その改革の一面は、いわゆる「社会的弱者」に対して非常に重い負担を強いることになり、様々な問題点が指摘されているのは周知のとおりだろう。社会福祉改革と同様に、近年立て続けに行われているヘルスケア改革について、ここでは保健・医療政策と制度に焦点を絞りその変遷を追ってみたい。

（1）医療制度の変革

医療における近年の改革は、医療構造改革や医療制度改革と呼ばれており、社会福祉構造改革と同様に、その根源的な考え方やあり方についての指針を示す大きな制度改革となっている。その中身は「医療制度改革大綱の基本的な考え方」として提示されており、①安心・信頼の医療の確保と予防の重視、②医療費適正化の総合的な促進、③超高齢社会を展望した医療保険制度体系の実現であり、これらの理念は2006年に成立した「良質な医療を提供する体制の確立を図るための医療法等の一部を改正する法律」（第5次医療法改正）と「健康保険法等の一部を改正する法律」として結実した。

医療法は、第二次世界大戦後間もない1948年に定められた後、1985年まで37年にわたって改正されなかったという経緯がある。しかし、その反動であるかのようにここ20年の間に計5回の改正が行われており、急激な医療政策・制度の転換が迫られていたことは明白である。以下、この医療制度改革の変遷について概観する。

第1次改正（1985年）では、1960年代以降の高度経済成長の波に乗って病院病床数が全国で増大し、かつ地域的に偏在していたことから、都道府県を単位とした医療圏を設定して病床数の上限規制を行うことで医療費の伸びを抑制しようとした。この背景には、人口の高齢化と、国民健康保険において1973年に老人医療の無料化（老人医療費支給制度）が実施されことが大きな要因として存在しており、高齢者の受診率・入院率が増加したこと、および入院後も介護体制基盤が十分に整えられていないために入院が長期化して医療費が高騰してきたことがある。

第2次改正（1993年）は、21世紀の高齢社会に向けて国民（患者）に心身の状況に応じた良質な医療を効率的に提供する体制を確保することを目的として行われた。この改正における目玉は、特定機能病院（高度医療に対応する大学病院等）と療養型病床群（長期療養に対応する病床：急性期治療終了後の高齢者が多く入院）を制度化して、医療機関の機能分化をすすめ、一般病院における高齢者の社会的入院（治療は終了しているにもかかわらず退院先が確保できないために入院を継続していること）を解消し、在院期間を短縮することで医療費の削減にあったと考えられる。

第3次改正（1998年）では、高齢要介護者の増大に対応するための介護基盤の整備を図るとともに、医療機関の機能分担や業務の連携を明確にした医療体制の整備が行われた。具体的には、総合病院制度を廃止して地域医療支援病院を新設し、診療所・中小病院から大病院への紹介の流れを作った。この背景には、軽微な疾病状況にもかかわらず大病院を受診する高齢者が増大したことがあり、この制度を作ることで「待ち3

時間、診療3分」という受診状況を解消しようとしたのである。

　第4次改正（2000年）は、医療技術の進歩に伴う医療の高度化、専門分化に対応するとともに、病院の機能分化を一層強化したことが特徴である。具体的には、一般病床から療養病床を独立させ、一般病床を「結核・精神・感染症・療養病床以外の病床」と規定して、長期入院が必要な病床群と、急性期医療を担う一般病床との区分を図った。当時、急性期医療が終了した患者（その多くは高齢者）が一般病床にとどまり医療費を圧迫していたことがその背景にあり、病床の区分を行って療養病床における診療単価を下げることで医療費を抑制しようとしたのである。

　このように、ここまでに行われてきた医療制度改正は、増え続ける高齢者の医療費という問題に直面して、医療制度を改正することでそれに対応してきたといえる。このことについて二木（1991）は、旧厚生省の政策選択基準はあくまで医療費抑制（正確には公的医療費抑制）であり、医療費増加を招くことが明からな政策は、特別の事情がない限り選択しないと指摘しており、制度改正のねらいがうかがえる。

　一方で、急速な少子高齢化の進行と並行して、国民の安全・安心な医療に対する要望や患者の権利意識の向上などを背景として、当事者の視点にたった医療サービスの提供を目指した第5次改正が行われた。その内容は、患者の選択に資する医療機関情報提供の推進、広告規制緩和、医療安全対策の強化、患者相談窓口設置の努力義務、医療計画の見直し、医療機能の分化・連携、医療法人制度の改革などであり、医療法全般にわたって手が加えられた。しかし、これらの内容は医療の質の改善が中心となっており、医療費の問題についてはとりあげられていなかった。

　それに代わって、「健康保険法等の一部を改正する法律」（2006年）が制定され、医療保険制度が大きく変わることになった。この法律の3本柱は、医療費適正化の総合的な促進、新たな高齢者医療制度の増設、都道府県単位を軸とした保険者の再編・統合である。この中で特に注目すべきは、2006年10月から、現役並み所得の70歳以上高齢者の医療費

自己負担額の増加（2割から3割へ）、療養病床に入院する高齢者の食費・居住費の応能負担の開始、そして2008年4月からは現役並みの所得を有する70歳から74歳までの医療費自己負担額が1割から2割負担へ、そして75歳以上の後期高齢者に特化された医療制度が増設され、全後期高齢者の1割自己負担が原則となったのである。

　以上、医療制度の変革について、医療法の改正を中心にその変遷を概観してきたが、近年の医療改革は、高騰する高齢者の医療費をいかに削減するかを中心にその施策が打たれてきたといってよいことがわかる。

(2) 保健制度の変革

　わが国の保健対策は、大きく母子保健、精神保健、障害児・者対策、歯科保健そして老人保健にわけられ、その他、感染症・がん・難病などの対策も含まれている。ここでは、先の医療制度の変遷でも着目した高齢者への対策、すなわち、老人保健の変遷を追ってみる。

　老人保健法は、老人医療制度の確保と併せて、老年期における健康の保持増進を図るために1982年に制定された。しかし、その主要な目的は、先述の老人医療費無料化の影響にともなって不足した医療費の財源を調達するために作られたものであり、全額公費負担であった老人医療費を各保険者（健康保険組合等）の負担7割、国と地方自治体の負担3割として公費負担の軽減を図ったのである。しかし、それでも老人医療費の増加は抑制できず、1984年と1985年に改正が行われ、老人医療費の一部自己負担と、高齢者の社会的入院の解消を目的に老人保健施設が創設されることとなった。

　その後、1989年には本格的な高齢社会の到来に向けて、高齢者の保健・医療・福祉全般の施策充実のため「高齢者福祉推進十か年戦略」（ゴールドプラン）が策定され、老人保健の分野においても介護に関する総合

的な体制作りが求められるようになった。その一環として寝たきり高齢者ゼロ作戦が展開され、1992年には老人訪問看護制度が創設されて、介護にかかる保険料に関する公費負担の増額（3割から5割へ）と、自己負担金の増額が行われた。

1995年には、老人保健の拠出金制度の3年後の見直しを前提に改正が行われたが、早くも1997年には拠出金制度を見直した結果、老人医療費の財政立て直し効果が期待されないことが明らかになり、高齢者の一部自己負担の引き上げ、薬剤費の一部負担金の導入が実施されることとなった。さらに、政府の長年の政策課題であった、高齢者の負担割合を定率化（1割）することが議論され、2001年から施行されることとなった。この老人医療費高騰の問題は、先述したように最終的には、「健康保険法等の一部を改正する法律」（2006年）の制定によって、抜本的な対策が行われることなった。

一方、地域保健に関わる大きな改正としては、1994年に保健所法から地域保健法に名称が改正され、これまでの社会防衛的な立場から、地域の生活者の立場を重視した新たな地域保健の体系への脱皮が目指されることになった。同時に保健サービスの実施主体が都道府県から市町村に移管された。また2000年からは、5カ年の保健事業第4次計画を策定し、生活習慣改善、介護予防対策促進、健康度評価の実施、健康作り運動の展開、計画的・適切な保健事業の展開が行われてきたと同時に、国民の健康増進と維持を目的とした「21世紀における国民健康づくり運動（健康日本21）」が推進されてきた。これらの活動は、2003年に「健康増進法」という法的基盤が整備されたことで結実している。

このように、老人保健を巡る制度の改革は、医療改革と一体となって老人医療費を如何に削減するかに力が注がれてきたが、それだけでは高齢化率の増加に伴う医療費の財政圧迫改善が望めないことから、一方では生活習慣病対策、健康増進法に代表されるような、予防保健事業が積極的に展開されるようになってきたといってよいだろう。

3　ヘルスケア改革と外部環境：「健康転換」概念から

　これまで見てきたように、特に近年、大規模な医療・保健制度改革が繰り返して行われている。しかし、その改革の一面は、いわゆる「社会的弱者」に対して非常に重い金銭的負担を強いることになり、その問題点が様々に指摘されている。このような批判を受けながらも、国を挙げてヘルスケアの改革しなければならなかった背景には、どのような事象が存在しているのであろうか。この背景については、前章でも部分的に言及したようにPEC構造の内で、特に財政的、経済的な要因による影響があることは否定できない。ただし、先の髙田モデルの拡大によって、それだけでは説明できない部分もさらに検討しておく必要が生じる。つまり、外部環境からの影響である。ここでは、「健康転換」の概念を援用しながら、この影響を考えてみたい。

(1)「健康転換」概念とは

　「健康転換」(Health Transition) とは、近年になって国際保健、公衆衛生の分野で提唱されている概念で、人口・疾病構造、保健医療体制、社会・経済構造の変化が相互に影響しながら、段階的かつ構造的に歴史的変化を達成することを示す概念である（長谷川　1993；1997）。この概念は、1990年の初頭にヘルスケアを取り巻く状況が劇的に変化する中で、その変化の背景にある根源的な背景を探るために、日本の公衆衛生分野の研究者が中心となり、医療経済学者、社会老年学者に加え、行政関係者、臨床医などが集結し、その学際的な研究の成果によって提示された概念である（武藤　1992）。

　武藤（1992）によると、従来、人口・疾病構造、保健医療体制、社会・経済構造の変化は、いずれも独立した事象として取り扱われ、それぞれ

人口転換論、疾病転換論、経済成長論を中心に論じられてきた。しかし、これらの概念の変化や発展段階は、実は相互連関性を持っており、ほぼ同時期に一体的に転換することが明らかにされた。こうして生まれたのが「健康転換」概念である。

健康転換は三相から構成されており、第一相の健康問題は感染症が中心で、その健康目標は生命量の延長（延命、若死の防止）におかれる。第二相では健康問題の中心が感染症から慢性疾患に転換し、さらに第三相では慢性疾患から老人退行性疾患へと転換していったとされる。そうした疾病転換の変遷に、人口転換と社会・経済構造の変化も相俟って、健康問題の転換が三相構造で示されたのである。

このような健康転換の考え方を、高齢社会におけるケアの観点からまとめなおしたのが広井（1997：102-115）である。これは、健康転換に伴って保健医療サービスのシステムや供給体制も変化していくことを示している（表1）。以下では、広井（1997；2000）の記述に基づいて、健康転換の変遷について述べる。

日本においての第一相「感染症」から第二相「慢性疾患」への健康転換は、死因の第一位が結核から脳卒中に代わった1951年、ないし死因のベスト・スリーとして「悪性腫瘍、心臓病、脳卒中」がそろった1960年前後に起こったとされる。また、第二相「慢性疾患」から第三相「老人退行性疾患」への転換は、特定の年代を割り出すのは困難としながらも、入院患者全体に占める65歳以上高齢者割合が四割を超えた1985年

表1　健康転換と対応システム

健康転換	対応システム	（参考）供給体制
第一相　感染症 ↓	公衆衛生施策（←税）	（開業医中心）
第二相　慢性疾患 ↓	医療保険制度	病院中心：医療＆施設 ↓　↓
第三相　老人退行性疾患	高齢者の医療・福祉を統合した独自のシステム	福祉＆在宅

（出所）広井良典（1997）p.109

前後が、その生じた時期ではないかとしている。

　この「健康転換」の考え方で重要なのは、「転換」前後では健康概念のみではなく、対応システムや供給体制も含めたケアのあり方も変化していかざるを得ないという点を示したことであろう。これは、拡大した髙田モデルでいうところの「外部環境→ヘルスケア」、さらには「外部環境→社会福祉」の関係に該当している。

　このことについて、広井（2000：34-44）は、まず第一相「感染症」の段階では、健康障害の原因は病原菌や都市環境の衛生といった個人を超えた要素にあり、従って予防接種や衛生水準の向上といった「公衆衛生」施策が医療の中心であったと述べている。また、第二相の「慢性疾患」は最近では生活習慣病と呼ばれるように、病気は個人の問題となり、したがって、個々人が保険料を支払い病気に備えるという、個人をベースにした公的な医療保険制度が有効になる。また、慢性疾患の診断・治療には高度な医療技術が必要であり、一定の治療期間を要することから、病院という集中管理的なシステムが医療の中で有効な手段となり拡大していった。しかし、日本の「病院」が開業医の延長上に発展してきた経緯から、欧米と比べ慢性疾患の療養上必要とされる心理的、社会的ケアを提供する機能が弱いことが指摘されており、この時期の医療は「病気を診て人を見ない」と揶揄されるような状況であったといえる。

　では、第三相「老人性退行疾患」では、どのような対応システムが求められるのだろうか。広井（2000）は、高齢者は加齢に伴う生物本来のメカニズムとして、身体生理機能が不可逆的に低下していき、したがって成人の疾患に想定されるような「治療」は困難であり、疾病によって生じた「障害」を抱えつつ残された機能を最大限に生かして生活の質（QOL）を高めていくことが求められるという。そこでは、従来の疾病中心の医学、病院中心の医療保険制度では、この新しい健康問題に上手く対応できず、様々な問題が生じることになる。その典型が、社会福祉施設等のサービスの未整備から生じた高齢患者の社会的入院の問題であ

り、治療が必要ではない障害高齢者が長期にわたって入院し続けることになり、ついにはそこが「死に場所」として位置づけられるようになったのである。しかし、本来「老人退行性疾患」によって生じた「障害」は「治療」ではなく、「ケア」によって対応されるべき問題であり、またケアを受ける場は、病院ではなく地域や在宅を基盤とし、医療ではなく福祉をベースとした制度やケア提供方法によって支えられることが求められるはずである。わが国における高度経済成長期以降の高齢者ケア施策の大きな失敗は、「慢性疾患」の考え方の延長線上の発想で、新たな質の問題、いわゆる高齢者(介護)問題に対応しようとしたためであり、その結果様々な問題が生じたといえる。

　このように、第三相「老人退行性疾患」においては、「従来の医療保健システム」とは異なる、「高齢者の医療・保健・福祉を統合した独立のシステム」の構築が必要とされるのである。つまり、このように大きな健康転換の変遷を背景として、今日の老人医療・保健制度の改革や介護保険制度の整備が実施されてきた、換言すればヘルスケアが変動してきたと考えれば理解しやすいのではないだろうか。

(2) 健康転換と社会システム

　これまで、健康転換の概念を援用して、ヘルスケア改革の背景にある事象について概観してきた。つまりヘルスケアは、社会を構成する一つのサブシステムとして、PEC構造に加えて人口動態・疾病構造等の変化、つまりは社会システムの外部環境によっても大きく影響を受けて変遷していることがわかるだろう。

　しかし、先に社会システムと外部環境の間には相互作用的な関係があることを指摘したが、それと同様に、ヘルスケアも単に外部環境からのインプットだけで変遷しているのではないことにも気付く必要がある。

それは、ヘルスケアが、例えば、新しい医学知識の発展や医療機器の開発、診療体制の整備などが行われることにより生命の量が延長されるという関係、すなわち人口動態や疾病構造に影響を及ぼしているという例からも明らかであろう。また、第二次世界大戦前後、不治の病として忌み嫌われていた結核が、抗生物質の発見により今日では治癒率の高い感染症の一つとして取り扱われていることからもそれが理解できる。つまり、ヘルスケアの内部からの変化、すなわち内発的発展により人口動態や疾病構造等に影響を及ぼし、その結果、それらが変遷を果たしているのである。

このように、ヘルスケアと外部環境の間にも、後者から前者への一方向の関係ではなく、相互作用が働いていると考えられる。それはしかし、同時並行的に起こっているというよりも、一方の変化を受けて他方が変化していくというような、螺旋的な相互作用をしていると考えられる。

4　ヘルスケアの内発的発展と社会福祉

ここまでで、ヘルスケアを髙田モデルの中へ位置づける試みを行い、さらにそれと外部環境との相互関係を検討してきた。髙田モデルの拡大に関してはさらに言及が求められる点は多いのであるが、最後にヘルスケアの内発的発展に社会福祉が果たし得る役割とその課題を示してみたい。これまで見てきたように、ヘルスケアは、社会福祉と同様に一つの社会のサブシステムとして存在し、それはPEC構造から影響を受け、また内発的発展を介して、それに影響を与えると同時に、社会福祉とも相互作用しているものとして描かれた。また健康転換概念をとおしてヘルスケアは、社会システムを取り巻く外部環境（人口動態、疾病構造等）との間にも、相互に影響を及ぼし合いながら螺旋的に変化していることを示してきた。

では、社会福祉と外部環境との関連は、どのようなものであろうか。社会福祉のシステムが発展するということは人々の生活が安定し、豊かな生活が保障されると言い換えても良いだろう。そうだとすれば、そのことはやはり人の生命の質と量、すなわち人口動態や疾病構造にも影響を及ぼすと考えられるだろう。豊かで質の高い生活が保障されれば、それだけ心身の健康にプラスの影響が想定され得る。つまり、ヘルスケアほど明確ではないが、社会福祉自体も外部環境に対して影響を与えることが想定され、それはヘルスケアと同様に螺旋的な発展を起こしているものと思われるのである。

　さて、筆者は社会福祉の内発的発展がヘルスケアのそれを促進し得るのではないかという仮説を持っている。それは、健康転換の中で見てきたように、ヘルスケアの第三相の段階では、これまで機能してきた医学モデルによるケアでは対応不能であり、新しいケアモデル、すなわち生活モデルでの対応が必要なことが指摘されていることに起因している。この生活モデルの考え方とは、社会福祉にとって極めて親和的なものであることは論をまたない。

　人口の高齢化、特に後期高齢者が増加するということは、老人退行性疾患の代表である認知症や老年病（加齢による様々な機能低下を含む症候群）が増えることである。つまり、認知機能や身体機能に何らかの障害を持つ高齢者が大幅に増えることを示している。そこで求められるケアモデルとは、従来社会福祉の中で発展してきた生活モデルであり、それがヘルスケアに取り入れなければならない状況になってきているのである。換言すれば、ヘルスケア内部で発展してきた医学モデルでは高齢者ケアを支えきれず、もはや対応不能となっており、新しいケアパラダイムが求められている。そうした意味で、まさしく社会福祉理念のヘルスケアへの流入が起こっているといえる。

　こうした流れは、ヘルスケアにおいて、病院ではチーム医療、チームアプローチ、在宅領域ではケアマネジメントにおける多職種連携の必

要性などとしてもっぱら論議されているようになっている（菊地 2000, 2004、松岡 2000, 2002, 2007）。ヘルスケアとの関連では、社会福祉は教育や司法分野の福祉と同様に、医療福祉という形で医療領域における二次的な専門領域としての歴史を築いてきた。その意味では、社会福祉とはヘルスケアの一部を担っているのであり、その一部である社会福祉が変化すればヘルスケア全体にも波及していくことは想像に難くない。今日ヘルスケアの根幹をなす「健康」概念が劇的に転換する中で、社会福祉というヘルスケアにとっては他分野で育まれてきた理念、価値や知識が求められているのである。こうしたことから、社会福祉はヘルスケアの「その内側から、あるいは根底から刺激し、その相互関係のあり方を変えていく」内発的発展を起こす原動力になり得ると考えられるのである。[注1]

　以上は、ヘルスケアと社会福祉の二者関係における考察であった。一方で、社会福祉がPEC構造に働きかけ、それによってヘルスケアが変化していくルートも注目しておく必要がある。社会福祉からPEC構造へのルートは、髙田が示した共生の理念を根源にして、「社会的弱者」に対するPEC構造からの圧力を跳ね返し、PEC自体を共生の理念に添った形で発展させていくことから、社会福祉が果たし得る役割は今までにも増して重要になっている。この社会福祉を起点とする波が、さらにPEC構造の変化を介してヘルスケアまでにも影響が及んでいくと考えられるのである。この点を示したものが図3である。

　これまで、社会福祉がヘルスケアの内発的発展の原動力となり、ヘルスケアの変化を起こす可能性があることを理論的に考察してみた。もちろん、それが現実の力強い動きになっていくためには、様々な課題が存在しているのも事実である。例えば、ヘルスケアとの力関係を想定すれば、まだまだ社会福祉が力不足であることは疑問のないところである。何よりも、社会福祉自体が力をつけていくことが求められるのであり、それは社会福祉の内発的発展の可否にかかっているといって良いだろう。

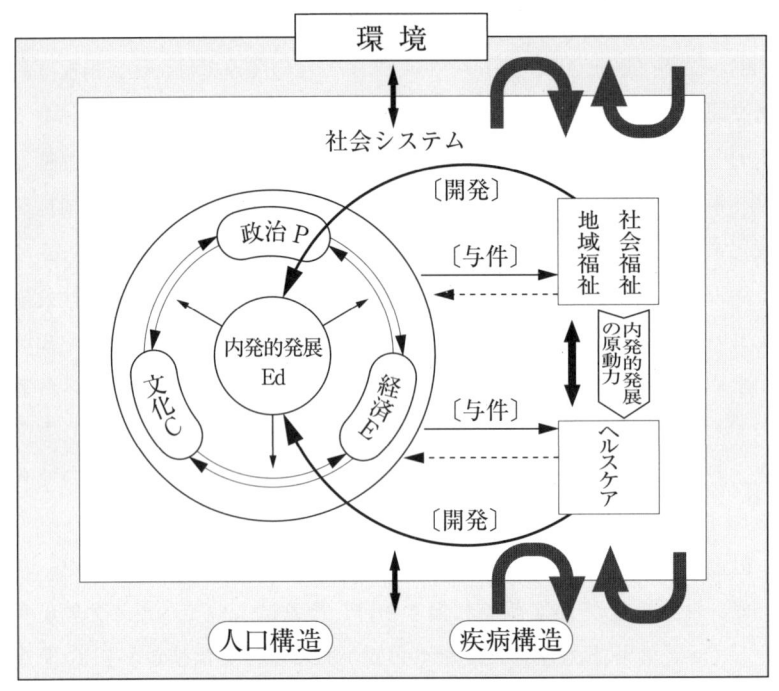

図3　ヘルスケアの内発的発展の原動力

【注】

注1)　本書第2部解説および第2部第4章で指摘されているように、髙田の内発的発展の概念には論理的な矛盾点が残されている。この点を意識し、その理論的解決を他日の課題として覚えつつ、ここでは敢えて髙田の言説に従って述べている。

【引用文献】

菊地和則（2000）「多職種チームの構造と機能――多職種チーム研究の基本的枠組み」『社会福祉学』41 (1), 13-25。

菊地和則（2004）「多職種チームのコンピテンシー——インディビデュアル・コンピテンシーとチーム・コンピテンシーに関する基本的概念整理」『社会福祉学』44(3), 23-31。

広井良典（1997）『ケアを問いなおす——〈深層の時間〉と高齢化社会』ちくま新書。

─── (2000)『ケア学——越境するケアへ』医学書院。

長谷川俊彦（1993）「日本の健康転換のこれからの展望」武藤正樹偏『健康転換の国際比較分析と QOL に関する研究』ファイザーヘルスリサーチ振興財団。

長谷川敏彦ら（1997）「健康転換概念による公衆衛生・予防活動のあり方分析—— 1.5 次予防を中心に」『公衆衛生』61(12)：938-946。

松岡千代（2000）「ヘルスケア領域における専門職間連携——ソーシャルワークの視点からの理論的整理」『社会福祉学』40(2)：17-38。

─── (2002)『ヘルスケア領域における専門職間連携の構造とその効果に関する研究』2000～2001 年度科学研究補助金研究成果報告書、香川県立医療短期大学。

─── (2007)「高齢者ケアにおける多職種連携に関する実証的研究——「チームワーク」機能モデルの検証」関西学院大学大学院社旗学研究科博士論文。

武藤正樹（1992）「健康転換の国際比較分析と QOL に関する研究」財団法人ファイザーヘルスリサーチ財団研究報告、36-41。

総務省（2007）『総務省統計局・政策統括官・統計研修所ホームページ』
　　　　http://www.stat.go.jp/data/topics/topi181.htm　2007 年 9 月 11 日

髙田眞治（1993）『社会福祉混成構造論』海声社。

─── (2003)『社会福祉内発的発展論』ミネルヴァ書房。

財団法人厚生統計協会（2007）『国民衛生の動向』。

▶▶▶キーワード集　　　　　医療福祉

▶医療福祉

　人間が生きていく上での基本的なニーズである心身の健康に関して、疾病による生活上の障害を予防し、患者の療養生活を社会福祉の視点から支えていくことが医療福祉の目的である。保健医療分野での社会福祉実践としての医療ソーシャルワークの目的は、必要な医療を円滑に受けられることや、病気により影響を受けた心理社会的機能を再構築することにある。イギリスでは1895年に、アメリカでは1905年に始まり、日本においては大正時代から実践されたが、第二次大戦後はGHQにより改めて導入された。その後、職種としての配置基準など、医療法制上に明記されるには至っていないが、2006年度診療報酬上に社会福祉士の名前が初めて位置づけられ、また医療機関が社会福祉士の実習施設としても認定された。2007年現在、全国に約一万人が医療ソーシャルワーカーとして配置されている。

▶難病

　1972年に定められた「難病対策要綱」を踏まえ、「原因不明、治療法未確立であり、かつ、後遺症を残す恐れが少ない疾病」また「経過が慢性にわたり、単に経済的な問題のみならず介護などに著しく人手を要するために家庭の負担が重く、また精神的にも負担の大きい疾病」を対象に、調査研究、医療施設の整備、医療費の自己負担軽減、難病相談事業、居宅介護支援事業などが実施されている。医療費負担軽減の対象となる特定疾患治療研究事業は、2003年度までに45疾患が指定され、20歳未満の場合は小児慢性特定疾患として難病指定されている。2004年度末の特定疾患治療研究事業交付件数は541,704件で、潰瘍性大腸炎、パーキンソン病関連疾患、全身性エリテマトーデスの順に多くなっている。

▶臓器移植

　病気や事故などのために、人間の臓器（心臓、腎臓、肝臓、肺など）の機能が低下し、薬や手術などによって治療できる範囲を超えて働かなくなった場合に、

その臓器を入れ替えること。臓器の提供者はドナー、被提供者をレシピエントという。日本での本格的な移植は1964年に東京大学で行われた生体腎移植が初めてである。心臓移植は1967年南アフリカで実施された翌年、札幌医大で実施されたが、脳死判定などをめぐって告訴問題に発展した。1997年「臓器の移植に関する法律」が成立。臓器の範囲の拡大、脳死体からの摘出の許容、臓器売買の禁止などが定められた。実施に当たっては、社団法人日本臓器移植ネットワークが中心となって、公平で適切な臓器の斡旋をする役割を担っている。法施行後、8年間で39例の脳死体からの臓器提供があり、150名の方が移植を受けた。

▶患者の権利

　医療場面での医師・患者関係における権威主義から脱却して、患者の医療への主体的参加を通じて保障される必要があるとされる人権の総称。日本国憲法では、生存権や健康権や幸福追求権等が規定され、また医療法においても、理念として、医師・患者の信頼関係や良質な医療の提供、患者の意向の尊重などが謳われている。具体的には、自己決定権を主軸として、人間として尊重される権利、知る権利、良質な医療を受ける権利、治療拒否権、プライバシー権などがある。歴史的には、第2次世界大戦時の非人道的な人体実験への反省から生まれた「ニュールンベルグ綱領」(1947年)、「ヘルシンキ宣言」(1964年)、また「リスボン宣言」(1981年)等がある。日本では、患者の権利を保障する個別法は存在しないが、多くの病院で患者中心の医療の理念を公表するようになってきている。

▶終末期ケア

　ターミナルケアとも言われる。医学的には治癒にいたることが不可能な状態で、積極的治療は不適切と考えられる末期の患者へのケアのこと。そこでは不安や苦痛を取り除き、最後までその人らしく生を全うできるように、身体的、心理的、社会的、そしてスピリチュアルなケアが求められる。また、がん患者を中心とした緩和ケアでは、疾患の早期より痛みや種々の問題を適切に評価し、クオリティー・オブ・ライフ（QOL＝生活の質、生命の質）を改善するためのアプローチも重要視され始めている。またホスピスなどに限定した終末期ケアだけではなく、在宅での看取りに対応できる診療所の配置や高齢者施設でのターミナルケアなど、医療、看護、福祉を統合する施策にも関心が高まっている。

▶リハビリテーション

　1982年、国際連合の「障害に関する世界行動計画」において、リハビリテーションとは、「身体的、精神的、かつまた社会的に最も適した機能水準の達成を可能にすることによって、各個人が自らの人生を変革していくための手段を提供していくことを目指し、かつ時間を限定したプロセスである」と定義された。語源的な意味は「再び適した状態にすること」であるが、第一次大戦後、援助の意味で使用されるようになり、日本では1949年の身体障害者福祉法において、「更生」と訳され、法の目的とされた。現在では、社会生活上の環境改善を前提として、医学的、心理的、社会的、教育的、職業的、地域的な領域の総合的な取り組みにより、障害を持つ人のQOLを最大限に高め、人間らしく生きる権利の回復を図るための支援であるという考え方が支持されている。

▶退院計画

　病院から退院する際に、個々の患者・家族の状況に応じて、必要な治療を継続しつつ、その後の療養生活が安定して送れるように、自宅や施設、他の病院等の退院先を選択、確保し、諸サービスの適切な活用が出来るように、病院において行う心理社会的援助を含むシステム化された活動・プログラムのことをいう。アメリカにおいては医療保険会社が支払いに関して管理を行うマネジドケアが導入された1980年代以降急速に進展し、その他の国でもそれぞれの医療・福祉制度に応じた方式で推進されている。日本では、退院計画は医療ソーシャルワーカーの重要な任務の一つであり、介護支援専門員（ケアマネジャー）との連携を始め、医療・看護・福祉等の病院内外のチームによるマネジメントが求められる。急性期病院では、平均在院日数の短縮への対応と適切な退院先の確保・整備にジレンマが生じる事も多い。

▶地域連携

　保健・医療・福祉分野では、サービスを受ける側のニーズの多様化や高度化、またサービス提供者側の多元化などの背景を受けて、地域の異なる組織の業務提携、すなわち連携を行うことの重要性が認識されるようになった。1980年代後半からはサービス調整チームが、また2000年の介護保険の導入後は、地域ケア会議が連携を促進する場となっている。また医療機関においては、患者にとっての切れ目のない医療の提供を保障するために、一病院で完結する医療ではなく、

地域で様々な機能を持つ病院が連携し、共有して実施する診療計画表（地域連携クリティカル・パス）の採用が医療法の中で謳われ、2006年度より導入されつつある。

▶医療制度改革

　日本の戦後の医療政策は、感染症中心の時代に作られた国民皆保険制度（1961年）と医療機関の量的整備から始まった。その後、高齢化が進むなか、1973年には老人医療費が無料化され、ベッド数が激増した。疾病構造は慢性疾患、生活習慣病へと変化し、一方で医療が高度化専門化するなかで、急性期の治療に対応する病床だけでなく、療養を中心とした病床の体系化が図られてきた。医療関連法の基本となる医療法は、1948年の制定以来、5回の改定が行われ、2006年度の改定では、医療情報の提供による病院選択への支援や、医療機能の分化と連携の推進による切れ目ない医療の提供、在宅医療の充実などを目指した改定が実施された。しかしながら、年々増加する医療費の抑制と、患者の視点に立った安心できる医療の提供との間にある課題が大きいのが現状である。

▶医療保険

　疾病、負傷、死亡、分娩などによる経済的な損失に対して保険給付する制度。日本では国民のすべてが公的な医療保険への加入を義務付けられており、1961年以来の日本の医療保障の大きな特徴である。保険を運営する主体者は保険者といい、大企業を中心とする健康保険組合、政府が運営する最大規模の政府管掌健康保険、自営業者などが加入する国民健康保険、公務員などのための共済組合、また老人保健制度等がある。医療機関にかかった費用を保険者が支払うという現物給付の形を取るのが原則であるが、病気のために働けない場合に支給される傷病手当金や出産時の一時金などの現金給付もある。2008年度からは増加する高齢者医療に対応するために、新たに後期高齢者医療制度の開始、前期高齢者医療に関する財政調整の仕組みが導入される。

第7章

地域福祉における内発的発展

はじめに

　本章は、地域福祉の推進において内発的発展とはどのような意味をなすのか、内発的発展論の4つの特性から両方の共通関心事を取り上げて考察している。4つの特性とは、①支配的経済学のパラダイム転換、②他律的発展の否定と共生社会の確立、③参加、協同主義と自主管理、④地域発展・自己更生と生態系保全、である（西川　1991：17-30）。また、近年の福祉改革の荒波にのみ込まれることなく、いかに地域福祉を進めていくべきか、その手がかりを探ることも本章の目的である。そこで、地域福祉のキーワードともいえる「自治」「参加」に注目し、基礎自治体である市町村と住民、専門職員に焦点を当てて内発的発展の可能性と条件について考察してみたい。

1　地域福祉と内発的発展論の特性との整合

（1）支配的経済学のパラダイム転換

　内発的発展論は、「支配的な経済学のパラダイム転換を必要とし、経

済人に代え、人間の全人的発展を究極の目的として想定している」(西川　1991:17-19)。この特性は人間の基本的権利を表現し、基本的必要の充足という新しいパラダイムを提起している。

　現代人は「サンマ（時間・空間・仲間）不足」だと記してある本があった。先進国に住んでいる私たちは、立派な経済人として仕事優先に生きることを当然視している。内閣府の「国民生活選考調査」によると、80年代頃から週休2日制が導入されているが、週60時間以上働く従事者の割合は増えており、また長時間働く人の増加に伴い、帰宅時間が遅い親が増えているという。残業や単身赴任を命じられても「仕事だから仕方がない」と拒否できず引き受ける。家族団らんの時間などない。まして や近所つきあいや地域行事への参加する「時間」などないのだ。地域活動を通じて社会に貢献したい、NPOやボランティアに参加したい気持ちがあっても活動する時間がないという[注1]。

　ヨーロッパの広場は高齢者がベンチでくつろぎ、男性たちが政治を語り合い、子どもが走り回って遊ぶ場となっている。しかし日本には高齢者や障害者、子どもが共有できる「空間」が少ない。そして時間に追われて生活している現代人は忙しさに負けて一緒に遊んでくれる「仲間」もつくれないのである。パットナムの『ひとりでボウリングをする』という本のタイトルを何度も思い浮かべる。

　暉峻は日本の豊かさについて「ゆとりをいけにえにした豊かさ」だと述べながら、「日本人にとって人と人とのかかわりは、多くの場合、商品やカネのやりとりでしかない。人間全体が、モノとカネ、経済の中にのみ込まれてしまっている」と指摘している（暉峻　2001:232)。「成長／拡大を求めて生きる現代人の私たちには、ゆっくりと流れる永続的な共同体（コミュニティ）の時間、自然との時間とのつながりが必要であり、またそれらに対する根源的な欲求を持っている」はずである（広井　2001:158)〈図1〉。

　内発的発展論は、地域での生活のあり方について、つまり地域福祉の

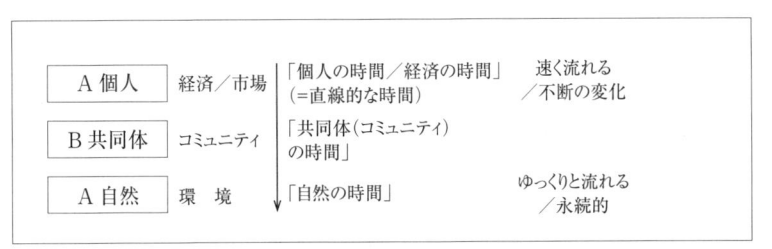

第7章　地域福祉における内発的発展　　157

```
A 個人    経済／市場   「個人の時間／経済の時間」   速く流れる
                      (=直線的な時間)            ／不断の変化
B 共同体  コミュニティ  「共同体(コミュニティ)
                       の時間」
A 自然    環　境       「自然の時間」             ゆっくりと流れる
                                                ／永続的
```

(出所) 広井良典『定常型社会──新しい「豊かさ」の構造』岩波新書　2001：58

図1　個人─共同体─自然と「時間」

あり方について迫る思想といえる。地域福祉は地域住民が地域の中で幸せに暮らせることを目的に支援する活動である。私たちは地域の中にある家族の中で生まれ、地域にある社会保障や社会福祉サービスを利用しながら育ってゆく。自分が住んでいる地域生活を続けて行くための必要充足を要求しているのである。

地域福祉に内発的発展を求めるならば、自己の尊厳を保ち地域仲間同士の人権を認め合って、互いに開放と自己展開をめざしていく心構えをその出発点とする。時間をつくり、一緒にたむろう空間をつくり、仲間をつくる、という意志を持つことを意味する。自分では自分の生活問題がなにか表現しにくい障害者やほとんど外出せず（できず）一人寂しくテレビの前で過ごしている高齢者、虐待におびえながら暮らしている子ども、日本人の友人がいない留学生や外国人、この人たちすべてが我々の仲間であり、同じ地域にいる困っている隣人であり、地域住民である。地域福祉は彼らを包み込み（ソーシャルインクルージョン）地域生活の自立を支援することを目的とする。

人間の復権をもたらすとするなら、共同体的な場を私たちは意識的に構築していかなければならない。人間の自由は、孤立からではなく連帯する生活基盤があって、はじめて可能だからである（暉峻　2001：232）。これまでの仕事一辺倒という経済活動至上主義からの脱却が求められているのである。

(2) 他律的発展の否定と共生社会の確立

　内発的発展は「いっさいの他律的・支配的発展を否定する。従来の型の発展が中心－周辺、支配－従属関係を世界システムに導いてきたとすれば、内発的発展はそのような中心支配圏と周辺従属圏の二分法の発展発展による発展に対して、共生、分かち合いなど人間個々の相互依存関係と調和を重視した発展を対置する」（西川　1991:19-21）のである。

　鶴見和子は地域における文化遺産（伝統）と地域住民の自己革新と主体性とを重んじるという意味で内発性を強調している（鶴見2001:48）。この特性に照合すると地域福祉の方向性がより鮮明になる。地域福祉は国主導・行政主導による発展ではなく、地域住民の主体性を重んじることが要請されているからである。つまり、国など自分たち以外によって他律的、あるいは支配的に発展していくのではなく、自分たち自身によって内発的に発展していく地域福祉が求められているのである。

　1993年に旧厚生省は「国民の社会福祉に関する活動への参加の促進を図るための措置に関する基本的指針」を告示している。そのなかでの第1の4で「みんなが支え合う福祉コミュニティづくり」について以下のように示している。

　　　従来、ボランティア活動は一部の献身的な人が少数の恵まれない人に対して行う一方的な奉仕活動と受け止められがちであったが、今後はこれにとどまらず高齢化の進展、ノーマライゼーションの理念の浸透、住民参加型の互酬ボランティアの広がり等にともない地域社会の様々な構成員が互いに助け合い交流するという広い意味での福祉マインドに基づくコミュニティづくりを目指す。

　この「指針」の内容は、「住民参加型の互酬ボランティア」の役割を強調しているように見受けられるが、当の本人である住民たちはどのよ

第7章　地域福祉における内発的発展

うに認識しているだろうか。

　越知は「人間尊重の地域生活を創造する活動が小さくとも人間的共感として気づくことからボランティアに発動し、その過程で自己変革、主体の確立が起こる」と述べながら、地域生活の新しい質の構築について「共苦・共有の思想」を強調している。それは、「即時的な欲求不足でなくで、各人の価値観の異質性がむき出してぶつからざるを得ず、しかも自己をごまかさないで内的葛藤を繰り返して、ともに育つという自己形成と人間解放の次元の実践を合意するところからきている」といっているのである（越智　1982:171-172）。地域福祉を推進していく上で、分かち合い、共生する社会をつくる過程には内的葛藤はつきものである。ノーマライゼーションの思想が普及し、人権に対する認知度が高くなっているにもかかわらず、地域から福祉施設の設立に対する反対はいまだに続いている。ここで、共生の意味をもう一度吟味し、互いに相互理解を深め、共に生きるための方向性を見いださないといけないといえよう。

　恩田は「生態学的な『共生（symbiosis）』に対して社会学的な『共生（comviviality）』は、単に他者と共にある『共生（living together）』を意味するのではなく、個人及び集団の自立、自助、自決を前提にしている、といっている。そして、利己主義が支配的な現代社会において地域社会で各人が連帯と共生のルールを維持する行為の再生と創生にむけて必要なのは『共感（同感）』が生まれる感性を研ぎ澄ますことだ」と述べている（恩田　2006:441）。

　内発的発展論は、地域の中に生活問題を抱えて苦しんでいる人に対する共感をいかに持つべきか、障害者や高齢者のためにどのように支援をしていくか、真剣に考え、行動に移す感性を迫っているといえる。嶋田啓一郎は「科学は目的や理想の技術的整理・批判まで私たちを連れて行くが、それを実践すべきか否かを『決断させる』のは、科学ではなく個人やその協同体の良心、倫理の課題である」と述べている（嶋田　1999:5）。

(3) 参加、協同主義と自主管理

　内発的発展論は、「内発的発展の組織形態として協同主義(association)、自主管理 (autogestion, self-management) または参加 (participation) がとられるとしている。そしてこれらのいずれも生産の場での組織形で、社会の運営、決定に対して発言権をもつような経済社会形成を想定している」(西川　1991：22-25)。

　地域福祉はこの特性としてあげられている「参加」「協同」という用語とともに展開されてきた。近年、社会福祉の公的文書にはNPOと行政の関係で参加や協同という用語がよく使われている。それ以外にも同義語として「連携」「参画」「協働」「パートナーシップ」などがあり、行政学、経営学、経済学、政治学とかなり幅広く使われている用語である。

　地域福祉において60年代から住民参加論が主張されてきた。実際に地域福祉の推進に福祉対象者としてあるいは福祉提供者として住民が自分たちの地域での幸せな生活を実現するために自発的に形成し参加するようになった。全国各地につくられた障害者共同作業所のように当事者が自律的に運営し、相互の連帯と協力によって地域社会の共通問題、地域の福祉問題の解決にあたる関係へと変わる活動も行われた。

　60年代後半から70年代初期に行われた住民運動は当時の革新自治体の出現とともに住民主体原則に広がりを見せ、自治体行政の体質改善、審議会などの参加を通じた住民の政策形成への参加、市民自治の概念の視点をもたらした。その実践から行政に対して地域生活の改善のために要求・発言をし、新しいサービスに結びつけていくためにソーシャルアクションを起こしていた。

　住民参加の意義は、①住民の意見を反映した当事者中心の福祉サービスを整備できる、②相互理解を深めることによって、相互信頼関係を築いていける、③福祉問題を共有でき、その解決に力を合わせる関係に進展することが考えられる。

岡村重夫は、個人は社会制度によって規定される社会的存在であると同時に社会制度を変更し、新設する主体となって地域の生活問題の協働的解決を図ることを目的とする組織化活動のあり方を問うた（岡村 1958）。地域福祉は「地域社会における住民の生活の場に着目し、生活の形成過程で住民の福祉の目を開き、地域における計画や運営への参加を通して、地域を基礎とする福祉主体力の形成、さらにあらたな共同社会を創造していく一つの分野である」といえる（右田 1993:7-8）。

このように地域福祉における参加、協同主義、自主管理と内発的発展論の特性とは共通するものが見受けられるといえるのである。

(4) 地域発展・自己更生と生態系保全

内発的発展論は、「地方分権的地域発展をそのベースとすることにより、地域レベルで開発と保全のバランスを再建することに努める。そして、そのような経済は自ずと産出の極大化を目的とするのではなく、人間と自然の調和、人間コミュニティの再建を目的とするがために定常的な経済とならざるを得ない。さらに開放定常系から循環型ネットワーク構造へ向かう」と主張している（西川 1991:25-30）。

地域福祉は地域の発展と密接に関連しており、内発的発展論の特性と合致している点が多い。全国各地の街並みはきわめて画一化されており、どこに地域の特徴があるのか明確でない地域の様子がある。ある程度の人口規模の市であればバイパス沿いにはどこにもあるような店が並んでいて、郊外には有名な大型店舗がある。そして駅前の商店街は閑散としていていわゆるシャッター街になっている。「まちづくり」であえて特徴を見せようと整備していない限り、全国どこへ行っても同じように見える。

地域福祉の原理は地域性を強調している。全国的に自治体を中心に地

域発展のために「村おこし」や「まちづくり」が盛んに行われているが、地域の特性を出すべきか、どういう地域になりたいか、地域全体で議論して決めていくべきだろう。

　内発的発展論が強調している「地域の『開発と保全』のバランスを再建する」という表現は、我々に今後の地域のあり方について真剣に考え、議論を重ねて挑むようにと迫っている。「開発と保全」の課題は、相矛盾しているがゆえに判断が難しい。例えば、沖縄のアメリカ基地移転問題や原子力発電所の設置に対するニュースから、その地域住民の難しい判断を見ることができる。たとえ幾分でも住民に危険性があるとしたら地域福祉の原理からは住民の生活の安全と安心を選ぶことになる。しかし、財政的に苦しい自治体になると経済的な理由から、あるいは政治的な理由から誘致を選ぶだろう。その結論に対して内発的発展論の視点からすると、国の地域開発や地域政策に従う前に、いかに地域住民と自治体とで議論を重ねて結論を出していったかその過程が注目されよう。

　内発的発展論は「人間と自然」の調和をもって人間コミュニティを再建することを目的としている。2007年のノーベル平和賞に前米副大統領のアル・ゴア氏が選ばれた。地球温暖化問題をテーマにした映画『不都合な真実』に出演し、環境保護を世界に訴えたことへの評価からだった。ノーベル委員会は、環境問題は「特に世界でもっとも弱者の国々に多大な重荷になっている」とし、国家間の紛争や内戦の要因にもなりうる可能性を示唆している（『朝日新聞』2007.10.13朝刊）。先進国に住んでいる私たちの生活様式や生き方の根本を問う課題を投げかけているといえる。

　経済優先策としてあるいは政治的な意図から国家による「地域開発」路線ではなく、「地域おこし、福祉まちづくり、福祉でまちづくり」をめざす思考の転換が必要だろう。

　髙田は「人は環境なしに生きることはできない。環境の中にある『人間の質』を考えることは現代の人間のみならず、将来の人間にとっても

必要なことである。人間と環境がともに維持可能であることは、将来の人間が生きていく上で不可欠である」といっている（髙田 2003：243）。

2 地域福祉における内発的発展の条件

　ここまでは地域福祉と内発的発展論の特性との共通性やその関連についてみてきた。それらをふまえた上で、ここからは地域福祉における内発的発展を推進するために求められる条件について考えてみることにする。その条件としては、①市町村の意識と自治力、②地域住民の参加と公私協働、③専門職の実践の三つが考えられる。順次見ていくことにしよう。

(1) 市町村の意識と自治力

市町村の意識
　2000年に改正された社会福祉法には「地域福祉の推進」が規定されている。同法の1条は「地域福祉」を「地域における社会福祉」と規定した上で「地域福祉の推進を図る」ことを法律の目的としている。そしてその方法として市町村地域福祉計画を策定し実施していくようにと勧めている。
　基礎自治体である市町村が地域の福祉行政の主体として明記されたのは、1990年の社会福祉関係八法改正だった。「八法改正」では、施設入所措置権限を積極的に市町村に移譲しその役割を重視することが重視された。また、市町村老人保健福祉計画の策定を義務づけた。その後、立て続けに市町村障害者計画（1993義務）、市町村児童育成計画（1995義務）、介護保険事業計画（1997義務）、地域福祉計画（2000任意）、保育

計画（2002義務）、障害福祉計画（2005義務）の策定が進められており、市町村が主体となって「計画化」による福祉行政を運営するようになっている。

　老人保健福祉計画は、各市町村が計画の策定に当たり地域の福祉ニーズを把握し、必要となる福祉サービス量を数値で表し、都道府県へ、国へと集めて総量を出す日本初のボトム・アップの福祉行政の試金石となるはずだった。しかし、地域福祉計画を初めて策定する市町村が多く戸惑いのなかマニュアルに頼ったり、民間業者に任せて策定している地域も多くあった。[注2]

　90年代に入り「行政改革」の一環として行われた社会福祉基礎構造改革は「小さな政府」の推進に基づき「地方分権の推進」と「地方自治体」の有り様を手厳しい物として打ち出している。1999年に地方分権一括法が成立し、多くの事務が団体事務となった時点であたかも「分権」が現実になっていくかのようにも見えた。

　しかし、近年「三位一体の改革」に伴う平成合併の促進や「骨太の方針2004」により市町村が財政面で危機的状況に陥る可能性が出てきた。実際、財政破産申告をした市町村が登場するなど危機感を覚える状況にある。「三位一体の改革」は国から地方への財政移転を減らす代わりに、地方に財源移譲を行うはずであったが、税財源の移譲が小幅にとどまる一方、地方交付税交付金、各種補助金等の歳出の削減が行われたため市町村が地方財政に陥る可能性を孕んでいる。「三位一体の改革」は①地方分権を推進し、福祉を現金給付から現物給付へシフトさせる路線、②福祉を切り捨てる「小さな政府」を目指した路線であるといわれている（神野2007：28）。

　「権力を持った側の論理と権力に支配されながら現実と向かいあって実行する地方側の論理とが交差する場が基礎自治体である」（鳴海 1992：94）としたら、市町村の選択にすべてがかかっているといえよう。内発的発展は歴史的に中央集権的発展を排除し、人間の物化を拒否

する思想として生成され発達してきた（西川　1991：25）。

　右田は「八法改正」後の基礎自治体の方向を以下の3つ挙げている（右田　1993：6）。①基礎自治体の自立性がいっそう高まるという方向、②権限移譲等により表面上は国の統制が縮小されるにもかかわらず、実質的に基礎自治体が受ける規制範囲が変わらず、結果的にむしろ拡大するという方向、③国と地方の共通の問題意識と解決の方向性を共有し両者の協調体制がとられる可能性があるという方向、である。それから十数年がだった今、市町村は「小さな政府」の実行に振り回されているだけだろうか。

　地域福祉とは、地域の生活上の諸問題を社会福祉問題としてその問題解決を図り、住民が安心して暮らせる地域社会をつくっていくことだといえる。その根拠は憲法第25条に示されている「生存権保障」であり、そこには歴然とした公の責務が明記されているのである。

　「地方自治体は中央政府に対して無気力・依存的になるのではなく『補助金行政』『三割自治』に甘んじるのではなく、現状を積極的に拓いていく内発的な自治体の経営能力が問われている」（髙田　1993：219）。市町村は都道府県や国の顔色をうかがいながら「小さな政府」実行の中央の出先となるか、住民の生活を守り、向上させる地域福祉の主体となるのか、国と住民との板挟みの立場で悩むことだろう。そこで、市町村は内発性に基づいた意識改革が要請されているといえる。住民と共に住みやすい地域をつくっていこうとする姿勢を住民に見せることで住民を味方につけることができ、共に力を合わせていくことが可能であるといえるのである。

市町村の自治力

　　1960年代まで日本の私たちがほとんど理解できなかったのが〈自治〉でした（松下圭一　1996：127）。

髙田は社会福祉政策を展望する上で、①国の責任としての社会福祉制度の拡充・充実、②地方自治体の自治・分権の保証、③自治を基盤とした住民参加による内発的な地域福祉計画の策定と実施、の3点を課題として挙げて述べている（髙田　2003：25）。
　社会福祉基礎構造改革の流れの中で、介護保険制度や障害者自立支援法の実施主体として市町村の福祉行政への権限や責任はますます増える一方である。しかし、市町村は国との間で権限と補助金のことで明確に分権が進んでいるとはいえない。財源が伴わない権限移譲であれば、国家の責任を自治体に転嫁していることを否定できず、いくら良い計画を立てていても実施に結びつかず絵に描いた餅になってしまう。市町村による計画が実行されるためには国と自治体の役割分担と財源配分を明確にすべきだろう。福祉行政は財源のみで充足されるものではなくヒト・モノも必要になるが、市町村によっては自治能力や財政力に差があり、よって地域福祉の充実度に地域差が出てくる。
　鳴海は日本の現代地方自治は、①地域の不均等発展がひきおこしている弊害の排除と地域の自立的発展の方策、②中央政府によるナショナル・ミニマムの保障の充実と地方自治との具体的な対抗関係のあり方から新しい分権型社会システムをどのように作るべきか、が課題だといっている（鳴海　1992：99）。右田は「地域福祉を支える住民の力が地方自治を形成する主体力となり、他方での国との相対的関係における自治組織体として市町村＝基礎自治体の自治能力が地域福祉推進の決め手になる」と述べ「自治型地域福祉」を提起した（右田　1993：8）。地域福祉の推進はキーワードに「自治、参加、当事者主権」が考えられるが、その底流には主体論や内発性の論点がある（大友　2005：46）。
　「自治」には個人の自治、家庭の自治、集団の自治、結社の自治、地域社会の自治があるとされているが、「自治」とはこれらの個々の活動主体が所与の諸条件の制約の下で「己の生き方を自らの意思で選択して

いく自己決定の営みのこと」であり、また所与の諸条件の「制約の壁を自己努力によって打ち破り、自己決定と自己実現の領域を拡大しようとする営み」である。「自治」は自律(autnomy)と自己統治(self-goverment)との結合によるもので、この結合は内発性抜きにして実現しない（西尾　2004:1)。地域福祉は自律を基礎とし当事者主権から内発(主体)的に、共にいき、支え支えられるという社会関係を組織化していく草の根地域構造改革から「分権・自治型福祉社会」を創造していく課題を持っており、内発的発展論と共通する論理を持っているといえる（大友　2005:8)。

　右田は住民が地域福祉理念の理解と実践をとおして社会福祉を自らの課題とし、自らが社会を構成し、あらたな社会福祉の運営に参画することが市町村の「自治」の要件になると強調し、「地域を外から操作対象化し、施策化するような福祉は『地域の福祉』であって『地域福祉』ではない」と主張している。そして、地域福祉とは「あらたな質の地域社会を形成していく内発性（内発的な力の意味、地域社会形成、主体力、さらに公共性、連帯性、自治制を含む）を基本要件としており、今日的意味で地方自治（「地方分権」から「地方主権」へ）を追求し、地方自治と地域福祉の関連を課題としないかぎり、地域福祉は目先をかえた公的福祉縮小のための「誘導概念」に終わってしまうかもしれないし、また地域福祉に名をかりた福祉サービスの地域押し込め策となるかもしれないと警告している（右田　1993:8)。

(2) 地域住民の参加と公私協働

地域住民の参加

　日本の地域福祉は地域社会の変貌と深く関わりながら展開してきた。1960年代の高度経済成長によるサラリーマン化、核家族化、過密・過疎問題が政策課題として関心を集めた。70代年に入り高齢者人口の増

加がクローズアップされるなか、高齢者の介護、健康、経済、孤独、孤立など多様な生活問題が発生し、老人福祉施設だけでは対応しきれない多様な福祉問題となった。地域社会の変化に対応する公的福祉サービスが十分ではない状況の中で、福祉サービス利用者を抱える家族やそれに賛同する住民層がお互いに支え合う活動が始まった。

　地域福祉における住民参加は大きく分けて「福祉サービス利用者としての参加」と「福祉サービス提供者としての参加」が考えられる。まず「利用者としての参加」とは、高度経済成長に伴い進んだ公害問題に対して地域住民が行政に「対抗する運動としての参加」、IL運動やノーマライゼーション思想の普及から障害者や高齢者が住み慣れた地域で生活する権利を求める運動、保育所の整備を求める運動など「要求する参加」である。さらに福祉サービスの整備のために行政や保健・福祉専門家と協働して当事者の立場から良いサービスにしていくための「提言を行う参加」がある。

　「福祉サービス提供者としての参加」はボランティアやNGO/NPO、住民団体として様々な分野で行われている参加である。日本でも60年代から大都市近郊を中心に始まった「住民参加型在宅福祉サービス」活動と呼ばれた住民参加活動があり、相互扶助精神をもって「メンバーシップ」によって有償・有料サービスで行われた。また、障害者の保護者が力を合わせて共同作業所をつくって地域の障害者の居場所を提供する参加活動が増えた。これらの活動は、住民の自主的な福祉活動、住民の自発的な参加、助け合いの精神に基づく活動であるといえる。住民参加型在宅福祉サービス組織としては「住民互助型」「社協運営型」「生協型」「農協型」などその数も増えつつある。

　1981年の「国際障害者年」を契機にノーマライゼーション思想が普及するにつれて在宅福祉と地域福祉に関心が集まり、福祉政策も方向転換するようになった。国の福祉政策によって在宅福祉サービスを整備するようになり、専門家と行政の手によってその解決を図っていくことに

なった。また、阪神・淡路震災の時はボランティアやNGO・NPOの自発的な活動が注目を集め「ボランティア元年」と呼ばれ、住民活動に大きな期待が寄せられ今日に至っている。

大橋は地域福祉への参加の形態を、①自助的な協働活動への参加、②援助・サービス供給活動への参加、③政策決定・計画立案への参加、④組織的圧力行動への参加に分けて説明している（大橋1998：48）〈図2〉。そこに筆者の解釈を付け加えて説明すると、①「自助的な協働活動への参加」は、福祉サービス利用者自身や家族が自主的に活動することの参加を意味する。例として、認知症の老人を抱えている家族が互いに助け合うために始まった「宅老所」やグループホームの経営による参加が挙げられる。その活動は、行政を動かし、公的サービスにまで結びつける

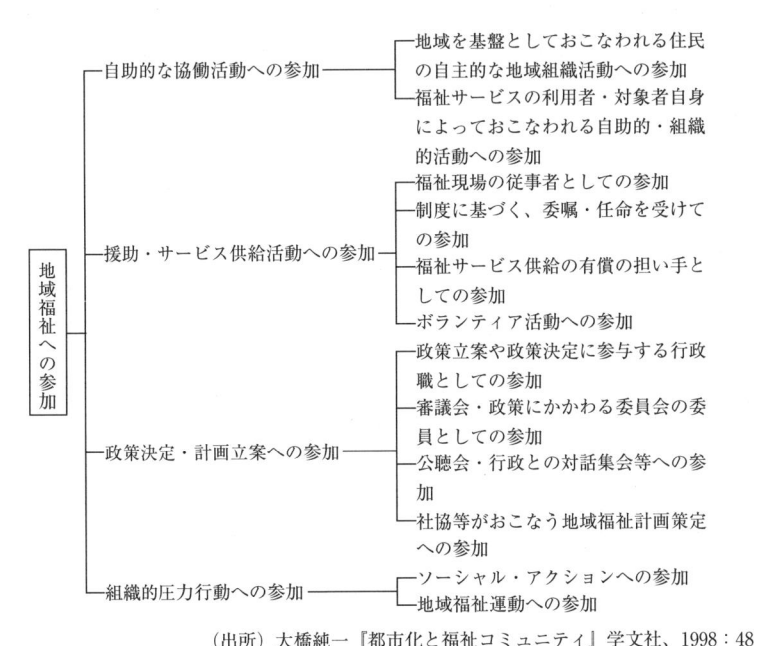

```
地域福祉への参加
├─ 自助的な協働活動への参加
│   ├─ 地域を基盤としておこなわれる住民の自主的な地域組織活動への参加
│   └─ 福祉サービスの利用者・対象者自身によっておこなわれる自助的・組織的活動への参加
├─ 援助・サービス供給活動への参加
│   ├─ 福祉現場の従事者としての参加
│   ├─ 制度に基づく、委嘱・任命を受けての参加
│   ├─ 福祉サービス供給の有償の担い手としての参加
│   └─ ボランティア活動への参加
├─ 政策決定・計画立案への参加
│   ├─ 政策立案や政策決定に参与する行政職としての参加
│   ├─ 審議会・政策にかかわる委員会の委員としての参加
│   ├─ 公聴会・行政との対話集会等への参加
│   └─ 社協等がおこなう地域福祉計画策定への参加
└─ 組織的圧力行動への参加
    ├─ ソーシャル・アクションへの参加
    └─ 地域福祉運動への参加
```

（出所）大橋純一『都市化と福祉コミュニティ』学文社、1998：48

図2　参加の形態

可能性をももつ参加活動であるといえる。②「援助・サービス供給活動への参加」は、有償ボランティア・ボランティア、NPO/NGO、あるいは福祉現場において非営利性を貫く組織として福祉サービスを供給する形での参加である。③「政策決定・計画立案への参加」は、行政や社協の福祉運営への参加を意味する。この類型の参加は、市町村の意欲や姿勢及び住民の参加意思、知識によって差が出る。この参加は行政と住民が地域の福祉政策の課題・問題について「共有」できる機会として意義があるといえる。④「組織的圧力行動への参加」は近年はあまり見えなくなった参加の形であるといえる。しかし、地域の内発的発展を求めて、つまり「地域レベルでの開発と保全のバランス」を再建するために行政や地域の企業、地域住民に働きかけるかなりエネルギーの要る参加である。

　瓦井は地域福祉における1990年代以降の住民参加の傾向を「組織的参加」と「新しい参加」の流れに分類している（瓦井2003：95-96）〈図3〉。「組織的な参加」には①町内会や自治会などの伝統的住民組織への参加

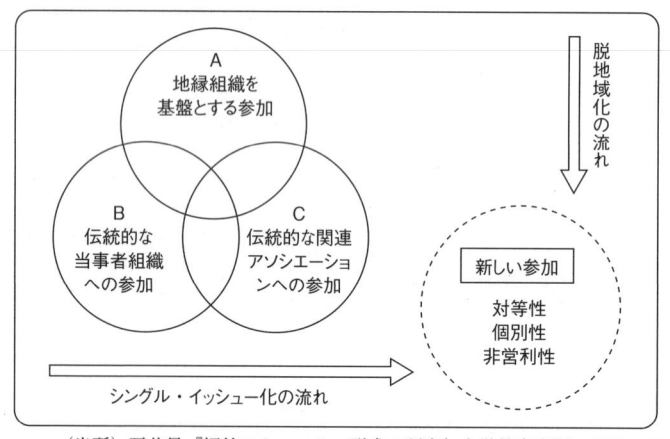

（出所）瓦井昇『福祉コミュニティ形成の研究』大学教育出版、2003：96

図3　地域福祉における住民参加の諸相

として地縁組織を基盤とする参加、②伝統的な当事者組織への参加、③行政機関や社会福祉協議会やボランティア協会への参加として伝統的な関連アソシエーションへの参加、が含まれるとし、「新しい参加」として市民参加型の NPO やセルフヘルプ・グループを挙げて分類している。図でわかるように「新しい参加」を求めて集まる人々は脱地域化の流れがあると指摘している。

地域における住民参加活動の機能としては、①問題の解決──現実の福祉ニーズを解決していくこと、②住民の理念形成──意識の変革、③ケアシステム構築の試行──望ましい地域福祉体系の姿を模索、④様々な対応の総合化──現行のばらばらな機能を地域レベルで総合、⑤社会資源改善・創出への働きかけ──現行の施策の改善などを求め、自治体などの政策立案に住民の願いを反映させる、ことが期待されている（沢田　1992:21）。

住民参加はけっして行政の福祉行政の責任転嫁を肩代わりするものではなく、地域の福祉の向上のために力を出す活動になるべきである。

社会福祉法（2000年）の4条には「地域住民、社会福祉を目的とする

表1　地域福祉の推進に関係する社会福祉法の条文

①　地域福祉（「地域における社会福祉」）の推進が同法の目的の1つとなった（1条）
②　地域住民，社会福祉の事業者，社会福祉に関する行動を行なう者は「地域福祉の推進に努めなければならな」くなった（4条）
③　「地域福祉の推進」に関する章が設けられた（第10章）
④　地区社協，市町村社協，都道府県社協に法的な位置づけが与えられるとともに，社協を「地域福祉の推進を図ることを目的とする団体」と規定した（109条〜111条）
⑤　共同募金の目的に，「その区域内における地域福祉の推進を図るため」との規定が加わった（112条）
⑥　市町村地域福祉計画に関する条文が加わった（107条）
⑦　都道府県地域福祉支援計画に関する条文が加わった（108条）

事業を経営する者及び社会福祉関する活動を行う者は、相互に協力し、地域福祉の推進に努めなければならない」とされている（社会福祉法令研究会編　2001:109-11〈表1〉）。すなわち、社会福祉法は地域福祉について地域住民に努力義務を果たし、地域福祉の主体として位置づけている。髙田は内発的発展の地域内における基礎条件として、①住民の自発的参加に基づく民主的な政治と行政、②環境保全の社会計画とこれを枠組みとする地域経済計画、③これを支え推進するにたる住民の文化水準の向上、社会教育や自己学習、をあげている（髙田　1993:308）。行政の呼びかけに出席し、ヒアリング調査に出席して質問に答えるだけの参加ではなく、より高度で積極的な参加を要求していることがわかる。住民参加が地域福祉の真の基盤となるためには、住民の教養（文化水準の向上）と知識（社会教育や自己学習を通した）が条件になることを覚えておきたい。

公私協働

　阪神・淡路大震災のときに、住民によるボランティアやNPO団体の活躍が注目を集めた。自治体自身も被害に遭い機能不全であった状況で住民団体の働きは、被害にあった住民に物理的な支援はもちろんのこと特に"心の支え"としてぬくもりを伝えたとも考えられる。そのことは、我々の生活に関する行政を自治体だけに任せるのではなく、自分たちの手でやっていけることもあるという認識を広める契機となり、また政府もボランティアやNPO活動に多大な関心を示すことになった。そして、1998年に特定非営利活動促進法（「通称NPO法」）が制定され、NPO法人などが介護保険制度の一事業体となるようになった。90年代に入ってから「公私協働」という用語が公文に使われはじめ、近年ではまちづくり条例などによく使われている。

　日本には、明治時代に近隣社会の集会所として「協働会館」があって、近隣の人たちが親睦を深めあう「場」として、地域住民間で地域に発生

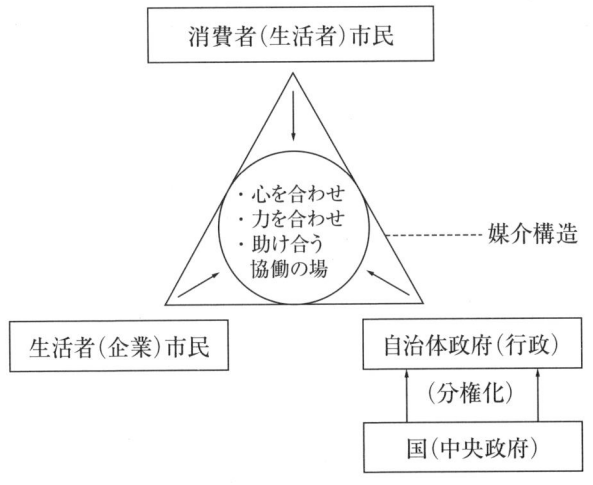

第7章　地域福祉における内発的発展　　173

図中:
- 消費者(生活者)市民
- 心を合わせ・力を合わせ・助け合う協働の場
- 媒介構造
- 生活者(企業)市民
- 自治体政府(行政)
- (分権化)
- 国(中央政府)

（出所）荒木昭治郎『参加と協働』1990:13

図4　自治行政における協働の概念

している問題を処理していくために力を合わせる「場」として機能していた。ところが戦後「協働」という用語は、GHQによる町内会・自治会の解体や地域住民間で処理してきた問題を公的責任によって行政が処理するようになり、住民間の協働関係が薄れてきたことからあまり使われなくなっていたが、90年代になって再び使われるようになっている。[注3]

「公私協働」というときの「協働」について、行政学では「複数の行為者が共通の目標達成に主体性を持って取り組む関係状態」と説明している〈図4〉。でわかるように「協働」とは「共に考え、共に汗を流し、共にリスクを負う」という共通事業（活動）の担い手としての関係が合意されている(大森　1993:218)といっている。「共に考え、共に汗を流す」ことは住民参加においてすでに行われていることである。しかし、疑問は「リスクを負う」ことの本当の意味だ。いまになっては「痛みを分かち合う、三位一体改革」の推進に相通じる意味として見受けられる。荒木は「リスクを負うことは、共に責任を負うこと」と説明している（荒

174　第2部　社会福祉原論とは

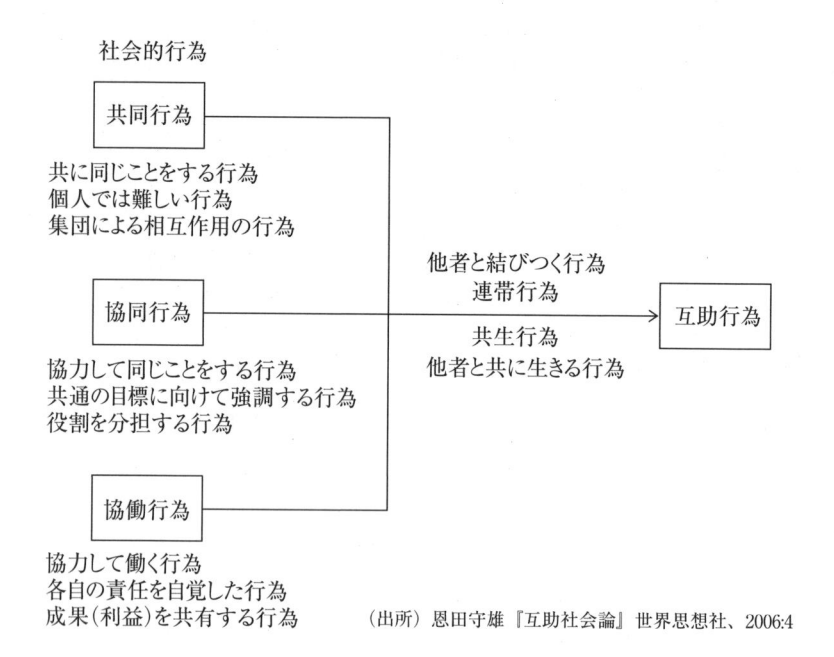

```
社会的行為
┌─────────┐
│ 共同行為 │
└─────────┘
共に同じことをする行為
個人では難しい行為
集団による相互作用の行為

┌─────────┐                他者と結びつく行為
│ 協同行為 │─────────→    連帯行為            ┌─────────┐
└─────────┘                                  → │ 互助行為 │
                           共生行為            └─────────┘
協力して同じことをする行為    他者と共に生きる行為
共通の目標に向けて強調する行為
役割を分担する行為

┌─────────┐
│ 協働行為 │
└─────────┘
協力して働く行為
各自の責任を自覚した行為
成果（利益）を共有する行為
```

（出所）恩田守雄『互助社会論』世界思想社、2006:4

図5　互助行為と共同、協同、協働の関係

木 1994:211）。一方、社会学者の恩田は、日本伝来の互助行為に焦点を当ててその下位概念として協働行為を挙げている（恩田 2006:3-4）〈図5〉。すなわち、「協働行為は、協力して働く行為、各自の責任を自覚した行為、成果（利益）を共有する行為」と述べている。両者の論の違いは、協働行為を荒木は「共にリスクを負う」行為としており、恩田は「成果（利益）を共有する」行為としている点である。この点は、協働していく動機付けに係わる重要なコアになりうる。協働していく上でその結果に対する期待について合意を形成していかないと両者に「ずれ」が生じるだろうし、その「ずれ」が原因でそれ以上協働関係を維持できなくなると考えられる。

　両者の解釈で共通している点は「共に責任を負う」ということである。

事業（活動）の始まりから結果までの責任を共に分かち合う関係が前提であり、その自覚を持って行動する主体を意味している。「正の結果＝成果（利益）」はもちろん、「負の結果」に対しても分かち合い、失敗から学んで次の事業や活動に結びつけていける積極的な行為を意味しているといえよう。

「公私協働」は、公的責任を明確にしないまま行われると公的福祉の縮小を招くことが懸念されている。NPO団体などが自治体からの委託事業に傾斜してしまい、財源は「公」、供給は「私」という関係を強めていくと、「私」の自主性を欠けてしまうだろう。鶴見は「地域住民の内発性と政策に伴う強制力との緊張関係が多かれ少なかれ存続しない限り内発的発展とはいえない」と述べている（鶴見　1994：8-9）。

(3) 専門職の実践

鶴見和子は、現在人類が直面している困難な問題を解くカギを発見し、旧いものを新しい環境に照らし合わせてつくりかえ、そうすることによって多様な発展の経路を切り拓くのは、キーパーソンとしての地域の「小さき民」であるとし、内発的発展の可能性を中国の農民起業家、日本の村おこし運動の仕掛け人などを挙げて述べている（鶴見　1994：8-9）。「小さき民」の姿について「かれらは上から命令されて行動するのではなく、自分からそれぞれの地域の伝統や生態系に見合った経済的活動や社会変動を起こしていく。（略）自己の故郷の人や土に愛着を覚えその地の環境保全にも心を配る人」だといっている。

この説明は地域福祉の主体について多くのことを語っているといえる。だれが、地域を愛し、そのために身銭を切るのか、その意志はあるのか、あらゆる地域福祉主体に問いかけているようだ。一つ明確にいえるのは、まず鍵となる「人」から始まるということである。応用すると

```
            ④一般
          コミュニティ
           ワーカー
         ③専門別
        コミュニティ
         ワーカー
      ②コミュニティワークの
    技法を必要とするほかの専門職群
   ①ボランティアとしての
       コミュニティワーカー
```

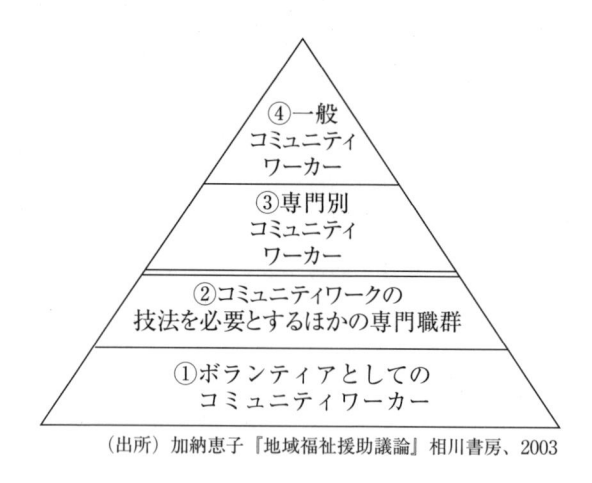

(出所) 加納恵子『地域福祉援助議論』相川書房、2003

図6　コミュニティワーク・マンパワーの構造

「地域福祉のために自分から行動し、社会変動を起こすような人」を待っているということであろう。

　加納恵子は、コミュニティワークの主体について論じつつ、コミュニティワーカーを4つに分類している（加納　2003:78-85）〈図6〉。①ボランティアとしてのコミュニティワーカー（住民団体やボランティアグループのリーダー）、②コミュニティ技法を必要とする他の専門職群（保健婦や精神保健福祉相談員、地域との交流をしようとする施設職員）、③専門別コミュニティワーカー（所属してる機関の要請に沿って対象や機能を選別したコミュニティワークを実践するワーカー）、④一般コミュニティワーカー（地域住民のニードに即応した援助過程を展開するコミュニティワーカー、市区町村社協の福祉活動職員）とし、③④を専門職として位置づけている。

　社会福祉法（2000年）は社会福祉協議会（以下、社協と略す）に対して「地域福祉を推進する第一線の団体」として規定している（109条～111）〈表1参照〉。日本の地域福祉は、社協の活動によって推進され

てきた側面が大きいといえる。社協は設立されて以来、時代の変化とともにめまぐるしく変わる地域社会に敏感に対応し、地域福祉推進の中核的な組織として活動してきた。地域福祉や在宅福祉の必要性やボランティア養成の必要を提唱・開拓・実践し、今日の日本の社会福祉のあり方に大きく影響を与えてきた。地域福祉という用語が社協の代名詞のように語られることもあったが、90年代以降の社会福祉改革による福祉供給主体の多元化や市場主義の導入に見舞われ、経営・運営面を含めてそのあり方が問われている。組織体から運動体へ、そして事業体へと変化してきた社協の活動が住民に見えにくくなっている今の状況をいかに打破していくかが注目されているといえよう。

　川上富雄は社協の地域福祉の推進や社協が取り組む事業は社協のみに与えられている専売特許ではないと強調し、「社協らしい取り組み」について述べている。具体的には「地域ニーズや地域住民の思いに立脚し、ソーシャルワークの視点で取り組むこと、特定領域、分野、地域、グループの活動に終わるのではなく、総合化の視点を持って取り組むこと、住民の利益、地域福祉の推進という視点から他機関・団体、組織とのパートナーとして積極的に連携・協働し、支援・後援していく」ようにと提言している（川上　2003:10-11）。

　阿部さつき（松江市淞北台地区担当社協職員）は、地域福祉活動を頑張ろうとしたはじめの頃、「『地域福祉、地域福祉』と社協はいうが、いったいあんたら社協になにができるか？」と住民から投げかけられた言葉がとても重い課題に感じたと述べている（阿部　2006:132-142）。彼女はそこでくじけず自治会長や保健・福祉専門家らと共にまちづくりワークショップを開いたり、高齢者の自宅を訪問して聞き取り調査をおこなったり、福祉協力委員や民生委員、児童委員と話し合いの場を設けたり、と緻密に地域で活動をしているという。その彼女がコミュニティワーカーとしての認識を次のように挙げている。要約すると、①地区を担当する職員が地域の課題をつかんだり、人々の生活の困りごとについて

相談を受けられる関係を築くには、「地域に足を運んで顔をおぼえてもらう」ことから始まる、②常に支援者としての情報を集めるためにアンテナを磨いておく、③専門職と地域とをつなぐ調整役としてのコーディネート力量を鍛えること、と述べている。

コミュニティワーカーの主たる役割は、地域住民が地域問題解決に向けて、主体的な意志と参加により行動することを側面的に支援することであり、地域福祉のキーパーソンとして、専門家の意識に基づいて、熱い意欲をもって実践していくことであろう。

おわりに

髙田は新しい社会福祉を考える基本的構造は、「変動」という客観的認識ではなく、「変革」という主体的認識が課題になるとした。人為的な介入による意図的、主体的な変動を「変革」と定義し、「変革」には内発的発展が不可欠要因であると強調している。そして、その方法として「運動」と「計画的変革」を挙げている（髙田 1993:305）。しかし、本章では、方法については追求しておらず、先行研究を通して概念を整理することにとどまっている。

今の段階で、内発的発展論は地域福祉の実態をみると期待概念の色彩が強く感じられる。私たちは、キーパーソンとして期待されている地域の「小さき民」メシヤをなにもせず忍耐強く待つべきか、それとも「仕掛け」を工夫すべきか悩みながら、地域に「愛」を注いでくれそうな人を渇望している。今回、「小さき民」としてコミュニティワーカーのみを挙げた。地域には、民生委員や町内会・自治会・婦人会・青年会、社協以外の福祉施設職員や他専門職もたくさんいることも充分承知している。しかし、今回はそこまで検討するまでには及ばず今後の宿題として残すことになった。狭い筆者の識見では整理し切れないテーマであった

ことを、深く心に留め、今後の研究に励みたい。

【注】

注1)　『国民生活白書19年版』参照。

　　　1週間に60時間以上働く従事者は1995年に16.8％であったが、2005年には17.9％にその割合が増えている。

　　　「国民生活選考調査（2003）」によるとボランティアやNPO活動に「現在参加している」は10.1％、「今後参加したい」は51.6％である。活動に参加していない理由として一番高かったのは、「活動する時間がない」35.9％「参加するきっかけが得られない」14.2％となっている。また、「同居家族との交流量が少なくなる要因」として男性であること、年齢が高くなること、労働時間が長くなること、独身であることをあげている。労働時間が増えるほど家族との会話が減るとともにつながりが弱くなるという結果だった。

注2)　筆者は修士論文のために兵庫県内の89市町村の老人保健福祉計画書を検討していることと3市4町にインタビュー調査をしてまとめている。詳しくは、李（1999）を参考にしていただきたい。

注3)　このことについては、荒木昭次郎氏が詳しい。

【参考文献】

阿部さつき（2006）「社協地区担当職員に投げかけられた課題」上野谷加世子・杉崎千洋・松端克文『松江市の地域福祉計画』ミネルヴァ書房。

荒木昭次郎（1994）「自治行政に見る市民参加の発展形態」社会保障研究編『社会福祉における市民参加』東京大学出版会。

右田紀久恵(1993)「分権化時代と地域福祉」右田紀久恵編『自治型地域福祉の展開』法律文化社。

大友信勝（2005）「地域福祉の推進と市町村社会福祉行政の役割」『社会福祉研究第93号』。

大橋純一（1998）『都市化と福祉コミュニティ』学文社。

大森彌（1993）『自治行政と住民の「元気」』良書普及会。

岡村重夫「小地域社協活動の理論」大阪府社協『都市の福祉』第3号。

越智昇（1982）「福祉コミュニティの可能性」奥田道大他『コミュニティの社会設計』有斐閣。
恩田守雄（2006）『互助社会論』世界思想社。
加納恵子（2003）「コミュニティワークの主体のとらえ方」高森敬久他『地域福祉援助技術論』相川書房。
川上富雄（2003）「社会福祉協議会とは何か」山本主税・川上富雄『地域福祉新時代の社会福祉協議会』中央法規。
瓦井　昇（2003）『福祉コミュニティ形成の研究』大学教育出版。
沢田清方（1992）『小地域福祉活動』ミネルヴァ書房。
嶋田啓一郎（1999）「福祉倫理の本質課題」秋山他編『社会福祉の思想と人間観』ミネルヴァ書房。
神野直彦「福祉三位一体の改革」『社会福祉研究第 96 号』2007 年。
髙田眞治（1993）『社会福祉混成構造論』海声社。
―――（2003）『社会福祉内発的発展論』ミネルヴァ書房。
鶴見和子（1994）「内発的発展と外向型発展」宇野重昭・鶴見和子『内発的発展と外向型発展』東京大学出版会。
―――（2001）「内発的発展の系譜」鶴見和子・川田侃『内発的発展論』、東京大学出版会。
暉峻淑子（2001）『豊かさとは何か』岩波新書。
内閣府『国民生活白書平成 19 年版』。
鳴海正泰（1992）『地方自治を見る眼』有斐閣選書。
西尾　勝（2004）「自治的公共性と政治学・行政学」西尾勝他編『自己から考える公共性』東京大学出版会。
西川　潤（1991）「内発的発展論の起源と今日的意義」鶴見和子・川田侃『内発的発展論』東京大学出版会。
広井良典（2001）『定常型社会――新しい「豊かさ」の構造』岩波新書。
松下圭一（1996）『日本の自治・分権』岩波新書。
李永喜（1999）「地域福祉計画における公私協働」『関西学院大学社会学部紀要』80 号、131-144。

▶▶▶キーワード集　地域福祉・社会福祉計画論

▶地域福祉

　地域福祉は、生活者としての住民がだれでも地域社会の一員として普通に暮らせるシステムづくりということができる。生活困難を抱えている人びとが住民として地域社会に受け入れられ、助け合う取組みを原点に社会福祉制度と関連する生活支援政策および住民・市民によるボランティア活動、福祉活動の総体をいう。社会福祉そのものは相互扶助の政策化・制度化されたものといえるが、地域福祉は、国家とは相対的に独立した地域社会をベースに助け合いや生活の共同化を実現させる福祉コミュニティづくりを目標にしている。具体的には地方自治体と民間団体、住民組織の協働による福祉のまちづくりを意味しているといえる。

▶地域福祉計画

　社会福祉法に規定された地域福祉の推進を図るため市町村が策定することを奨励した法定計画である。介護保険事業や障害者福祉、児童福祉など市町村自治体の福祉施策を住民参加のもとで総合化しようとする行政計画の一つである。住民の福祉活動への参加促進のみならず福祉サービス事業者の健全な発展のための支援策、福祉的な援助の必要な人びとの権利擁護などを盛り込んだ内容とされている。元来は、社会福祉協議会の策定する地域福祉推進の行動計画を意味していたが、法定化を契機に社会福祉協議会の策定する地域福祉計画は、地域福祉活動計画として区別され、行政計画を補完するものとなった。

▶ボランティア

　語源は「自由意志」という意味のラテン語。ボランティアは、個人の自由な意志や責任において、金銭的利益を求めることなく、他者や社会の利益のために活動を行う自由な市民という意味でもある。1990年代に入って、生涯学習や青少年問題を始めとする様々な領域でボランティア活動の意義が述べられ、推進方策が提言された。1995年の阪神・淡路大震災の際、全国から130万人以上のボランティアが被災地にかけつけ救援活動を行った。この活動によってボランティアの

意義や固有性が確認されたことから、この年は「ボランティア元年」と呼ばれ、それ以降ボランティア活動や各種市民活動を支援する必要性が認知され、1998年にはNPO法が制定された。全社協の調査では、2007年のボランティア総数738万人、団体数は12万団体以上であり、活動内容も保健、医療、福祉を始め、環境、国際など多岐にわたっている。

▶民生委員

　民生委員法によって、住民の中から選ばれ、各市町村の区域に配置される民間奉仕者。都道府県知事の推薦により厚生労働大臣が委嘱し任期は3年とされている。自治体の人口規模による配置基準により、一定の区域を担当し、住民の生活状態を把握すること、生活に関する相談や助言を行うこと、福祉サービス利用にあたって必要な情報提供を行うこと、社会福祉事業を行う団体や行政と密接に連携し協力・支援を行うことが職務とされている。また民生委員は児童福祉法による児童委員を兼ねている。2000年に行われた法改正により、民生委員は社会奉仕の精神を持って、常に住民の立場にたった活動を行うものであることが明記され、住民の福祉サービス利用の支援者としての役割が期待されている。

▶住民参加

　日本における住民参加は、もともとは自治体行政へ住民の意思を反映させ、政策決定に直接影響を与えようとする運動および政策をあらわすものだった。公害反対や差別問題などの住民運動のなかから生まれてきた観念ではあったが、福祉領域ではボランティ活動の興隆、福祉のまちづくり活動の進展など住民が社会福祉にかかわることを含めた概念として広がりをみせるようになってきた。今日的には行政施策への意思決定への参加・参画とボランティア活動や助け合い活動など地域貢献への参加を含めた融合的な考え方が主流となっている。社会福祉協議会などは福祉に関する住民参加を促進する重要機関といえる。

▶福祉コミュニティ

　福祉のまちづくりや福祉社会の形成の目標を意味する概念のひとつで、差別や排斥されがちな福祉援助を必要とする人びとを受け入れることのできる地域社会を理想としている。ノーマライゼーションやインクルージョンという高い理念をコミュニティという地域社会の場で実現することを目ざしている。福祉コミュニ

ティは、福祉的援助を必要とする当事者を中心にボランティアや地域住民で構成され、さらに専門職や行政職員などがバックアップできる地域組織を意味しており、地域福祉の目標そのものを指し示しているともいえる。その活動は、小学校区レベルの住民福祉組織や自治会・町内会が行う福祉活動を意味している。

▶コミュニティケア

　地域福祉の英語訳ともいえるが、もっぱら英国で使用される地方自治体の行う社会福祉政策および住民団体・民間団体の行う福祉活動の全体を意味している。もともとは英国「シーボーム報告」（1968年）で正式に取り上げられて以来、社会福祉サービスは地方自治体の業務となり、福祉における地方分権化の世界的な端緒となった。コミュニティケアと地域福祉は、かならずしも内容的には一致していないが、日本の社会福祉が福祉国家から福祉社会の形成に視点が移されていく経緯のなかで、英国コミュニティケアの思想は少なからず日本独特の地域福祉概念の創出と地域福祉政策の展開に大きく寄与したといえる。

▶コミュニティワーク

　もともとは米国でコミュニティ・オーガニゼーションと呼ばれていた地域組織化の方法を意味し、ソーシャルワークを構成する援助技術の一つとされてきた。コミュニティワークも同様の内容をもつ地域支援の技術とされているが、もっぱら英国で開発されてきた方法概念である。地域住民が自ら地域社会における生活課題や福祉問題に立ち向かう問題解決の技法、たとえば地域調査、行動計画の策定、資金獲得、プログラム開発、ネットワークづくり、ソーシャルアクション（対策行動）などの体系からなる。福祉活動専門員が身につけておかねばならない住民支援、地域援助の社会的スキルともいえる。

▶コミュニティ・ソーシャルワーク

　近年、注目されるようになってきた地域福祉活動を促進する方法のひとつで、コミュニティケアを推進するソーシャルワークの方法とされているが、英国の「バークレイ報告」（1982年）のなかで公式文書として取り上げられたのが最初とされている。生活課題を抱えている個人や家族に対して、地域社会での日常生活の回復や維持を目的とする、ケースワークやグループワークおよび環境改善や制度改革などを目ざすミュニティワークを統合化した方法とされている。大阪府

では国に先立って、地域福祉支援計画の市町村支援事業のひとつとしてコミュニティ・ソーシャルワーカー配置事業を先駆的に展開している。

▶社会福祉協議会

　社会福祉活動を地域社会を基盤として推進する民間組織で、全国および地方に組織された地域福祉団体である。社会福祉法人として全国の市町村にかならず1団体が組織されており、地域における社会福祉の民間サイドの総合的機関である。社会福祉法にも地域福祉を推進する機関として法定化されており、地域社会の社会福祉にかかわる当事者、活動者、事業者、住民、行政から構成されている。これら市民・住民による福祉活動を促進するために行政助成による事務局が設置され、コミュニティワークやコミュニティ・ソーシャルワークという地域支援をおこなう専門職員として福祉活動専門員も配置されている。

第 8 章

社会福祉内発的発展論における社会福祉の価値と思想

共生概念と価値の科学化から

1 社会福祉学の特徴と内発的発展論

　本稿では、髙田眞治の最後の単著である『社会福祉内発的発展論——これからの社会福祉原論』(2003)を論考の基軸として、社会福祉の価値と思想について検討を試み、若干の考察を行うものである。

　『社会福祉内発的発展論』は、髙田が1992年から2003年までの11年間に発表した論文を中心にまとめられており、各論文のテーマは次のとおりである。

　①社会福祉政策と社会福祉実践、②高齢者福祉と地域福祉計画、③障害者福祉とバリアフリー、④地域福祉と行政機能、⑤コミュニティ形成とマクロ実践、⑥社会福祉の思想、⑦社会福祉の方法、⑧社会福祉の価値、⑨社会福祉の創発、⑩社会福祉の実理。

　上記①～⑤については、社会福祉の事象の中で、内発性がどのような部面で生じているのかを探り、それは萌芽しているという視点から構成上第一部と規定し、今日の社会福祉動向、課題及び展望を示している。また、⑥～⑩は内発的発展を促進させる原理として、5つに整理し第二部として、これら社会福祉の動向やその実態を支える価値及び思想に関する哲学的視点から論考し、体系化している。いわば髙田が社会福祉学研究者としての成熟期を迎えた11年間に及ぶ社会福祉学への問題提起

と新たな社会福祉原論を示す内発的発展論の視点から構成されている。

　特に髙田は本論の構成において、社会学、経済学、政治学、生態学、宗教学、文化論など、多様な隣接領域からの文献を駆使し援用しながら、社会福祉学の「内発的発展論」としての独自的視点を検討のうえ考究している。

　さて、社会福祉学は諸科学の要素を有機的且つ機能的に体系化する性質を併せもつ。古川孝順は、社会福祉学があらゆる隣接領域から構成された学問であるとして以下のとおり説明している。

　　社会福祉学の周辺には、社会学、経済学、経営学、法律学、心理学、教育学、歴史学、宗教学、さらには医学、保健学、居住学など多数のいわゆる隣接科学が存在している。このほかにも、比較文化論、工学なども社会福祉に関する理解を深めたり、実際的な問題解決を行ううえで重要性を増してきている（古川 2001:83-4）と述べ、さらに社会福祉は、そして社会福祉学は多様な隣接科学の成果に期待することが多い。それなしの進歩は考えられない。それは、社会福祉の課題が何よりも現実に生きている人びとの生活とそこに発生する多様な生活問題を解明すること、さらにはその解決なり緩和なりに必要とされる支援（援助）を社会的に提供することにあるからである。そのためには多様な学問領域の知見が必要とされる（古川 2001:84）。

　以上の指摘から、社会福祉学は隣接諸科学に支えられた応用科学によって構成される学問であることを示唆している（滝口 2003:3-4）。

　髙田が本書で示す上記①〜⑩のテーマは、領域的には多岐に渡るが、これらの各要素を綿密に抽出し、「社会福祉内発的発展論」という独自の学際的視点をもって各領域の課題を体系化する点に社会福祉学者としての独創性が確認できる。

2　社会福祉学における内発的発展論の学問的視座

そもそも髙田の「内発的発展」の研究着想は、前著『社会福祉混成構造論』(1993) に起因する。それは社会福祉は政治・経済・文化の混成構造によって生みだされるとの着眼からであった。そして社会福祉が発展していくこと、社会福祉が人々によってよりよい構造へと変革していく要件が「内発的発展」であり、これには文化、すなわち人々の社会福祉についての認識とそれに基づく内発的な行動が不可欠であるということを問題提起している。そして、『社会福祉内発的発展論』においては次のとおり述べている。

> その内発的な主体的な行動が不可欠であるとするならば、今日的な社会福祉の状況においてその萌芽を見出し、長期的な展望と希望をもって育んでいくことが課題になるという論理であり、それらの整理と検討から導き出される「原理」をこれからの社会福祉の原理としてとらえることによって、21世紀の社会福祉の展望が開ける（髙田　2005：82）。

髙田は以上の視点から「内発的発展」について考察している。関連して西川潤は今日の内発的発展論を検証し、次のような特徴を示している（西川　2000：32-3）。

①欧米の近代化論のパラダイムを転換し、経済人像に代え、全人的発展という新しい人間像を定立している。
②自由主義的発展論に内在する一元的・普遍的発展論を否定し、これに代えて、自律性や分かち合い関係に基づく共生の社会づくりを指向する。
③参加、協同主義、自主管理等、資本一賃労働、国家一大衆という、

資本主義や中央集権的計画経済による伝統的生産関係とは異なる生産関係の組織を要求する。
④地域レベルにおける自力更生、自立的発展のメカニズムが重要な政策用具となる。地位自立は住民と生態系間とのバランスに支えられなければならず、これは定常型に近い。

上記に示される西川による「内発的発展論」について髙田は以下のように主張している。

伝統的な近代化論、一元的な発展論に代えて、地域自立に基づく定常型の、共生の社会づくりを指向している。これには分かち合いや協働による新しい多元的な組織や発展形態が考えられるのであり、その差異の認識に基づく相互の尊重が求められている。したがって、この思想が髙田のいう「文化」となって人々を動かし、構造を変革していくか否かにかかっているとえよう（髙田 2005:82）。

西川と髙田の報告に加えて、鶴見らによる「内発的発展論」の見解は以下のとおりである。

異なるものが共に助け合い、補い合って、共に生きられるか、唯一のではなく、さまざまな論理があるのではないか、筋道があるのではないかと考えている。それを私の「内発的発展論」に導きいれないと、これは一国内発的発展論になってしまう。それでは困る。共に生きあう発展になることが私の課題であり、それを考えないと内発的発展論は完結しない（鶴見・武者小路 2004:37-8）。

この鶴見らの「内発的発展論」の見解に対して髙田の主張は次のとおりである。

第8章　社会福祉内発的発展論における社会福祉の価値と思想

「内発的発展論」は社会や地域がそれぞれの生態系に根ざした持続可能な、それぞれの固有性や多様性に基づいた発展の仕方があることを考えることであるが、これには矛盾対立が生じると言及している。したがって、共生の論理を内在化させ、この矛盾対立するものがぶつかり合い、影響し合い、そして新たな関係を形成していく「場」の構築が課題になる（髙田　2005：82）。

この髙田が指摘する「場」には、大別して、ハード的側面からの「場」とソフト的側面からの「場」が存在すると考えられる。ハード面としては、矛盾対立への議論、対話、融和をもたらす物理的な環境面での「場」が想定される。一方、ソフト面の場としては、これら矛盾対立に対して取り組もうとする動機、思考、意思などの精神面での「場」が存在しよう。髙田の主張する矛盾対立には物理的且つ精神的な「場」の環境整備が必要になるといえよう。加えて髙田は「ささえあう」という行動に着眼して以下のとおり述べている。

人間と人間の関係を単に線で結ばれるものとしてではなく、結合子、「場」としてとらえること、また、お互いの生活空間が重なり合った関係として、生活空間・生活の「場」を共有するという必要性を説き、この人間関係のありようは福祉文化を内発的に拓いていくものとして期待できると示している（髙田　2003：170）。

同時に髙田の視点は「共生」の理論を内在化させるという鍵概念を明示している。これに関して髙田は、共生から学ぶことは自立的個性を尊重した関係の形成であり、単なる調和を越えた、積極的な関係を築いていくことだとして、共生について次のように整理し、報告している（髙田　2003：194）。

①共生とは基本的に相利共生を意味している。
②共生関係は予定調和的なものではない。
③共生関係は開放系のもとで成立する。
④共生は相互の自立（自律）を個性尊重する。
⑤共生は新しい関係論の愛知的基盤である。

上記の中でも、社会福祉における共生の思想という観点から考察するためには、⑤の「共生は新しい関係論の愛知的基盤である」と定める項目が重要であると指摘している。

3　社会福祉内発的発展論における愛知的基盤

前項において髙田は、社会福祉における共生の思想には「愛知的基盤」が重要であると示唆したが、これに関連して次のとおり述べている。

> 人間は自らが生きるための食料として動植物を改良し、家畜化した。しかし、これは人間が生あるものを支配しうるという驕りではなく、人間がそれによって「生かされている」という謙虚さ、倫理性をもつことが必要であろう。その愛知によって、ともに生あるものとして人と動植物という異種間の共生は可能性をもつことになるであろう（髙田 2003：198）。

上記から自然界における共生の意味と倫理を説いている。さらに髙田の愛知的基盤における共生概念の主張としては次の事項があげられる。

「人と機械の共生」は完全に人間がコントロールできるが、「人と

第 8 章　社会福祉内発的発展論における社会福祉の価値と思想　193

　自然（環境）の共生」と「人と動植物の共生」については人間中心となっているけれども人間がコントロールできない側面を内包している。このことにおいて人間は謙虚に共生の思想をもつという倫理性がなければならないのである。共生の思想というのは、人間の生命のみを特別視するのではなく、他の生命を軽んじるのではなく、むしろ他の生命によって生かされていると思うライフスタイルのことをいう。他の生命をただ食料や資源と考えているのとは、おのずと異なるライフスタイルである（髙田　1995：105）。

　髙田は上記のとおり愛知的基盤における共生概念について主張している。加えて、共生思想について、さらに次のとおり主張している。

　これら共生の思想が教えていることが人と人との共生に昇華されるならば、すなわち、「人と機械の共生」、「人と自然（環境）の共生」、「人と動植物の共生」の『共生』が教えていること、その愛知が「人と人の共生」を支えているということ、人と人との共生を考える意味での愛知的な基盤となることが理解されなければならないであろう。そしてこれが社会福祉を考える上での重要な共生概念となること、そしてここには倫理的な要件があり、社会福祉の「愛知的基盤」として不可欠であることが確認されるであろう（髙田　2003：200）。

　上記のとおり「人とモノ」「人とイキモノ」に対する愛知的基盤における共生の意義を示唆したうえで、これらの関係性を表1に整理し報告している。

表1 社会福祉の「愛知的基盤」としての共生概念

	二者関係	説明概念	禁止則	愛知的基盤
人とモノ	人―機械	テクノロジー	エントロピー	生きるために
	人―自然	エコロジー		生かされている
人とイキモノ	人―動植物	ドメスティケーション	エシックス	
	人―人	ノーマライゼーション		共に生きる

(出所)髙田眞治『社会福祉内発的発展論』ミネルヴァ書房、2003:200

4　社会福祉における価値の科学化と内発的発展論

　髙田は先の愛知的基盤における共生概念に関連して、『社会福祉内発的発展論』において、社会福祉理念としてのノーマライゼーションと同様に「共生」という用語とその説明を様々な側面で取り上げている。髙田は「共生」と内発的発展の関係性から次のとおり主張している。

　　ノーマライゼーションがもっぱら社会福祉の領域で用いられているのに対して、「共生」はより広域で、いろいろな領域で用いられている。本書では、社会福祉は人間の生活にかかわるいろいろな部面の関わりで構造的に理解することの必要性も主張している。そうであるから「共生」はそれを考える鍵概念、否マスターキーともいえるものであり、21世紀、これからの社会福祉の原理として位置付けられなければならない。そしてこの理解と受容への内発性、そしてそれを定着させていくための内発的な共同行動への方向性を探っていかなければならないであろう。共生への内発的発展、この発展を拓いていくことが課題となるであろう（髙田　2003:209-10)。

　以上のとおり、「共生」の意義を示したうえで、さらに髙田はこれら「共生」を規定する概念に「価値」の問題が関連していることを示している（髙

田 2003:209)。加えて社会福祉の価値は重要な課題を内包しているとして以下に問題提起している。

　社会福祉を展開してきたその背景にある価値観が誤っているとすれば、それが自覚されれば「価値判断を逆転させる」ことが重要であるし、社会福祉を進めるための理念や価値観が啓発される。またその価値を定着させるためには具体的な行動が不可欠である。社会福祉の価値は抽象的なお題としてのそれではなく、具体化され、実感として受け入れられることが必要であり、そのためにはそのように感じ、動かしていこうとする内発性が不可欠である（髙田 2003:209）。

　以上のとおり、髙田は社会福祉における価値と内発性の関係性について言及している。
　これに関連して、吉田久一は社会福祉における実践と価値問題の視点から「社会的実態論」と「目的価値論」の必要を説いている。まず、「社会福祉研究においては、社会科学論と目的価値観を兼ねそなえることが望ましいが、それは社会科学と人間科学を兼ねるほどの難題である」とし、「目的価値論」を支持する理由として、「社会福祉」を次のように示している。「社会科学は社会的事態としての社会福祉を構造的に説明してくれた。それは、科学的な説明概念である。しかし社会福祉はそこを土台として問題解決に出発しなくてはならない。その意味では、社会福祉は実践概念である」として、髙田の主張する内発的発展の意に類似した視点からの論考を示唆している。また、その一例として、「社会事業理論の開拓者 A. ザロモンが、その定義で『文化的理想』を目標に掲げ、またケースワークの母 M. リッチモンドが『人格の発展』を掲げている」（吉田 1995:9）。以上の吉田の主張から、社会福祉の研究視点としては、「社会的実体論」「目的価値論」「文化的理想」「人格の発展」などの鍵概

念が確認できる。
　加えて、山野則子（2007:25）は、ソーシャルワークにおける価値の考察において、平塚良子の主張を整理し次のように報告している。

　　個人の価値と機関の人間としての価値やその機関を規定している時代の流れにも影響している社会的価値が利用者と出会ったときに現実の諸価値との多様な葛藤・対立・抗争があるとしている。そのときに内在的な基本の価値として人間存在の尊重と価値への信念を表す福祉的価値を具体化していくのがソーシャルワークの価値であるとした（平塚　1999:88-102）。

　上述した論者の報告のとおり、社会福祉及びソーシャルワークは価値との関係が深く根付き、社会福祉を学問として研究する場合、社会福祉を構成する諸理論とその価値との関係性を究明することは意義があり、社会福祉研究の発展に貢献するものといえよう。加えて、価値を通して社会福祉の事象を検証することは髙田理論である「内発的発展論」をさらに伸張するうえで重要な示唆が得られると考えられる。
　これに関連して、髙田は社会福祉研究上における「価値（哲学）：個人的信条と倫理綱領」をテーマとして以下のように述べている。

　　社会福祉実践を質的に支える要件が哲学である。前近代的な『社会事業』の時代には、キリスト教や仏教などの宗教、また人道主義や博愛主義などいわゆる民間の自発的な動機がその行為の基礎にあり、これら個人的信条や属性に基づいた、いわばアート的な『実践』がなされた。しかし近代に入って社会福祉が社会的責任として制度化されると、無差別平等がうたわれ、普遍性が強調されることになった。そして実践の科学性・専門性は理論の学習と、理論に基づいた方法に一定の習熟度を求め、そして科学的実践という行為を支える

哲学を求めた。これは専門職として定着するに伴い、他の専門職と同様に『倫理綱領』を制定することになった。社会福祉実践はその社会の政治・経済や文化に規定されるから、倫理綱領も相対性をもつことになる。したがってこれについても翻訳ではなく、日本の社会状況に即した倫理綱領とその継続的な吟味が必要となるであろう（髙田 2001：17）。

さらに髙田は社会福祉の価値研究について以下のとおり追述している。

価値（哲学）についての研究は、社会福祉実践の3つの要素〈①知識（理論）、②方法（技法）、③価値（哲学）〉の中でもなお課題を残しているといえよう。価値（哲学）は、専門職の専門性を支える「こころ」(compassion)としてだけではなく、社会づくりの目標を示すことが求められる。ノーマライゼーションやメインストリーミング、共生など、社会福祉が目指す社会の鍵概念が示されているが、それに至る道は遠い。しかし実践の基盤である社会のありようについての将来展望をもつことが重要であろう（髙田 2003：39）。

髙田は上記の主張を踏まえて、わが国における社会福祉実践研究の課題と展望における「価値の科学化――もう1つの研究課題」をテーマに掲げ、図1に示すとおり次の諸点を指摘している。

社会福祉実践についての今までの研究を説明するために、横軸にアートと科学、縦軸に知識と価値をとると、次のように言えるであろう。すなわちアートと知識で示される象限〈A〉を中心にして、実践の直接の要素である方法（技法）を論じ、それを科学的、理論的に支える要件として理論と価値を含めることになった。したがって今後の課題は、科学と価値で示される象限＜B＞の検討、すな

わち『価値の科学化』である。これを中心にして、それに必要な知識やアートへと議論を展開していくことが必要ではないか。わが国では価値の問題についてはあまり立ち入らない傾向にあるが、今日の社会が政治や経済の理論によって、ある方向に動かされている状況を見るとき、これを社会福祉の観点から評価し、それに対するありようを社会福祉の価値に基づいて示す必要があるといえよう」(高田 2003:39-40)。(文中の〈A〉〈B〉については、著者加筆)

「『実践』とは広く人間的生の行動を意味するが、それは物質的環境に対する『技術的実践』と人間的環境に関する『倫理的実践』が含まれ

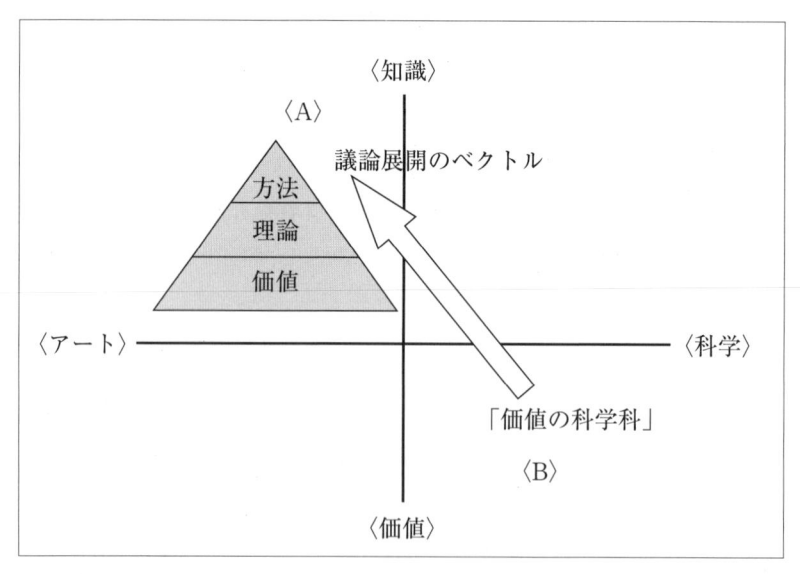

(資料)高田眞治「社会福祉政策と社会福祉実践 ―― 20世紀社会福祉の総括」『社会福祉内発的発展論』ミネルヴァ書房、2003:39-40。を参考にして著者作成(引用文中〈A〉、〈B〉著者加筆)。
(出所)滝口 真「ソーシャルワークの価値体系についての考察――価値の科学化を中心として」日本看護福祉学会誌11 (2) 日本看護福祉学会、2006:133。

図1 アートと科学及び知識と価値の関係性

第8章　社会福祉内発的発展論における社会福祉の価値と思想　　199

る。実践主体者の『態度』はその主要課題とする対人的活動の本質上、両者を不可分的に統合的課題として取り上げることを求めている」(嶋田 1999：11)。髙田は上記の嶋田の主張を支持した上で次のとおり「人間が生きるにふさわしい環境づくり、次代の人たちにリスクを転嫁しない持続社会の形成、そしてそのような価値を具体化するための科学化が課題となろう」(髙田2001：18) と述べている。このことをとおして髙田は社会福祉研究における「価値の科学化」の必要性を示唆している。さらに前著『社会福祉混成構造論』においては、政治・経済の動きは停滞することがなく、それを社会福祉の観点から構造的にとらえて評価し、その構造を望ましい状態へと内発的に発展させていく展望を示すことが課題であると問題提起している（髙田 1993：239-44)。さらにわが国の社会福祉実践について構造的に考察する場合にも国際的な視野をもつ必要性から次のとおり内発的発展と国際性について述べている。

　　従来より社会福祉はいわゆる先進諸国といわれる国々を参考にしてきたし、また今日ではアジアやアフリカの諸国の事情に学ぶ必要性も強調されてきている。しかしこれらの国々の諸事情について、構造的認識に基づく咀嚼がなされないと、「国際比較」といっても単なる海外事情の紹介に終わるであろう。見聞記ではなく、それがわが国の社会福祉実践に有効に用いられるためには、諸外国の社会福祉についての研究方法とその実践への応用方法についての見当が必要である（髙田 2003：41)。

　髙田は以上の認識に立っている。髙田自身も召天の1年前、アジアにおける現地での研究調査を熱望しており、その具体的計画の段階でもあった。この髙田理論とその実践からも社会福祉学研究における内発性と国際性の重要性が示唆される。

5 ソーシャルワークにおけるスピリチュアリティと内発的発展論

　髙田は文化における内発性と「ささえあい」の視点から次のとおり示している。

　　文化について、社会のありようについて共生概念を用いて説明することは従来からなされてきた。ことに社会福祉においては、生活に根ざした福祉文化を形成する必要がいわれ、見えるものではなく見えないものに目を向けることの重要性がいわれてきた（髙田　2003：168）。

　これに関連して、従来からソーシャルワークにおいては、福祉サービス利用者への生活支援を中心とした身体的、精神的、社会的支援の重要性が指摘されている。特に近年では、家族、知人、隣人、友人、宗教、文化など目に見えない又は数字として示すことのできない精神面への深い思いを、援助者が擁護する必要性が指摘されてきている。
　さて、窪寺俊之は昨今におけるスピリチュアリティの理解について次のとおり報告している。「数年前から、『癒し』、『癒し系』などという言葉が出版界やジャーナリストの世界で盛んに話題になり、それに呼応して、『スピリチュアリティ』という言葉が飛び出して、一種の社会現象のように『医療』『教育』『福祉』などで使われた」と述べ、競争社会の中で明確なビジョンを見つけることができず、黙々と働かされる現代人の痛みを反映していると指摘している（窪寺　2004：3）。さらに、鈴木大拙の「日本的霊性」を示し、「日本人の宗教心の根源には浄土真宗と禅の流れがある」との大拙の報告を取り上げ、大拙の主張する「宗教」と言ったものは、現代において、横文字で「スピリチュアリティ」と言われるものであって、日本人の「こころ」を示しており、かつ日本人の「生」

を支える根底を指していると示唆している。窪寺は、「『スピリチャリティ』や『宗教』が問い続けているものは、究極の所『人間とは何か』『人間を人間にするものは何か』という問いである」（窪寺 2004：3）と指摘している。

窪寺はこれらスピリチュアリティをわが国で訳す場合、適切な表記が無く、「魂」「霊性」などの訳を散見するが、特にソーシャルワークにおいては、利用者の心に対して尊厳ある共感的援助が求められる。この混沌とした社会福祉を取り巻く状況のなか、社会福祉における人間観とスピリチュアリティを問うことは、社会福祉における思想や倫理を再考する上でも重要といえよう。

この宗教とスピリチュアリティの関係性について、ソーシャルワーカーによる人間（対象者）理解において木原活信は、「一般に人間は、身体性、精神性、社会性の三つの面から理解されてきた」として、WHOの健康の定義を参考に示している。さらに、その中でも「最近、『スピリチュアリティ「霊（性）」』の概念の新たな導入について論争となっている」との指摘をとおして、ソーシャルワーカーが利用者をとらえる視点を図2のとおり示している（木原 2003：17）。

木原はイギリスのシシリー・ソンダーズ（Cicely Saunders）の影響を受け、日本で臨床展開した柏木哲夫らのターミナルケアの概念を紹介し、患者が経験する痛みを身体、精神、社会という三つの側面に「霊的痛み」を加えて、「四つの痛み」のトータルペインとして問題提起をして以来、死生臨床領域ではスピリチュアリティの概念は、ある程度定着をみた概念である（ソンダーズ，1984＝1981年）と報告している（木原 2003：17）。

加えて、日野原重明はアメリカのA大学では「信仰の祈りが病人の血液中の免疫力を高め、人間のもつ治癒力を強化する」という村上和雄の報告を紹介している（日野原 2003）。

同様に、岡本宣雄もスピリチュアリティについて次のとおり述べてい

202　第2部　社会福祉原論とは

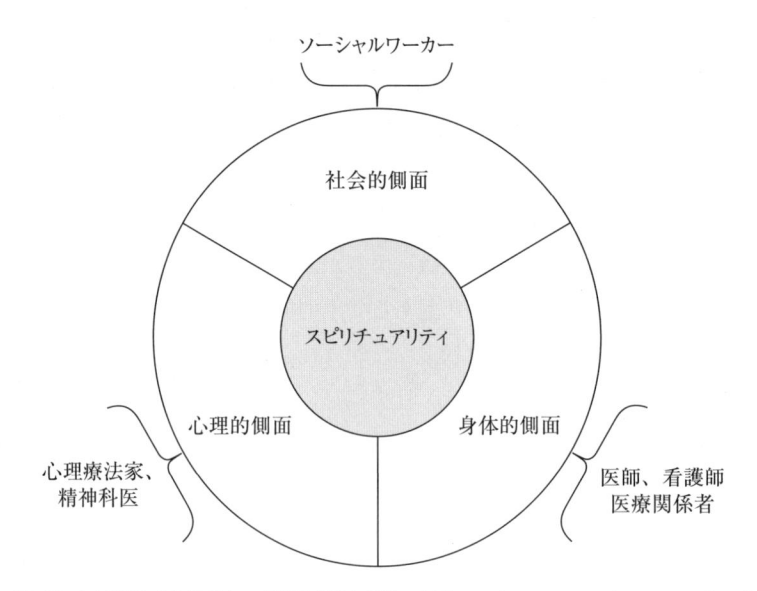

```
                ソーシャルワーカー
                     ⌒
              ┌─────────────┐
              │   社会的側面    │
              │               │
              │  ┌───────┐   │
              │  │スピリチュ│   │
              │  │アリティ │   │
              │  └───────┘   │
              │ 心理的側面│身体的側面│
              └─────────────┘
           ⌒              ⌒
      心理療法家、        医師、看護師
      精神科医           医療関係者
```

（出所）木原活信「人間存在の視座」『対人援助の福祉エートス──ソーシャルワークの原理とスピリチュアリティ』ミネルヴァ書房、2003：20。

図2　専門職のクライアントを見る視点

　る。「人が生活上の課題に直面した時に、その困難な中においても生が肯定され、安らぎや希望が与えられるために、自己を超越したものへ結びつけ、また、存在の意味や生きる目的を見出させる活力である」と定義している。さらにスピリチュアリティは「人が生きる上での諸条件（身体的、精神的疾病、社会的不利益など）を受容し、乗り越えていく力となる」（岡本　2003：37）。

　上記の論者らの報告から、生活（人生）において宗教によってもたらされるスピリチュアリティの必要性と生命への影響が確認できる。さらに関連して髙田は次のとおり「内発的発展」の視点から報告している。

　　社会福祉に影響を与える背景を構造的に説明することが可能であっ

たとしても、一体どのような要因が働けばその混成構造が国民にとって、利用者にとってふさわしく望ましい方向に構造化されるのかという点に問題を提起している。本主張から社会福祉は政治・経済・文化によって影響を受けるが、それらを内部から変革する内発的発展を開始し、それによって社会福祉を改善していくという視点である。すなわち、望ましく求められる方向に内側から動かしていくような力が起こり、動いていくことが不可欠であるという論点から髙田は「内発的発展」と定義している（髙田 2003：1-2）。

　髙田は社会福祉を構成する政治・経済・文化の影響とそれらを内部から変革する内発的発展について冒頭のとおり10項目にも及ぶテーマから多様な論考を試みている。これらの構成要素を支えるのは生活者である人間の営みが中心であり、人間のもつスピリチュアリティやエンパワメントなど、精神面からの内発的伸展の必要性が指摘されている。すなわち髙田は人々の社会福祉についての認識とそれに基づく内発的な行動が不可欠であるとしている（髙田 2005：82）。その意味では、人と環境との相互作用によって営まれるソーシャルワーク実践においては、社会環境と生活者双方の「内発的発展」から社会福祉問題への解決にあたる視点が重要であり、そのことは内発的発展の始動を意味する。

　さて、髙田は「愛知的な人間」と「科学」の関係から、本来あるべき「科学者」に対して、村上陽一郎の主張を次のとおり支持している。

　①伝統的な大学においては、基本的に哲学という『愛知』の世界を経て、その上で、神学、医学、法学を修めるという形態が採られていた。これらの学者は、包括的な、しかも基本的にはキリスト教信仰における世界観の具現者として存在していた。②聖職者、医師、法曹家という社会的職業は単に自分の知恵や『わざ』を売ることで報酬を得る、というようには考えられてこなかった。それは神から

与えられた『天職』であり、これは苦しんでいる人々に手を差し伸べることを目的としていた」(村上 1994:26-7)。

このことを通して、髙田は「科学」は「愛知」に立ち返らなければならないと説いている(髙田 2003:153)。村上と髙田の主張からも「哲学」「愛知」「共生」「科学」の基本的な根源には宗教である「キリスト教」の存在が示唆される。髙田は本稿に示すとおり、社会福祉の科学化の必要性において「内発的発展論」の視点から「共生」「愛知」を鍵概念として自らの持論を展開している。この意味からも政治・経済・文化の影響を受ける社会福祉において「人間」存在のあり方を探求する哲学、宗教、キリスト教並びにスピリチュアリティの視点から再検討し論考する必要があろう。このことは髙田の示す「社会福祉内発的発展論」をさらに伸展させる新たな要点となり、これからの社会福祉学における価値と思想を考究するうえにおいても重要な課題の一つといえよう。

付 記

本研究は、文部科学省・日本学術振興会平成18・19年度科学研究費補助金(基盤研究(C))(課題番号:18530472)並びに2005年度関西学院大学21世紀COE(Center of Excellence)プログラム個人研究助成を受けて行ったものであり謝意を表する。

【参考文献】

日野原重明(2003)「ルルドにて──癒しの奇跡を考えて」91歳・私の証あるがまま行く。be on Saturday 朝日新聞朝刊、9月27日。

平塚良子(1999)「ソーシャルワークの価値の科学化」嶋田啓一郎監修『社会福祉の思想と人間観』ミネルヴァ書房、88-102。

古川孝順（2001）「社会福祉研究の曲がり角」『社会福祉研究』82、財団法人鉄道弘済会社会福祉部、83-4。
木原活信（2003）「人間存在の視座」『対人援助の福祉エートス——ソーシャルワークの原理とスピリチュアリティ』ミネルヴァ書房。
窪寺俊之（2004）谷山洋三・伊藤高章・窪寺俊之編『スピリチュアルケアを語る——ホスピス、ビハーラの臨床から』関西学院大学出版会、3。
村上陽一郎（1994）『文明のなかの科学』青土社。
西川　潤（2000）『人間のための経済学——開発と貧困を考える』岩波書店。
岡本宣雄（2003）「高齢者のスピリチュアルな課題に関する研究——高齢者へのアンケート調査から」キリスト教社会福祉学研究35、日本キリスト教社会福祉学会、37。
嶋田啓一郎（1999）「福祉倫理の本質課題」嶋田啓一郎監修、秋山智久・髙田眞治編『社会福祉の思想と人間観』ミネルヴァ書房、11。
髙田眞治（1993）『社会福祉混成構造論——社会福祉改革の視座と内発的発展』海声社。
─── （1995）「社会福祉の内発的発展論の課題と展望　社会福祉思想：二元論から関係論へ」『関西学院大学社会学部紀要』72、105。
─── （2001）「社会福祉実践研究の到達水準と展望——福祉政策の外圧と実践要素具象化の内発性」特集 社会福祉研究・実践の到達水準と21世紀の展望 総論／理論研究、『社会福祉研究』80、財団法人鉄道弘済会社会福祉部、17。
─── （2003）『社会福祉研究選書①　社会福祉内発的発展論——これからの社会福祉原論』ミネルヴァ書房。
─── （2005）「書評りぷらい　社会福祉内発的発展論：これからの社会福祉原論」『社会福祉学』日本社会福祉学会、45（3）、82-3。
滝口　真（2003）「社会福祉学における研究とは何か」久田則夫編著『社会福祉の研究入門』中央法規出版、3-4。
滝口　真（2006）「ソーシャルワークの価値体系についての考察——価値の科学化を中心として」日本看護福祉学会誌11（2）日本看護福祉学会、133。
鶴見和子・武者小路公秀（2004）『複数の東洋　複数の西洋』藤原書店。
山野則子（2007）「『児童虐待防止ネットワーク』のマネージメントへの影響要因——『針のむしと状態』と3つのコンテクスト」『社会福祉学』日本社会福祉学会、48（2）、25。
吉田久一（1995）『日本社会福祉理論史』勁草書房。

第 9 章

社会福祉内発的発展論からみえる社会福祉理論の新たな展開

社会福祉における自己組織性への一考察

はじめに

　"社会福祉とは何なのか"。「社会福祉を学びたい」「社会福祉に携わりたい」など、社会福祉の道を進もうとしている人、あるいは社会福祉に関心がある人なら誰でも一度は考えたことがあるのではなかろうか。筆者は、学部二回生だったとき、ちょうどそのように考えたことがあるのを記憶している。当時、障害者の在宅介護に関わっていたこともあり、単純に高齢者や障害者などを援助し、支援するものが社会福祉だろうと考えていた。そういった時に最も興味をそそられた講義が、髙田眞治の"社会福祉学原論"であった。講義を受けているうちに、社会福祉そのものについて考えさせられ、ゼミに入り考え、大学院でも考え、そして今でも考えさせられている。どの学問領域でも共通するのかもしれないが、"理論研究イコール堅苦しく難しい、なんとなく地味で漠然とした研究"などというイメージが、特に実践を志向する社会福祉ではみられる傾向があるのではなかろうか。あるいは、理論研究がどういうことを指すのかよくわからないという人もいるであろうし、そのイメージは様々である。しかし、理論研究は決して漠然としたものではなく、わかりにくいものでもないし、むしろ筆者は明快、緻密であり、何にも増して創造的行為であると思っている。社会福祉原論を学ぶこと、また、理

論を学ぶことは、あらゆる社会福祉の政策、実践につながる基礎であり、社会福祉の歴史と現状の理解に基づいて、これからの社会福祉の方向性を示唆するものとなるであろう。さらに、社会福祉理論を研究することは、社会福祉を一定の枠組みで説明し、進むべき途を導き出す創造的活動ともなるであろう。すなわち、筆者は、社会福祉理論とは、社会福祉というものを説明し、そのあるべき姿、そしてそのための原理を論証するものであると考えている。本稿は、この原論・理論の立場から議論を進めていくものである。

　では、そういった社会福祉理論はどういった意義をもつのであろうか。その答えは、いくつかの研究が明らかにしているように、観察と理論の関係に集約されよう。すなわち、Kuhn（= 1971）や Popper（= 1974）などが主張しているように、どのような観察もそれを説明することができる言葉が必要であり、その言葉はなんらかの理論に基づくものであるということである。どのような概念枠を採用するかによって、我々の社会福祉に対する捉え方、そして将来に対する展望（例えば地域福祉、自立支援など）は異なったものとなる。本稿は、その概念枠の一つとして、"内発的発展"を前提としている。それは、社会福祉内発的発展論としての髙田理論を継承するということでもある。この髙田理論からさらなる理論的展開を図っていくために、まず1節では、髙田理論の基礎的特徴を、2節ではその思想としての共生を、3節では関係論としての自己組織性に着目し、筆者の解釈も含め、その両者の結びつきを考察していきたい。髙田によりこの両者の結びつきが指摘されている（髙田 2003: 155-156）とおりだが、両者はこれからの社会福祉を考えていく上で重要なものである。しかし、一方で社会福祉における自己組織性の議論は不十分であり、特になぜ"内発的発展"を特徴とする髙田理論と自己組織性が結びつくのかという点に関しては、ほとんど明らかにされていない。以下での考察は、この点に対しいくばくかの貢献ができると考えている。また、髙田理論と自己組織性のつながりを示すことは、閉塞的状

第9章　社会福祉内発的発展論からみえる社会福祉理論の新たな展開　209

況にある社会福祉理論の新たな展望を拓く[注1]と筆者は考えている。この点を明らかにすることを目的に、4節、5節において考察を試みていきたいと思う。

1　髙田理論の要点："内発的発展"と社会福祉混成構造

　本稿では、社会福祉原論・理論の立場から、"内発的発展"をキーワードに、特にその思想と関係論に注目することによって、社会福祉理論の新たな展開を図ることを目指している。そのためには、"内発的発展"を理論の中核に置く髙田理論の概要・要点を明らかにすることは必須事項といえる。そこでまず1節では、髙田理論の基礎部分に着目し、社会福祉にとって"内発的発展"がどのような意味を有しているかを中心に論じていきたいと思う。

　髙田理論、すなわち「社会福祉内発的発展論」は、その前身ともいうべき「社会福祉混成構造論」を基盤とし、発展させたものである。この混成構造の理解なしには、髙田理論は理解できない。"混成（ハイブリッド）"とは、異なった要素の特に望ましい性質を組み合わせることによって、新たに優れた固有の性質や機能を生み出すということであり、後に明らかにするが、髙田理論では、化学における混成軌道の理論を援用しているところに大きな特徴をみることができる（髙田　1993）。髙田理論の基礎は、社会構造を政治（Politics）・経済（Economics）・文化（Culture）というPEC構造と捉え、それを社会福祉（地域福祉）の質や量を規定する要件とする点である。

　これは、社会福祉とはどういったものかという一つの解答でもある。例えば、社会福祉は経済制度から派生するものであるといった考え方なども存在するが、ここでは単一の要因にその成立要件をみるのではなく、社会を構成する諸々の要素の力動的関係によって生じる社会制度として

社会福祉を捉えるのである。ただ、忘れてならないことは、現在、社会福祉はあくまでもそのPEC構造によって規定されている二次的な社会制度に過ぎず、PECと相互に影響を与えるものとして確立されていない状態にあるという点である。こういった状態は、真に国民の生活という立場から社会福祉が成立しておらず、政治・経済的観点から受動的に社会福祉が構築されているということを意味している。社会福祉は国民の生活という立場に立ち、その生活を量的のみならず、質的にも充実させていくための能動的な社会制度とならなくてはならない。

　髙田理論では、その混成構造論の中で、政治・経済・文化を社会福祉の立場から検討し、表1のように2つの組の「現状」と「もうひとつの状態」という対抗軸を示している。この「もうひとつの状態」とは、社会福祉を進めていく上での望ましい要件であり、地域福祉・自立支援の目指す方向性でもある。この状態をどのように達成するかが問題となり、そのために、社会福祉の側からPEC構造に働きかけ、社会福祉に望ましい構造へと変革していく必要性が生じてくるのである。これによってはじめて国民の立場に立った社会福祉を展開することが可能となると考える。また、その変革は、政治・経済などによる外部からの力による変革ではなく、社会福祉の内部からの変革でなければならない。そうでなければ、社会福祉の望ましい状態が成立することはない。「変動」として客体的に社会構造の成長・発展を考えるのではなく、「変革」として

表1　社会福祉を構成する新しい軸

	新しい軸：「現状」⇔「もうひとつの状態」	
	a	b
政治 (P)	委任集権型⇔参加分権型	高等政治型⇔ライブリー・ポリティクス型
経済 (E)	競争生産型⇔協同消費型	経済成長型⇔生態循環型
文化 (C)	対立依存型⇔共生自立型	福祉国家型⇔市民社会型

（出所）髙田眞治『社会福祉混成構造論——社会福祉改革の視座と内発的発展』海声社、1993：301。

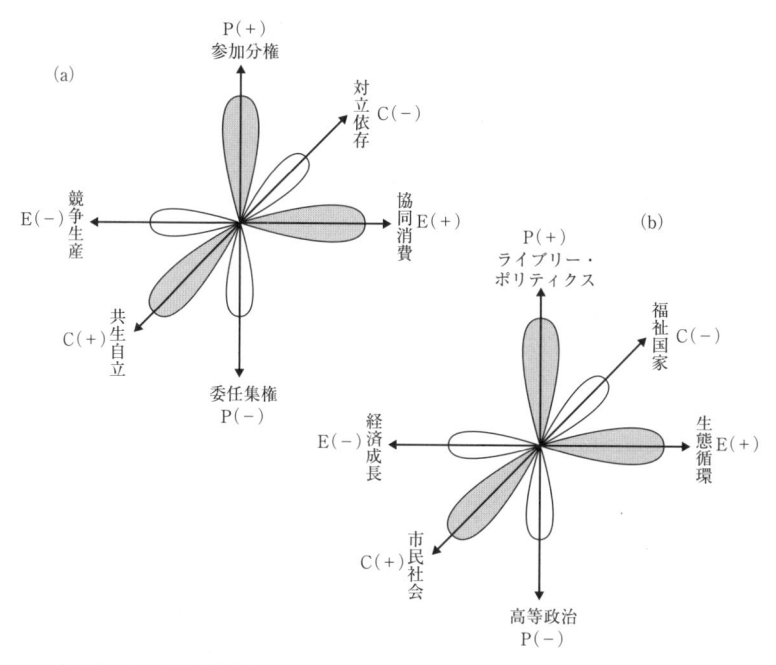

第9章　社会福祉内発的発展論からみえる社会福祉理論の新たな展開　211

(出所)　髙田眞治『社会福祉混成構造論——社会福祉改革の視座と内発的発展』海声社、1993：303。

図1　新しい社会福祉の軸（PEC 構造）

主体的にその働きかけを行うことは社会福祉の使命でもある。すなわち社会福祉は、自らを望ましい状態へと変革していくために"内発的発展"を開発し、PEC 構造を内部から変革していくということを目指さなければならないのである。これこそが髙田理論の最も重要な主張の一つであると考えられる。

　上記で示した「もうひとつの状態」は、PEC 構造の三次元モデルでも示される。図1では、これからの社会福祉に期待されるものが＋（プラス）で表されており、PEC（＋＋＋）へと変革していくための因子が"内発的発展"である。この PEC 構造と"内発的発展"（Endogenous development）とが合わさったものが、EdPEC混成、言いかえれば社会福祉混成構造であり、髙田理論の核となっている構造である。ここにおいて化学の混成軌道に関する理論が援用され、社会福祉に関する"内発的発展"の意義がより鮮明となる。すなわち、その混成軌道の理論に従えば、Edという＋（プラス）の要素がPEC構造と混じり合うことによって、そのそれぞれの＋（プラス）の側面が大きくなり、極めて安定した社会福祉混成構造（化学では、結合の方向性を強化された軌道が生じることを言う）が形成されるのである（図2）。つまり、"内発的発展"

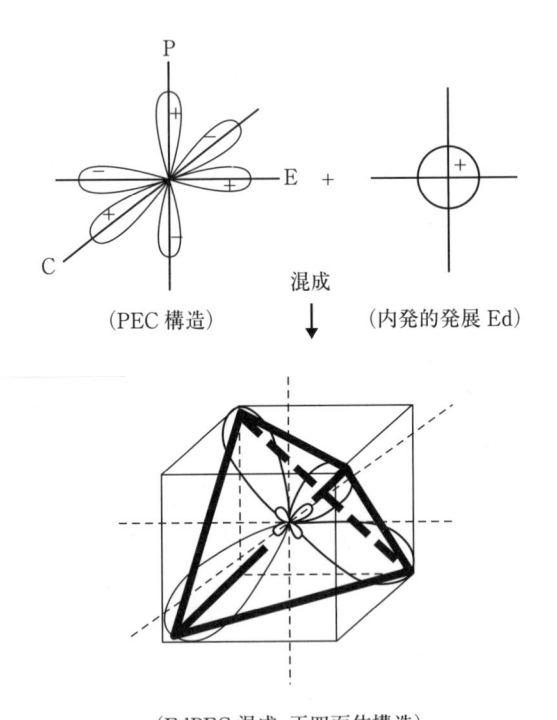

（PEC構造）　混成↓　（内発的発展 Ed）

（EdPEC混成、正四面体構造）

(出所) 髙田眞治『社会福祉混成構造論―社会福祉改革の視座と内発的発展』海声社、1993：314。

図2　新しい社会福祉混成構造 (EdPEC 混成)

第9章　社会福祉内発的発展論からみえる社会福祉理論の新たな展開　213

との混成により強化、安定化された混成構造が社会福祉を変革し、その変革された社会福祉がさらに"内発的発展"を開発していくことで、結果的に螺旋的循環的な発達へとつながっていくのである。

　この"内発的発展"[注2]とは、西欧を中心とした近代化の反省から、経済成長を中心とした考え方を、人間そのものの成長、人権の確立を目指すことを中心とした考え方へと転換させるものであり、そのために構造の自律的な発展、固有性・差異の尊重、共生の社会づくり、協同などを条件とするものである。それは、図2からも明らかなように、社会福祉を肯定的に変革する要因となるものなのである（髙田　1993：305-313）。

　"内発的発展"の一つの特徴は、近代化のように社会の発展の道筋をたった一つに決定するのではなく、それぞれの社会にあった複数の道筋があることを認め、その違いを尊重し合っていく多系的発展を主張している点にある。つまり、"内発的発展"は価値多元主義であり、様々な価値が互いに影響し合い、共時的に存在する社会への過程を示している。"内発的発展"が目指す方向性は、同質性の達成を実現するというよりも、むしろ、いかに互いの差異性を活かしあえるかという点を重視することにある。それは、相利共生[注3]を意味しており、内発的発展が差異を尊重する共生の思想を基盤としていることを表すものである。一方で、上からの（人間による）制御、支配が近代化の特徴でもあり、そこでは啓蒙思想[注4]が重要な役割を果たしている。すなわち、"内発的発展"を重視することは、啓蒙思想に対して見直しを迫ることにもなると考えられるのである。

　髙田（2003）によれば、現状の社会福祉において"内発的発展"の萌芽がみられるという。これを促進するための原理が、5つの原理、つまり思想（関係論）、方法（計画）、価値（共生）、創発（公共性）、実理（オイコス）である。それはどれも大きな課題であり、本稿でその全てを検討することはできないが、ここでは特に価値でもあり、思想ともなる共生と、関係論としての自己組織性を取り上げる。"内発的発展"をキーワー

ドに社会福祉の理論を考察していくにあたり、この思想と関係論から取り組むことが、最も基礎的な部分となると推察するものである。なぜならば、特に啓蒙思想や共生思想といったものは「科学」そのものと深く結びついており、それはまた「科学」としての社会福祉そのものにも関連するからである。そこで次節では、"内発的発展"を促進するとされる価値でもあり、思想でもある共生に焦点を当て議論を展開していきたいと思う。

2 思想としての共生："科学"の見直しと「ゆらぎ」への転換

　1節で指摘したように、"内発的発展"は、近代化の基盤である啓蒙思想に対して見直しを迫り、共生思想としての社会を志向するものである。このことは、社会福祉における「科学」そのものに大きな影響を与える。なぜならば、社会（そこに存在する思想）と「科学」は密接な関係にあり、「科学」は独立的に存在するのではなく、常に社会からの影響を受け形成されてきたものだからである。「科学」は思想、価値などと無関係には存在しえない（村上 2002）。この前提に基づき共生思想を検討する場合、社会福祉学としての『科学』が見えてくる。共生思想は、従来の"科学"に対して、その視点の大きな転換を要求しており、共生思想がもたらす新たな『科学』を明らかにすることが、社会福祉の関係論としての自己組織性を導くこととなるに違いない。そのキーワードとなるのが、制御・支配的発想から差異の尊重、「ゆらぎ」の発想である。特に2節ではこの点に着目し、啓蒙思想との対比から共生思想としての『科学』の特徴を導き、その『科学』がもたらす社会福祉の新しい関係論（自己組織性）の出現を明らかにしたいと考えている。

　科学とは、その当初、つまり17世紀ごろまでは、そもそも何らかの技術を志向したものではなく、純粋に神（特にキリスト教）に対する賛

美として成立しているものであった（村上 1976）。科学的営みとは、神の権威や計画を明らかにするものでしかなかった。しかし、そういった考え方に変化が生じたのが17世紀後半から18世紀にかけての啓蒙思想の起こりによってである。啓蒙思想とはヨーロッパを中心に展開された一つの思想運動であるが、この啓蒙思想の大きな特徴は、人間の理性を重視し、神の前に消極的存在であった人間に積極的意義を与えたことにあった。その啓蒙思想が、科学を神の目的とは関係なく、人類の進歩のために使い始め、現在の世俗的な意味をもつ"科学"が成立したのである。

　この啓蒙思想を理解するためには、映画の世界を思い浮かべればよいと思う。よくある内容であるが、例えば未知なる生物が地球を侵略するために攻めてきた。それに対して人類は最初歯がたたず、滅亡寸前にまで追い込まれるが、やがてその未知なる生物に対する対抗策を考え出し、人類はその危機を乗り越え地球は救われる、というものや、何らかの事件がきっかけで絶望のふちに追い込まれた主人公が、様々な人との交流を経てやがて生きる意味を見出していくといったものを、誰でも一度は観たことがあるであろう。こういった人間は様々な問題を乗り越えることができる存在であり、その潜在的な力を認めるという発想が実は啓蒙思想の大きな特徴である。啓蒙思想が浸透した社会（いわゆる近代化）の中で構築されてきた社会福祉も、この発想を根幹にもっていると考えることができる。特に近年実践の中で注目されているストレングスやレジリエンスの発想は、この点とも関連があるといえるであろう[注5]。

　その人間の理性や価値を絶対視する啓蒙思想は、これまで科学に存在していた神秘的傾向を取り除き、"科学"としての方法を樹立したのである（森岡 2003）。特にデカルトの「分解－構成的」手法である機械論と強く結びつき、現在に至るまで、"科学"を発展させる原動力となっている。日本も含めた先進国は、人間の五感によって捉える現象を斥け、没価値的な世界観をよしとする"科学"を用い、発展してきた。"科学"を志向することで、我々の生活は物質的に格段に豊かになった。また、

結果的には現代の民主主義へと繋がる世界観を拓き、人間個々の普遍的な自由、平等、尊厳、権利などの意義を高めたことは高く評価されるべきであろう。しかしながら、西欧社会が作り出したこの"科学"は、人間が自然を自らの欲望のままに制御し、破壊するに及び、現在では地球規模での環境問題を引き起こすに至った。さらに、経済的な差が著しく広がり、わずかな国々が多くの資源、技術を独占している状態を作り出しているのも事実である。そういった状態でありながら、いわゆる後進地域と呼ばれるところでは、いまだに西欧化を行なうことが近代化であり、望ましいとする風潮があるのである。

　本稿の大きなキーワードである"内発的発展"は、この点の見直しと非常に関連が深い。"内発的発展"の原型はアジアである（鶴見 1996）と言われるように、それは後進地域としての開発途上国が、いわゆる西欧からの"科学"を無条件に取り入れ、外発的な発展を試みるのではなく、その地域に根ざした独自の発展の道を模索することを目指している。その思想的基盤となるのが共生思想なのである。すなわち、その共生思想は、どれだけ西欧に近づけたかという差異の縮減のみでなく、むしろいかにその独自の道を模索できるかという差異の尊重を強調するものである。そして、その差異を尊重することによって、多元的、共時的な秩序の成立を思想的に可能とするものなのである。しかし、その共生とは、単に調和を志向した穏やかなものではない。そこでは常に競争、葛藤、対立など、矛盾に満ちた「ゆらぎ」の世界からの共時的な秩序の創出を前提としているのである。

　社会福祉における"内発的発展"は、上述した共生思想からもわかるように、単に個々の差異を穏やかに認めることではなく、そこには多くの対立、矛盾、すなわち「ゆらぎ」があり、そこからの共時的な秩序の創出を認めるものである。これを援助・支援することが社会福祉の重要な役割ともいえよう。"科学"的であることを求められる社会福祉であるが、このような共生思想は、必然的に啓蒙思想によって構築されてき

表2 「科学」の思想的変遷と特徴

①啓蒙思想以前の科学	②近代の"科学"	③共生思想としての『科学』
神の絶対性	人間の理性	多様性の受容、人間中心主義の見直し
価値論的・神学論的	合理論的・経験論的	"科学"と価値の力動的関係
目的論的	機械論的	システム論的・生態学的
終末、破滅的発想	進歩、西欧化的発展の発想	内発的発展(多系的発展)の発想
封建制	民主制(同質性)	民主性(差異の尊重)

たその"科学"に変更を迫るものとなり、二元論から関係論への転換はその大きな流れの中の一つである。従来の"科学"は、特に機械論と結びつくことにより、因果的で継時的な秩序を明らかにすることを重視していた。それに対し、共生思想が導くところは、対立や矛盾からの共時的な秩序の創出であり、システム理論や生態学がその取り組みとして注目されるのである（村上 1980）。人間は絶対的に変化しない存在ではなく、人間もその環境も共時的に変化していき、新たな秩序を創出していく存在として把握することが重要なのである。その一つの道標が共生なのである。表2は、これからの社会福祉の科学的特徴を出来る限り明確にするために、その思想的背景を含め、まとめたものである。ただ、共生思想に基づくと考えられる『科学』は、啓蒙思想が作り出した"科学"を否定するものではなく、その反省点を強調するものであり、むしろ両者は緊密に結びついていると考えなければならない。表2はあくまでもそれぞれの思想による特徴を強調したものに過ぎず、相互に入り組んだ関係になっている点は注意してもらいたい。

以上のように、"内発的発展"の基盤である共生思想は、啓蒙思想の反省のもと、それぞれの差異を積極的に評価していく方向性をもたらすものといえる。これは、統一的な観点からの「制御」、わかりやすく言えば平均化を目指す視点から、その平均からのズレとして存在する「ゆらぎ」への着目でもある。大橋は、現在の社会福祉学は従来の"科学"

を引きずっており、そこからの脱却を目指さなければならないと同時に、21世紀は「ゆらぎ」を重視し、それを前提とした社会福祉の理論化・体系化が図られる必要性を指摘している（大橋 2006）。それは、ここで明らかにしてきた共生思想に基づく『科学』から、社会福祉を構想していくことの必要性に他ならない。"内発的発展"を前提とする社会福祉にとって、差異の尊重、「ゆらぎ」を重視する関係論が自己組織性である。自己組織性とは、システム理論のなかの一つの原理であるが、「ゆらぎ」に焦点を当てた、秩序の基本的な発生源とも考えられているものである（Kauffman, =1999; =2002）。自己組織性と関連するポストモダンのような動きは、人間の「生」に調和した新たな思想の模索でもあり、啓蒙思想が導き出した"科学"に対する見直しを迫るものでもあった（今田 2005）。そういった自己組織性のポイントは、「ゆらぎ」の存在とともに、「ゆらぎ」の自己言及にある。すなわち、自己の変化に自己のメカニズム（仕組み）が関わるところに特徴があり、「ゆらぎ」の自己触媒によって構造の変革が説明されるのである（今田 2005）。

　共生思想がもたらす差異と「ゆらぎ」の発想が、自己組織性の基盤となることは髙田理論の中でも指摘されていたことである。本節では、啓蒙思想による"科学"と共生思想による『科学』という筆者なりの観点を絡め、「ゆらぎ」を重視する共生思想に基づく『科学』が、啓蒙思想を根源とする従来の社会福祉における"科学"について見直しを迫るという点を含めて考察してきた。そのことは、「科学」としての社会福祉という立場から、内発的発展の基盤となっている「ゆらぎ」尊重型の思想である共生と、内発的発展を前提とする社会福祉において同じく「ゆらぎ」尊重型の関係論である自己組織性との関係を見つめ、両者の結びつきを鮮明にすることにつながるものである。次節では、この点を踏まえ、社会福祉における"内発的発展"と自己組織性の結びつきを、髙田理論の特徴でもあるシステム理論やエントロピーの観点から明らかにしていきたいと考えている。

3 社会福祉の新たな関係論としての自己組織性：
システム、エントロピーの視点から

　繰り返し述べているように、本稿では、髙田理論の中の思想としての共生、関係論としての自己組織性に焦点を絞り、そのつながりを明らかにすることによって、社会福祉理論の新たな展開を図ることを目的としている。1節と2節において、髙田理論の概要を明らかにし、その思想的基盤となる共生思想について考察を試みてきた。そこでは、差異と「ゆらぎ」に焦点を当てた新たな『科学』の存在が示され、関係論としての自己組織性の存在が明らかになったのである。"内発的発展"を前提とする社会福祉では、差異を尊重し、「ゆらぎ」を重視する点から、その関係論として自己組織性が重要となる。しかし、"はじめに"でも述べたように、これまで社会福祉に"内発的発展"を組み込んだ髙田理論と自己組織性の結びつきはあまり議論されていない。よって3節では、システム理論やエントロピーの観点から自己組織性との結びつきを考察することによって、社会福祉理論の新たな展開の布石としたいと思う。

　髙田理論では、エントロピー[注7]という概念によってその理論体系を説明しているが、なかでもエントロピーの増大とシステム理論の用語でもある開放定常系を対応させながら、そのシステムを社会福祉として重要な要件に位置づけ、議論しているところに大きな特徴が認められる。エントロピーとは、熱化学的（熱力学的）言葉であるが（野本・田中 2005、Chang, =2006）、ここではシステムの変化に伴って生じる汚れといったシステムには不要のものとしておこう。髙田理論では、孤立したシステムでは常にエントロピーは増加していき、やがてそのシステムは停止した平衡状態にいたることを示す、熱力学における第二法則、いわゆる"エントロピー増大の法則"なるものを用いている。現実の社会システムでは、それが平衡状態に至ることがないよう、外部と相互作用することによって増大するエントロピーに対処していくことが必要であり、システ

ムの安定した状態（＝定常状態）をいかに維持していくかが問われるが、その答えがシステムの開放系であったのである(庭本　1994)。すなわち、これが開放定常系とよばれるものであり、システムは常に開放的で、外部（環境）と相互作用することによって増大したエントロピーを放出し、システムの安定性を維持していくというものである。

　システムについては、Bertalanffy（＝1973）によって構築され、ソーシャルワークにおける方法論統合のきっかけともなった一般システム理論が有名である。Jantsch（＝1986）によれば、この一般システム理論は、負のフィードバックによるシステムの秩序維持の定式化に関するものであり、例えば、パーソンズが実際に定式化した理論も、社会システムの維持・安定や均衡などに関わるものである。しかし、1節でも明らかにしたように、髙田理論の一つの特徴は、社会福祉をPEC構造の所産として外在的に形成、規定化（安定化）されたシステムとして捉えるのではなく、社会福祉が内発的発展を開発していくことによりそのシステム自体の構造に変革をもたらすことの必要性を説いていることである。つまり、この自己言及的といえるシステムの作用から、共生思想による『科学』で示された、差異の尊重や「ゆらぎ」の増幅に基づいた構造の変革や新たな秩序の創出を目指すところにその特色がある。ここで、システムなるものを髙田理論におけるエントロピーの概念から捉えるならば、"システムはその維持・安定性のためにエントロピーの放出を行なう（負のフィードバック）だけでなく、より高次の秩序を求め、正のフィードバック機構によって自らエントロピーを増大させていくことがある"というふうに見なすことができるであろう。

　こういった観点は、Prigogineを中心とした研究者たち（＝1987；＝1993）の散逸構造理論によって定式化されている。散逸構造とは、システムがエントロピーを増大させていく過程で、正のフィードバック機能を働かせ、自らの構造を自ら変革していく（自己組織化していく）ことである。そこでは、システムの新たな秩序の獲得に自己組織化の作用

が認められている。自己組織性は、システムの変化にそのシステム自ら
が作用する自己言及性を特徴とし、そのときに生じる「ゆらぎ」の増幅
から新たな秩序の創出に関わる原理である。「ゆらぎ」への着目は、啓
蒙思想による"科学"が無視してきた側面であり、ここにおいても、共
生思想と自己組織性との親和性が明らかになるのである。前述のように、
社会福祉内発的発展論としての髙田理論は、社会福祉が"内発的発展"
を開発していくことによってEdPEC混成構造を構築し、それが社会福
祉それ自体の構造に変革をもたらすことが必要であるということについ
て言及しており、その点において髙田理論を自己言及的なシステムとし
て理論化されたものとして捉えることができる。

　さて、本節において、髙田理論と自己組織性の結びつきが、散逸構造
を媒介させることによって明らかになった。筆者は、社会福祉における
"内発的発展"は、共生思想と親和的である自己組織性の関係論を導く
ところに大きな意義があると考えている。意味のある理論とは、その理
論が一般的主張をもち、他の学問分野に対しても意義あるもの、発展に
寄与するものであることが必要である。現在、自己組織性は文系・理
系を問わず、様々な学問領域を超えて注目されている。共生思想を基盤
とする"内発的発展"は、散逸構造としてのシステムを媒介させて明らか
になったように、社会福祉に対して自己組織化に不可欠な自己言及的な
システムをもたらしており、髙田理論は、社会福祉の立場から、自己組
織性をその理論体系に組み込んだものとして、様々な領域に対して貢献
することが今後期待されるのである。"はじめに"において述べたように、
筆者は、この自己組織性こそ、現在閉塞的状況にあるといわれる社会福
祉理論に新たな展開をもたらすものであると考えており、4節、5節に
おいて、その点に関する考察を行なうことによって本稿の結論としたい
と思う。

4　社会科学における自己組織性

　これまでの議論の中で、社会福祉における"内発的発展"の意義は、社会福祉の「科学」を見直す共生思想をもたらし、そこから自己組織的な関係論をもたらすことにあるということを強調してきた。"内発的発展"を社会福祉の理論体系に組み込むことによって、共生思想と親和的な自己組織的社会福祉システムの存在が明らかになった今、この関係論としての自己組織性が、社会福祉理論に対してどのような展開をもたらすのかを考察することが課題として浮かび上がってきているのである。それは、今後の社会福祉理論の展望を考察することでもあり、理論研究に新たな視点を拓くことに貢献すると考えられるのである。

　社会福祉における自己組織性の論理展開について考察を行なう前に、まずは自己組織性そのものについて簡単にレビューしておきたい。岸田（1998）や今田（2005）は、自己組織性とは、システムが環境と相互作用を営みながらも、みずからの構造をみずから主体的につくりかえる性質を総称する概念であるとしている。それは、システムの内破による変革をあらわすものと言えよう。上記でも述べたが、自己組織性の特徴は、システムの「ゆらぎ」に焦点を当て、その「ゆらぎ」の増幅と自己触媒によって構造の変革が可能となる点にある。その点も踏まえ、社会福祉における自己組織性をより具体的に考えていく場合、社会科学の立場からいかにして自己組織性が説明されるのかを明らかにする必要があると考えられる。

　例えば今田（1986；2005）は、社会科学の立場から自己組織性論を構築しているが、従来の構造—機能主義的な議論に対して、意味レベルの記号論的な解釈領域を加えることによって自己言及的なシステムを確立させ、システムが主体的に変革を図る自己組織性の説明を可能としている点に特徴がみられる。客観性を重視する形式論理では、システムの自己言及性を定式化することができないため、意味、情報という記号論的

第9章　社会福祉内発的発展論からみえる社会福祉理論の新たな展開　223

な解釈理性と接続させることが必要であるという主張である。意味レベルでの差異が、行為を介してメビウスの環のように構造の自己言及として定式化され、構造・機能・意味という3者の力動性として自己組織性が示されるのである。

　ところで、自己言及を語る場合、いわゆる全体が部分の中に入れ子状態になっているという視点を持ち、部分の中に「情報」として全体が入っていることを認めることが重要となる。この「情報」という点に自己組織性の根本的特徴を捉えているのが吉田と言えよう（吉田　1990a；1990b；1991；1995）。ただ吉田においては、今田の自己組織性論を非情報学的自己組織性論に位置づけ、自らを情報学的自己組織性論の構築と位置づけるという点において、二人の描く自己組織性は同一ではないということに注意する必要がある。

　吉田は、社会科学を「規則」の解明に属するものであると捉えている点に基本的な視点がある。この視点をもつことによって、生物学（特に遺伝情報）と人文社会学がその垣根を超えて結びつくことが可能となるのである。吉田によれば、物理化学的な「法則」以外には、遺伝情報に基づく自己組織の理論とシンボル情報に基づく自己組織の理論についての「法則」しかありえず、自己組織性は「法則」となりうる（吉田　1995）。自己組織性には、主に物理化学の系譜、生物科学の系譜、社会科学の系譜があり、「ゆらぎ」によるシステムの秩序の創出を説明する散逸構造は、物理化学の系譜に位置することになる（吉田　1990a）。物理化学の系譜は他の二つの系譜と比較して、「プログラムによる制御」という発想が欠如している。吉田の整理に従うならば、散逸構造を社会科学に援用するということはロジカルな関係にのみ着目することであり、非情報学的側面からの自己組織性の定式化ということになる（吉田　1990a）。ここに自らを情報学的自己組織性論と位置付ける吉田と今田（吉田によれば非情報学的自己組織性論）の大きな違いが存在していると考えられる。DNA情報による自己組織性と言語・文化（記号）情

報による自己組織性を「規則」の解明として接続し、情報空間と資源空間との組織化を説明している点、そして、システムの「ゆらぎ」による変革のみでなく、制御としての維持にも焦点を当てた自己組織性をその理論体系に含めようとしている点に、吉田自己組織性論の一つの特徴をみることができるのである。

　以上、今田と吉田の自己組織性についてのレビューを試みてきたわけであるが、それは、両者の違いを強調するためではなく、構造や機能といった側面と自己言及的なシステムが備えている意味や情報といった記号論的側面を結びつけるという論理的前提そのものが、社会科学の立場から自己組織性を理解する上での一つの方向性といえるということを強調したいがためである。また、両者の理論が「ゆらぎ」を無視していないという点に関しても注目する必要があろう。こういった姿勢は、従来の構造−機能に重点を置き、「制御」のみを志向する"科学"の修正であり、価値などの側面と"科学"の結びつきを示し、これまでの節で論述してきた共生思想に基づく『科学』を志向するものとも考えられよう。5節では、ここで明らかになった視点に限定し、社会福祉における自己組織性の論理展開について考察を試みていきたいと思う。

5　社会福祉理論の新たな展開に向けて

　前節までの考察において、社会福祉における"内発的発展"は、髙田理論から明らかなように、社会福祉に「ゆらぎ」を重視する共生思想をもたらし、そして受動型のPEC構造としての社会福祉システムを、能動型のEdPEC混成構造として把握する視点をもたらすことを示した。さらに、社会福祉混成構造が散逸構造としての論理に従うことを説き明かし、その散逸構造システムに媒介される自己組織的な関係論に着目していくことが現在から未来にわたる社会福祉に求められていることを提

第9章　社会福祉内発的発展論からみえる社会福祉理論の新たな展開　225

示した。主として4節において述べたように、社会科学領域における自己組織性の一つの特徴は、意味や情報といった記号論的側面と、構造や機能といった側面を力動的、統一的に捉えていくこと、そして、そこに存在する差異や「ゆらぎ」を自己言及的に増幅するシステムの定式化にある。社会福祉の理論では、こういった点は、これまで価値と"科学"の統合という面から指摘されていると考えられる。

　例えば、かつて嶋田は、社会福祉において、価値と"科学"を統合する力動的統合理論を提唱していた（嶋田　1980a）。そこでは、20世紀の社会活動の根本的誤りは、構造－機能論が価値観を喪失した客観化認識を進めた点にあるとし、社会福祉学は、一定の価値観と結びつき、その実現方策を探求する『科学』でなければならないと述べられている。そして、そのためには価値観をも包括する統一的社会科学の確立が必要であることが主張されていた。力動的統合理論とは、このような"構造－機能－価値の力動性を捉える統一的社会科学"という視点をもち、システム理論を発想の基盤に、そのシステムの均衡モデル（安定性など）と闘争モデル（歴史変動性、逆機能性など）が同時に生起するメカニズムを、統一的に理解しようとする立場をとるものと考えられる[注9]。また、松井（1992:28）が、それを逆機能的な側面を含むものとして指摘していたことから察すれば、嶋田の理論は、常に矛盾し対立をはらむという、弁証法的な側面を重視することによって社会福祉学を構想するものであったともいえるのである。

　この社会科学における弁証法は、これまで指摘してきた「ゆらぎ」と自己言及を重視する自己組織性の先駆形態である（吉田　1990a：12）。弁証法は、事物に内在する矛盾を事物の変動の原動力とみなしているが、それは二つの矛盾し、排除しあう対立したものの統一の過程を意味している（嶋田　1980a）。自己組織性において積極的に評価されるシステムの「ゆらぎ」も、環境と相互作用するシステムに内在するズレ、矛盾や対立に起因すると考えられ、その発想が結びつくといえるのである。社

会福祉における弁証法に着目する場合、岡村理論（1968；1983）に注目せざるをえない。松本は、岡村理論における制度と個人からなる社会生活上の困難は、環境と主体における対立物の統一の世界として捉えるという弁証法的世界を表していると述べている（松本 1999）。つまり、岡村理論の認識論は、主観主義でも客観主義でもなく、それらが統一的に把握される弁証法的世界の論理にあるということを示しているのである。同様に谷口も、岡村理論特有の弁証法論理の思想について検討を加えている（谷口 2003）。岡村理論の中核部分は、「共同性の否定としての個別性の否定」という弁証法論理に基づいた社会関係の二重構造であり、そこに「否定の論理」を基本的性格とする西田哲学の影響が認められる。そして、岡村理論は、深層構造として西田の場所的弁証法論理を思想的根拠に、表層構造として機能主義的な社会関係論を展開する「二重構造」をもち、且つその二つが統合された理論体系であると考察しているのである。

また、岡村理論では、個人から制度を規定する主体的側面と、制度から個人を規定する客体的側面を明らかにし、その社会関係の二重構造から個人の社会生活を捉えている。社会福祉が対象とするのは、この主体的側面であり、それは多数の制度がそれぞれバラバラに規定してくる役割を調和させていく側面でもあるが、必ずしもこの二つの側面の調和性が保たれるわけではない。それは矛盾し、相反的に存在することもありえる。そこにこれまで述べてきた「ゆらぎ」が生じると考えられるのである。この「ゆらぎ」が自己言及的な作用によって増幅され、新たな秩序が創出されるのである。「個人は、ある一つの社会関係を維持するためにも、彼自身のもつすべての社会関係をもって当たる」（岡村 1983：89）と述べられているように、記号論的側面として部分の中に全体が、全体の中に部分がといった入れ子関係になっており、4節で検討した構造─機能とも関連した力動性の視点をみることができる。そして、その構造的変化に際して、みずからのメカニズム（仕組み）が自己言及的に

関与し、「ゆらぎ」が増幅される論理を岡村理論から読み解くことができると考えられるのである。

　以上のように、社会福祉における自己組織性を考察するために、社会福祉理論についての弁証法的な側面についてみてきたが、岡村理論の社会関係の二重構造、そして嶋田の力動的統合理論も、その成立する背景は異なるにしても、社会、生活、個人などの関係に内在するズレ、矛盾に焦点を当てたものであり、そこに社会福祉の独自の視点を見ていた。それは、現在の見解で言えば、構造・機能的側面と意味・情報などの記号的側面との統合と力動性、そしてシステムのズレや矛盾から生ずる「ゆらぎ」と自己言及を定式化した自己組織性という法則への指摘と考えることが可能であり、この自己組織性が、社会福祉の理論的基盤として存在しうる可能性が考察されるのである。この考察を可能にしたのは、社会福祉において"内発的発展"が理論体系に組み込まれたことに由来することは言うまでもない。すなわち、岡村理論、嶋田理論、そして髙田理論は、自己組織性という一定の枠組みの中で統一的に把握できる可能性が開かれるのである。これを社会福祉理論の新たな展開というのは言い過ぎではないであろう。

　Chalmersは「新しい理論における初期の定式化の中では、不完全ではあるが、新しい概念が含まれている」と述べる（Chalmers = 1985 : 132）。また村上は、「理論的発展は、新しい『事実』群が急激に入手されたことによるのではなく、旧来の『事実』群を別の概念枠で編成されることによって見られることが多い」と述べる（村上　1986 : 32）。社会福祉にとって、自己組織性は新たな概念であり、また、現在の社会福祉に関わるとされる現象を、新たに捉えなおすことを可能とする概念といえよう。岡村理論を弁証法として把握し、それを実際の現象に当てはめることがなかなか進み得ないのは、弁証法は統一性を説明するが、その力動性を何も説明してはいないからであると考えられる。むしろそれを自己組織性として新たな概念に置き換えることが実は必要なのであり、

それによって背景の異なる理論をつなぎ合わせ、社会福祉の理論が新しい展開に向けて歩みだすことができると考える。こういったことは、当然実践にも影響を与え、理論と実践をつなぐ視点を提供し、さらにはそれに制度までも含めた3者間の螺旋的循環構造を構想するに至ると考えられるが、その点については、今後の研究課題として残さねばならないであろう。いずれにしても、"内発的発展"を契機とした社会福祉における自己組織性の研究は、いまだほとんど見られない状況にあり、今後、着実に積み上げていくことが必要と考えられるのである。

【注】

注1) 例えば須藤（1999）は、ソーシャルワークの立場からシステムの自己組織性の必要性を指摘し、佐藤（2001）は、これからの社会福祉実践理論はパラダイム変換が必要であり、そのキーワードとして共生や自己組織性を示している。

注2) 内発的発展の特徴に関しては、川勝（1999）の整理が参考になる。そこでは以下の12点が示されている。①自律する生命を見定めるところに内発的発展の特徴がある、②内発的発展論は、自律する固有の生命体に焦点をあてつつも、それをつつむ自然との関係を不可分の分析対象としており、生成する開かれた体系である、③内発的発展論は創造の理論である、④内発的発展は関係をみる、⑤内発的発展とは、人間の自覚の深まりであり、社会的自立、精神的自律の高まりであり、個性としてのアイデンティティの高まりである、⑥内発的発展論の最大の対象は人間である、⑦内発的発展にはキーパーソンが不可欠である、⑧内発的発展論は危機にさらされた地域社会に危機を克服する力の存在をさぐりだしてみせ、危機の実態を見定め、その解決の方向を示すダイナミック・セオリー（動態論）である、⑨内発的発展論の対象は地域である、⑩内発的発展論は価値多元論である、⑪内発的発展論は地球志向である、⑫内発的発展論の原型はアジアである。

注3) 髙田は、基本的に共生とは相利共生を意味しており、それは「『予定調和』的なものではなく、『相互作用』あるいは『関係』の進化の過程で試行錯誤を繰り返す中から実現した『苦心の作』」であると説明している（髙田 2003：158）。

注4) 啓蒙思想で描かれる世界観は、世界は常に人間の手によって進歩していくというものである。「個人」を重視する民主主義の原点もここにあり、自由・平等を掲げたアメ

第9章　社会福祉内発的発展論からみえる社会福祉理論の新たな展開　　229

　　　　リカの独立やフランス革命は、この啓蒙思想に大きな影響を受けていたものであった。また、基本的に人間は善なるものであり、人間は改善できる存在として認め、幸福の追求こそ人生の目的であるという認識を広めたとも考えられている。日本の啓蒙思想家としては福沢諭吉が有名であり、明治以降の日本の近代化にも大きな影響を与えた思想である（宮川　1971）。

注5）　ストレングスの視点は人間の否定的・消極的な側面のみを焦点化するのではなく、人間の回復力（レジリエンス）といった肯定的・積極的側面の両者を重視するもの（Saleebey 2005）であり、そこに啓蒙思想の影響をみることは、否定できないと考えられる。

注6）　例えば和気は、「効率性や合理性といった近代社会を支配してきた価値や概念が、歴史的、相対的な産物であるとする思想の総称」と述べ（和気　2005：210）、盛山は、「一義的には語り難いものだが、基本的には、近代思想や近代社会が前提にしてきた物事の「構築性」を指摘しつつ、みずからは決して本質主義や基礎づけ主義に陥らないことを信条とする理論的態度」と述べている（盛山　2006：40）。「客観主義」に疑問を抱くこのポストモダン（「モダン」＝「近代」）とは、現在社会福祉でも注目を集めているナラティブの実践と関連が深いものである。

注7）　エントロピーとは、クラウジュウスが提案した言葉である。「変化を司るもの」とされるエントロピーは、熱量と温度の比で定義されるものであったが、現在は情報分野をはじめ、多くの場面で用いられるものとなっている（細野　1991）。特に、それは「科学」の領域に不可逆性（時間の概念）をもたらしたことも特徴的である。

注8）　構造−機能主義とは、タルコット・パーソンズの社会システム論が有名であり、社会を構造と機能という2つの側面から明らかにしようとするものといえる（今田　2005）。

注9）　嶋田の発想がシステム理論と結びつくと考えられるのは、彼がパーソンズの社会システム論の問題点を指摘し、それを生かす形で自らの理論を構想している点からも明らかである。彼はパーソンズから、"Shimada is evidently a sympathetic fellow scholar."（sympathetic とは、on the same ground を意味している）と評されたとも記録している（嶋田　1980b）。

【参考文献】

Allan F. Chalmers (1982) *What Is This Thing Called Science? 2nd Ed.* University Queensland Press (= (1985) 高田紀代志・佐野正博訳『科学論の展開——科学と呼ばれているものは何なのか？』恒星社厚生閣).

Dennis Saleebey (2005) The Strengths Perspective: Possibilities and Problems, Dennis Saleebey, ed. *The Strengths Perspective in Social Work Practice.* Pearson Education, 279-303.

Erich Jantsch (1980) *The Self-Organizing Universe: Scientific and Human Implications of the Emerging Paradigm of Evolution.* Pergamon Press (= (1986) 芹沢高志・内田美恵訳『自己組織化する宇宙——自然・生命・社会の創発的パラダイム』工作舎).

Grégoire Nicolis and Ilya Prigogine (1989) *Exploring Complexity : An Introduction.* W H Freeman and Co (= (1993) 安孫子誠也・北原和夫訳『複雑性の探求』みすず書房).

Ilya Prigogine and Isabelle Stengers (1984) *Order Out of Chaos : Man's New Dialogue with Nature.* Alvin Toffler Bantam Books (= (1987) 伏見康治ほか訳『混沌からの秩序』みすず書房).

今田高俊 (1986)『自己組織性——社会理論の復活——』創文社.

――― (2005)『自己組織性と社会』東京大学出版会.

細野敏夫 (1991)『エントロピーの科学』コロナ社.

Karl R. Popper (1972) *Objective Knowledge : An Evolutionary Approach.* Oxford University Press (= (1974) 森博訳『客観的知識』木鐸社).

川勝平太 (1999)「解説――内発的発展論の可能性」鶴見和子 (1999)『鶴見和子曼荼羅Ⅸ環の巻――内発的発展によるパラダイム転換』藤原書店, 347-362.

岸田民樹 (1998)「複雑系と組織論」『経済科学』46-3, 1-13.

Ludwing V. Bertalanffy (1968) *General System Theory : Foundations, Development, Applications.* George Braziller (= (1973) 長野敬・太田邦昌訳『一般システム理論』みすず書房).

松井二郎 (1992)『社会福祉理論の再検討』ミネルヴァ書房.

松本英孝 (1999)『主体性の社会福祉論――岡村社会福祉学入門〈増補版〉』法政出版.

宮川 透 (1971)『現代日本思想史Ⅰ 明治維新と日本の啓蒙主義』青木書店.

森岡邦泰 (2003)『深層のフランス啓蒙思想』晃洋書房.

盛山和夫 (2006)「規範的探求としての理論社会学――内部性と構築性という条件からの展望」富永健一編『理論社会学の可能性 客観主義から主観主義まで』新曜社, 28-46.

村上陽一郎 (1976)『近代科学と聖俗革命』新曜社.

――― (1980)『動的世界像としての科学』新曜社.

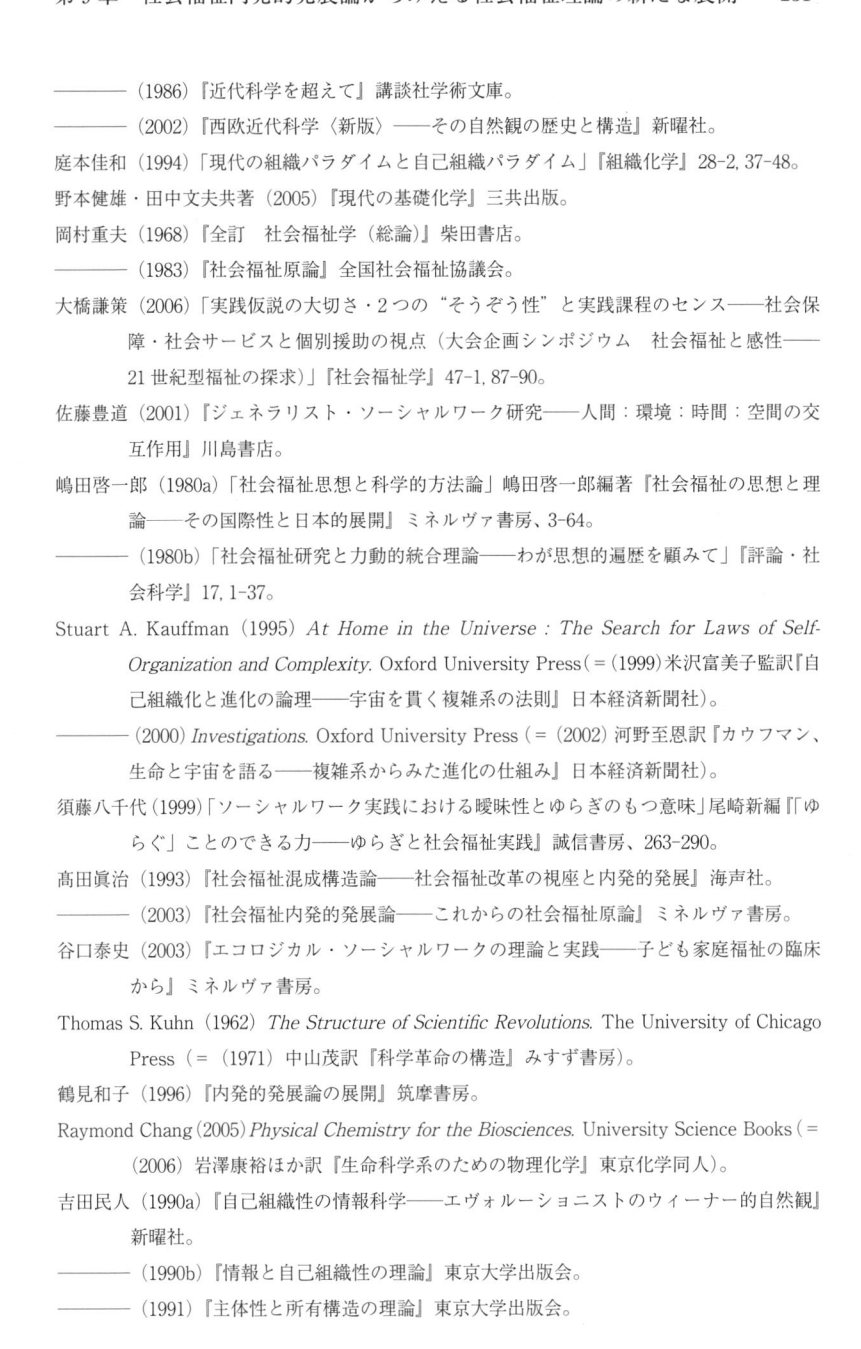

―――― (1986)『近代科学を超えて』講談社学術文庫。
―――― (2002)『西欧近代科学〈新版〉――その自然観の歴史と構造』新曜社。
庭本佳和 (1994)「現代の組織パラダイムと自己組織パラダイム」『組織科学』28-2, 37-48。
野本健雄・田中文夫共著 (2005)『現代の基礎化学』三共出版。
岡村重夫 (1968)『全訂 社会福祉学（総論）』柴田書店。
―――― (1983)『社会福祉原論』全国社会福祉協議会。
大橋謙策 (2006)「実践仮説の大切さ・2つの"そうぞう性"と実践課程のセンス――社会保障・社会サービスと個別援助の視点（大会企画シンポジウム 社会福祉と感性――21世紀型福祉の探求）」『社会福祉学』47-1, 87-90。
佐藤豊道 (2001)『ジェネラリスト・ソーシャルワーク研究――人間：環境：時間：空間の交互作用』川島書店。
嶋田啓一郎 (1980a)「社会福祉思想と科学的方法論」嶋田啓一郎編著『社会福祉の思想と理論――その国際性と日本的展開』ミネルヴァ書房、3-64。
―――― (1980b)「社会福祉研究と力動的統合理論――わが思想的遍歴を顧みて」『評論・社会科学』17, 1-37。
Stuart A. Kauffman (1995) *At Home in the Universe : The Search for Laws of Self-Organization and Complexity*. Oxford University Press (=(1999)米沢富美子監訳『自己組織化と進化の論理――宇宙を貫く複雑系の法則』日本経済新聞社)。
―――― (2000) *Investigations*. Oxford University Press (=(2002)河野至恩訳『カウフマン、生命と宇宙を語る――複雑系からみた進化の仕組み』日本経済新聞社)。
須藤八千代 (1999)「ソーシャルワーク実践における曖昧性とゆらぎのもつ意味」尾崎新編『「ゆらぐ」ことのできる力――ゆらぎと社会福祉実践』誠信書房、263-290。
髙田眞治 (1993)『社会福祉混成構造論――社会福祉改革の視座と内発的発展』海声社。
―――― (2003)『社会福祉内発的発展論――これからの社会福祉原論』ミネルヴァ書房。
谷口泰史 (2003)『エコロジカル・ソーシャルワークの理論と実践――子ども家庭福祉の臨床から』ミネルヴァ書房。
Thomas S. Kuhn (1962) *The Structure of Scientific Revolutions*. The University of Chicago Press (=(1971)中山茂訳『科学革命の構造』みすず書房)。
鶴見和子 (1996)『内発的発展論の展開』筑摩書房。
Raymond Chang (2005) *Physical Chemistry for the Biosciences*. University Science Books (=(2006)岩澤康裕ほか訳『生命科学系のための物理化学』東京化学同人)。
吉田民人 (1990a)『自己組織性の情報科学――エヴォルーショニストのウィーナー的自然観』新曜社。
―――― (1990b)『情報と自己組織性の理論』東京大学出版会。
―――― (1991)『主体性と所有構造の理論』東京大学出版会。

吉田民人（1995）「システム・情報・自己組織性――知の情報論的回転（公開シンポジウム、参考資料）」吉田民人・鈴木正仁編著『自己組織性とはなにか―― 21 世紀の学問論に向けて』ミネルヴァ書房、6-130。

和気純子（2005）「エンパワーメント・アプローチ」久保紘章・副田あけみ編著『ソーシャルワークの実践モデル――心理社会的アプローチからナラティブまで』川島書店、205-226。

▶▶▶キーワード集　社会福祉原論・思想

▶社会福祉原論

　日本の社会福祉学のカリキュラム、とりわけ社会福祉士の受験資格の諸科目において、コアとなる科目であり、福祉系の各大学において設置されている。現代社会において実際に生起する社会問題や生活問題に対して、如何に対応していくか。すなわち社会福祉の意義、制度を確認し、その基本となる理念、原理等を修得することを目的としている。具体的には社会福祉の原理、理論、思想、歴史から法律、そして老人、児童、障害者、地域といった各分野、ソーシャルワークの方法、価値等々、きわめて広範囲な領域が含まれている。この科目は往々にして、概論的なものになる傾向があるが、社会福祉の基底を貫く確固とした福祉哲学と科学的な思考に基づいた論理性と体系を必要とする。

▶キリスト教社会福祉

　キリスト教の聖書、その教義や精神、思想を基にして個人、または集団で福祉実践、事業を展開していくこと。西洋においてはキリスト教誕生以来の長い歴史があり、個人の祈りや組織・団体をとおした実践活動があった。例えば中世においては修道院での旅人の世話、救貧活動、孤児や棄児の養育、医療活動等に窺える。贖罪という免罪的な行為もあったが、隣人愛や良きサマリア人の譬えといった指針が存している。日本においては15世紀、キリシタンの頃からその活動がある。近代以降、西洋の慈善・社会事業活動から多くの影響を受け、石井十次、留岡幸助、山室軍平、賀川豊彦らの代表的な福祉実践へと繋がっていった。キリスト教主義の福祉系大学では、かかる理念の下で実践者の養成がなされている。

▶孝橋正一

　孝橋正一の学問の出発点は京都大学でのマルクス経済学にある。戦後、一貫として社会科学から社会福祉学の理論化を試み、それは「孝橋理論」として知られるようになった。孝橋の理論を理解する為には社会政策学の系譜からも見ておかなければならないが、とりわけ大河内一男の理論から影響をうけている。孝橋は

「社会問題」と「社会的問題」とを区別し、前者において社会政策が後者については社会事業が対応するとする。その基本的な分析枠組みは社会政策を補充していくものとして社会事業を把握し、その対象論把捉に特徴を持っている。戦後のソーシャルワーク（技術論）の対となした政策論の代表的な存在として位置する。代表的な著書として『社会事業の基本問題』『社会科学と社会事業』等がある。

▶岡村重夫

　岡村重夫は東京帝国大学において、倫理学を専攻し和辻哲郎から影響をうけ、戦時中に『戦争社会学』を上梓している。戦後岡村は大阪市立大学に奉職し、『社会福祉学（総論）』等を著し、いわゆる岡村理論を確固たるものにした。彼の論じる社会福祉は社会学を基底にし、その歴史的過程は相互扶助から慈善・博愛、救貧・保護、福祉国家、現代社会へと展開していくものと捉え、各時代の処遇、合理的な解決を求める所産と把捉する。そして現代社会において「社会福祉の限定」と「社会福祉固有の視点」を必要とするように、岡村は終始、機能主義的に社会福祉学を追究し、今後の展望を示した。市大退職後は関学や仏大等で教鞭をとり、『地域福祉概論』や『社会福祉原論』等を著した。

▶嶋田啓一郎

　同志社大学神学部を卒業し、同志社に終生奉職した嶋田啓一郎の理論的な出発点は「正義は愛に先行し、愛は正義を全うする」と主唱するキリスト教にある。思想や学問の形成にはキリスト教倫理学があり、また社会福祉学の理論的な考察においては竹中勝男の影響を無視することは出来ない。竹中理論の「経済的なもの」と「社会的なもの」の視点の中で、嶋田はとりわけ「社会的なもの」を受け継いでいった。嶋田の述べる二つの円、すなわち「資本の論理」と「生活構造を守る」二つのの円の交わるところに社会福祉をみるという視点である。しかしマルクス経済学に基礎をおく孝橋正一からは嶋田への批判がなされ、二人の間で論争（孝橋・嶋田論争）が展開された。

▶セツルメント

　19世紀後半、資本主義の発展によって多くの社会問題が発生し、地域社会に移住し、そこを拠点にして改善事業が展開されていくことになる。1884年、英国ロンドンにおいてS・バーネットによって、トインビーホールが設立された。

これにはオックスフォードやケンブリッジ大の学生が参加していく。一方、90年に米国シカゴにおいてジェーン・アダムズによってハルハウスが設立された。こうした運動は近代日本においても展開されることになる。代表的なものに東京三崎町に設立され、社会主義者片山潜が館長に就任したキングスレー館がある。また関東大震災後の東京帝大セツルメントがあり、昭和初期には多くの大学セツルメントが各地において勃興した。地域福祉の源流とも評価されている。

▶救貧法

救貧法として有名なのは16世紀からのイギリスのものである。とりわけ1601年、エリザベス一世の時に制定されたものは、エリザベス救貧法と呼ばれ、これまでのものを集大成したもので、きわめて有名である。この法は初期資本主義の時代を背景にしたものであり、貧民救済というより、むしろ貧民の管理、治安対策に重要な役割をもっていた。また資本主義の発展と労働力移動を背景にして、1834年、救貧法調査王命委員会報告に基づいて、改正救貧法が制定された。ここにおいて前者を旧救貧法（Old Poor Law）、後者を新救貧法（New Poor Law）と呼ぶこともある。この法律は1948年の国民扶助法の成立まで続くことになる。

▶恤救規則

1874（明治7）年に成立した救貧立法である。江戸時代においては各藩において独自の救貧の制度があったが、近代国家の形成と共に新しい法律が必要とされ、成立したものである。僅か5条からなるものであるが、その前文には「人民相互の情誼」や「無告の窮民」といった文言がみられ、共同体的扶助の強調や国家責任が最大限回避され、きわめて制限されたものであった。この法律は幾度か改正の動きがあったが、結局は1929（昭和4）年成立の救護法（昭和7年実施）まで存続することになる。この間、救済人員も全国において、1万数千人、とりわけ日露戦後期は2-3千人にまで制限され、最大でも2万人を上まわることもなかった。

▶岩橋武夫

大阪市出身、天王寺中学を出た後、早稲田大学に進学したが、網膜剥離の為に視力を失い退学し、大阪市盲唖学校に入学する。ここで熊谷鉄太郎と出会い関西学院文学部に入学することになる。英文学を専攻し同級生に寿岳文章がいた。卒

業後英国エジンバラ大学に入学しMAの学位を得て帰国し、関学の講師に就任する。一方、彼は在学中から視覚障害者の為の活動を始めており、1935（昭和10）年には世界で13番目のライトハウスを設立することになる。また米国講演旅行中、かねてからの知友ヘレン・ケラーと会い、彼女の来日を請い、37年にそれは実現することになる。生涯ヘレン・ケラーとは親しく交わることになる。また『光は闇より』や『ヘレン・ケラー全集』の翻訳等、多くの著作を残した。

▶竹内愛二

牧師の子として生まれた竹内は同志社中学を卒業し、神戸三菱造船所での奉職の後、米国に留学し、社会学や社会事業を学び、1929年、オベリン大学で修士（MA）の学位をとり帰国する。31年から神戸女子神学校（聖和大学）、39年に同志社大学文学部教授となる。『社会的基督教』の運動に傾倒し、戦後は49年から関西学院大学において主にソーシャルワークを教授し、関学社会福祉の基盤を作った。竹内にはキリスト教の影響があり、留学時代に培ったソーシャルワークの理論を関学のみならず、日本において竹内理論として定着させた。具体的には戦前の出版になる『ケース・ウオークの理論と実際』、戦後の著作として『専門社会事業入門』、『実践福祉社会学』等がある。

第10章

宅老所・小規模多機能ホームの実践における内発的発展とその課題

はじめに

　1980年代に、従来の施設ケアとは異なり、支援を必要としている身近な高齢者を民家などの小規模な環境の中でケアをしようという動きが草の根的に始まった。自宅を開放して、あるいは公共施設を借用して始まったそのケアのスタイルは「宅老所」と呼ばれるようになった。そして、宅老所の中には、「通い（デイサービス）」を中心に「訪問（ホームヘルプサービス）」や「泊まり（ショートステイ）」などのサービスを組み合わせて提供するところも登場し、「小規模多機能ホーム」と呼ばれるようになったのである。

　宅老所・小規模多機能ホームには、地域で高齢者がその人らしく暮らし続けるために支援することを目的とし、利用者の立場から実践を行ってきたところも多い。そしてそれらの実践に対して自治体の中には積極的に支援を行うところも出てきたのである。こうした自発性に基づいた宅老所・小規模多機能ホームの実践には、髙田（2003）が社会福祉に必要であると指摘する内発的発展が見られる。

　2006年の介護保険改正では、小規模多機能ホームの実践を受けて新たに「小規模多機能型居宅介護」が制度化された。この小規模多機能型居宅介護は、宅老所・小規模多機能ホームの実践の具体化ではなく、そ

の理念が十分生かされない制度化であったために、制度に移行すると、むしろ今まで積み上げてきた実践が阻害されかねなくなっている。介護保険改正による小規模多機能型居宅介護が制度化されることで、宅老所・小規模多機能ホームの実践に見られた内発的発展が危機的状況にさらされているのである。

　そのため、宅老所・小規模多機能ホームの歩みを整理し、小規模多機能型居宅介護における制度化の弊害を検討することで、内発的発展をさらに推進していくための課題を明らかにしていきたい。

1　宅老所・小規模多機能ホームに見る内発的発展

　宅老所の始まりは、1980年に京都府で「呆け老人を支える家族の会」が開設した「託老所」とされている。介護者が家族の集いに参加している間、別の会員が高齢者の世話をするということから始まった。デイサービスとしての本格的な取り組みは、同じく家族の会が始めた1983年の「デイサービスセンターみさと（群馬県）」が最初であった。当時、デイサービスやショートステイなど在宅福祉サービスが制度化され始めていたものの、十分な利用日数ではなかった。そうした中で、まちの中で民家を活用して、制度外の小規模なデイサービスなどを自主的に始める動きが広まってきたのである。1987年には「ことぶき園（島根県）」が「通い・泊まり・居住」を行い、小規模多機能施設の先駆けとなった。1991年には「宅老所よりあい（福岡県）」が開設した。それまでは、児童を預ける託児所のように、高齢者を預けるという「託老所」という呼び方であったが、「自宅のような雰囲気で暮らしてほしい」という願いを込めた言葉として自宅の「宅」の字を用いた「宅老所」という呼び方が広がるようになった。1993年には「通い・泊まり」に加えて「訪問」にも力を入れた「のぞみホーム（栃木県）」が開設し、多機能ケアの形が

出来上がってきた。

　また、同じ時期に子どもや障害者や高齢者が一緒に過ごすことができる「共生ホーム」も誕生した。1986年「元気な亀さん（埼玉県）」や1993年「このゆびとーまれ（富山県）」などが有名である。そして、このような国の制度にはない認知症高齢者のための活動に対して独自の補助金をつけて支援をする県も出てくるようになった。

　宅老所の中には、「通い（デイサービス）」を中心に「泊まり（ショートステイ）」や「訪問（ホームヘルプサービス）」などのサービスを介護保険事業や自主事業と組み合わせて提供することで「小規模多機能ホーム」と呼ばれるようになったところも多い。しかし、多くの小規模多機能ホームは、はじめから複数のサービスを用意していたわけではなく、高齢者が必要とする支援の内容に応じて提供するサービスを追加してきた。目の前にいる人を包括的に支援しようとするうちにサービスの種類が増えてきたという特徴がある。また、そのかかわりは、高齢者とその家族だけでなく、地域社会へと広がり、ボランティアを受け入れ、求められるニーズに対応していく地域に根付いた活動も多く見られるのである。ここで、多機能の形をつくりあげたのぞみホームの実践事例を紹介したい（平野ら　2007）。

　のぞみホームは、1993年に、3DKの小さな家を借りてスタートした。当初は、「通い」のみ（月～金、8時半～17時半）であったが、高齢者や家族とかかわるうちに生活を支えるには9時間の通いだけでは足りないことが明らかになる。高齢者や家族のさまざまな事情がわかり、それに合わせてサービスを付け加えていくと、「泊まり」、「訪問」、「居住」の機能も持つ小規模で多機能なホームになってきたのである。

　のぞみホームが多機能を生かして支援した高齢者の中に認知症のキヨさん（82歳）と夫の太郎さん（84歳）がいる。キヨさんは夫の太郎さんと二人暮らしであった。キヨさんに認知症の症状が出始めたため、のぞみホームとは別の地域にある定員30名のデイサービスに通うことに

なったが、大勢の人になじめず、家に帰りたいと外に飛び出し、次の日からデイサービスに行くことを拒否していた。

　キヨさんには小規模で家庭的なところがいいと思ったという太郎さんから相談をうけたのぞみホームがまず最初に行ったことは、自宅への「訪問」であった。キヨさんは以前のデイサービスでの不安から知らない場所へ行くことに抵抗を感じていた。そのため、まずスタッフが自宅に行き、キヨさんと顔見知りになることで安心してもらい、「通い」に来てもらうきっかけを作った。同時に、この「訪問」によってスタッフがキヨさんの自宅での暮らしの様子等も知ることができた。2か月間の「訪問」の後、「通い」に来るようになったキヨさんは落ち着いた時間を過ごすことができた。散歩に出ればご近所から声をかけてもらったり、これまで利用していたなじみのお店にも足を運んだりとこれまでできなかったこともできるようになっていった。

　「通い」を中心とした生活が1年ほど続いたが、キヨさんの認知症が徐々に進み、太郎さんにも疲れが見えてきたため、週に一度、「泊まり」を利用することになった。最初の「泊まり」も、夕飯を食べた後、今日は遅くなったから泊まっていこうかというように自然な流れでの利用が可能であった。その後、太郎さんも高齢になってきたため、徐々に「泊まり」の日数が増え、週に5日「泊まり」を利用し、土日だけ家に帰るという生活を経た後、ホームで長期間泊まる暮らしへと移行する。ホームで暮らすようになってからも、キヨさんは日中は「通い」の場所で過ごし、これまでと同じ生活を継続していた。太郎さんは毎日のようにキヨさんに会いに通ってきていた。時には夕飯を一緒に食べてそのまま泊まることもあるし、キヨさんが調子が良い時には自宅に帰ることもあった。

　最初の利用から8年が経過した2005年、キヨさんは、太郎さんや家族、なじみの利用者、スタッフに囲まれてホームで亡くなった。太郎さんは今もホームを利用しながらこれまでと変わらない生活を続けている。

キヨさんと太郎さんへの支援のように、認知症の高齢者や家族のニーズに合わせて柔軟にサービスを提供することで、高齢者と家族のつながりを大切にしている。しかし、ホームの活動としては、家族との関係だけではなく、地域とのかかわりも大切にしているのである。

　地域の人に、のぞみホームの存在の理由や何を目的として活動しているのか理解をしてもらうために、認知症の高齢者を題材にした映画の自主上映を企画することなどを行ってきた。その結果、地域住民の理解も広がり、利用者が外に出ても声をかけてくれるようになった。ボランティアの数も増えたり、また地域の人が「のぞみホームを応援する会」をつくって、ペットボトルやアルミ缶回収・換金作業をしたりするなどの協力もある。こうしたのぞみホームの活動は、行政も動かし、県と町から1500万円の補助金が下り住宅改修などもできるようになった。

　のぞみホームのような宅老所・小規模多機能ホームの実践は、既存のサービスでは満たされないニーズや既存のサービスになじめない人のニーズに対応するために生み出され、連続した在宅生活を支えている。

　制度上のデイサービスでは、午前10時から午後4時までなど、画一的な運営となる部分もあるが、小規模多機能ホームの「通い」では必要に応じて早朝や夜間など時間的融通も利くのである。「訪問」においても、本人とスタッフのなじみの関係ができているため、適切な援助が可能となり、本人や家族にとって安心して在宅介護を続けるための支援ができる。「泊まり」も同様に、利用者が見知らぬ大勢の人と過ごすのではなく、日頃から通いなれた場所で、なじみの関係ができているスタッフの援助を受けながら泊まることができるため、利用者の混乱を最小限にとどめることができる。

　また、利用者が重度化したり、家族が介護できない状況が続く場合、「泊まり」が長期に及ぶことがある。長期の「泊まり」と「居住」との区別はあいまいで限りなく連続的である。自宅から引っ越す形で移り住むという急激な変化ではなく、そこには多様性が存在する。平日は「泊まり」

を利用し週末自宅に帰る場合や、家族の状況で3カ月くらい長期に「泊まり」が続くなどさまざまである。

　平野・高橋・奥田（2007）は、宅老所・小規模多機能ホームにおける自発性に根ざした「地域密着」、「小規模」、「多機能」という3つのことを取り上げている。

　「地域密着」は、サービス提供者の観点ではなく地域のニーズから出発しているということである。利用者は地域の人々と交わりがあり、ホームも地域に支えられ、また地域の中でホームも何らかの役割を果たしているというように、地域から孤立した存在ではなく、地域に開かれている。

　「小規模」は、大規模な施設の集団処遇に対して個別ケアを充実させ、利用者の生活をベースとしたケアの提供を可能としている。個別ケアの実現のために、利用者一人ひとりに関する情報の継続的な入手とその情報を利用者の視点から再編成することが可能となる。利用者の生活をサービスに合わせるのでなく、サービスを生活に合わせていくのである。

　「多機能」は、サービスがはじめからあったわけではなく、目の前にいる人を支援した結果として多機能になっていったというものである。利用者の個別性を尊重し、またその時々に変化するニーズに臨機応変に対応しようとしている。サービスは柔軟性を持ち、流動的である。

　このような宅老所・小規模多機能ホームは、全国で草の根的に発展をしている。正確な数は把握されておらず、1,000か所とも2,000か所ともいわれている。そして、こうした小規模で一人ひとりの顔が見える中で個別的ケアをしていこうとする宅老所・小規模多機能ホームの取り組みは、特別養護老人ホームや老人保健施設などの施設ケアにも影響を与えてきた。施設を自宅のように小規模に分け、グループケアをする試みが始まり、これが施設全体へと広がり、ユニットケアと呼ばれるようになった。国は、2002年から新設する特別養護老人ホームについてはすべてユニットケアを取り入れた新型特別養護老人ホームを設立するように制

度化したのである。

　宅老所・小規模多機能ホームの活動には、髙田（2003）が社会福祉に必要であると指摘する内発的発展がみられる。宅老所・小規模多機能ホームの多くは、地域で高齢者がその人らしく暮らし続けるために支援することを目的とし、利用者の視点から福祉の実践を行ってきた。地域のボランティアを活性化させ、地域で求められているサービスを作り出すような実践もあり、自治体の中には支援を行うところもでてきた。また施設でのケアの実践にも影響を与え、新型特別養護老人ホームの制度化にも寄与したのである。宅老所・小規模多機能ホームの発展は外圧的なものではなく、住民の自発性に基づき、公的なサービスでは補えない側面を様々な工夫を行いながら行政を巻き込みつつ発展をしてきたものであり、内発的なものである。

2　小規模多機能型居宅介護における制度化の弊害

　2006年4月の介護保険改正では、「小規模多機能型居宅介護」が制度化された。厚生労働省令第34号第62条における小規模多機能型居宅介護の定義は、「要介護者について、その居宅において、またはサービスの拠点に通わせ、若しくは短期間宿泊させ、当該拠点において、家庭的な環境と地域住民との交流の下で、入浴、排せつ、食事等の介護その他の日常生活上の世話及び機能訓練を行うことにより、利用者がその有する能力に応じその居宅において自立した日常生活を営むことができるようにするもの」としている。

　国が示す基本的な考え方は、「通い」を中心として、要介護者の様態や希望に応じて、随時「訪問」や「泊まり」を組み合わせてサービス提供することで在宅での生活継続を支援することを目的としている。「居住」はなしで、グループホームなどの併設事業所がある場合にはそこで

「居住」できるとされている。「通い・泊まり・訪問」は、これまでのサービス名称ではなく、一つのサービスの中で果たされる機能として用いられている。

　この小規模多機能型居宅介護は、宅老所・小規模多機能ホームの実践が具体化した結果、制度化されたように見える。しかし、内実は、規制が多く、宅老所や小規模多機能ホームが大切にしてきた自発性、地域とのつながり、支援の柔軟性などの理念を現実化するような制度化ではない。また小規模多機能型居宅介護がつくられた意図が施設ニーズを抑制するための場づくりであったため、宅老所や小規模多機能ホームの実践を受けたものになっていない。

　今まで、宅老所・小規模多機能ホームの多くは、地域、行政を巻き込み、内発的な発展をしてきた。しかし、小規模多機能型居宅介護の制度化により、制度に移行するとむしろその活動が阻害されかねないのである。制度化された小規模多機能型居宅介護のどこが問題であるのか、制度化の弊害を明らかにしていきたい。

　小規模多機能型居宅介護の特徴は、報酬の形態が、月単位の定額払い（要介護度別）として設定されていることである。つまり、「通い・泊まり・訪問」については、利用の回数や時間にかかわらず一律の報酬が支払われる、いわゆる「包括払い」である。この報酬形態は利用者の様態や希望に応じその時々で柔軟なサービスを提供するためのものである。しかし、同時に「定額であるために過少なサービス提供とならないよう配慮が必要である」こともいわれている。

　サービスを利用するには、利用者は事業所に登録を行わなければならないとされている。登録定員は25名以下と決められており、この登録者の数によって「通い」や「泊まり」の定員も決まってくる仕組みである。「通い」の利用定員は登録定員の2分の1-15名の範囲内、「泊まり」の利用定員は通いの利用定員の3分の1-9名の範囲内とされ、「通い」の利用者に限定される。

登録定員は25名だが、「通い」の利用定員は15名以下である。15名の利用定員であれば、月に利用できる延べ人数は450人であるが、それを25名の登録定員ができる限り利用するとなると、利用者は1人当たり平均して月に18日までしかデイサービスを利用できないことになる。もし利用者1人当たりの平均利用日数を増やそうとすれば、登録人数を減らさなければならない。

宅老所・小規模多機能ホームの今までの実践からみると、25名の登録は多すぎて受け入れ体制が困難であるところが多くなると思われる。しかし、ケアマネジャーを必置することが条件としてあげられるため、採算をとろうとすると25名に近い登録人数を受け入れなければ運営が難しい。

また、「通い」のサービス利用者が登録定員に対し、3分の1以下の利用状態が続くことは禁止されている。登録者が通所に来ない時には可能な限り訪問サービスや電話で見守りをするなど在宅生活を支援するサービスを提供しなければならないとされている。24時間の「訪問」の体制、また「泊まり」の利用者がいない場合も緊急ケースに備えての宿直などが必要とされている。

登録をすると、他の事業所のサービスの利用は制限される。医療系の訪問サービスや福祉用具貸与については、支給限度額の範囲内で小規模多機能型居宅介護と併用して介護保険を利用できる仕組みであるが、訪問介護、訪問入浴、通所介護など他の事業所のサービスは併用できない。

他の事業所の訪問看護、通所介護などを使っていた利用者が小規模多機能型居宅介護を利用しようとすると、今までのサービスをすべてやめなければならず、またケアマネジャーも小規模多機能型居宅介護のケアマネジャーにかえなければならないため、新しく事業を始める場合には利用者確保が難しいとされている。

このように、介護報酬が定額払いとされ、利用者が「通い・訪問・泊まり」など、どのサービスも臨機応変に使えるように設定されたものの、

設備基準、利用人数等の規制が多い。

　西谷（2007）は、小規模多機能型居宅介護には24時間の「訪問」の体制の義務があるが、組織の小さな宅老所ではそれは困難であり、むしろ来てもらって宿泊してもらえば解決できることであるとする。制度では、求められていると思えないサービスまで用意する必要があるとし、サービスが最初からパッケージされてしまっていることへの不自然さを指摘する。

　また、規制の多さに加えて円滑に運営するための介護報酬も低いことも指摘されている。川原（2007）は、人的基準、設備基準の厳しさに加えて報酬が低いことから宅老所から小規模多機能型居宅介護への移行が少ないとしている。岩崎（2006）も、この介護報酬では、要介護度4、5の人に利用してもらわないと採算が取れない設定であり、経営的に難しいと指摘する。

　シルバー新報（2005）でも、これまでの運用と乖離しており、使い勝手の悪いことが次のように指摘されている。「利用者数の上限や、通所・泊まり・訪問の三種類のサービスを包括化した報酬設定、ケアマネジャーの必置など、厚生労働省が現在までに明らかにしている運営・報酬に関する基準について、先駆的に実践していた現場からも『このままじゃ制度に乗れない』『今のままで十分』と、戸惑いの声が相次いでいる。もともと利用者の個別のニーズに応じて保険外サービスを組み合わせて在宅生活を支えてきた宅老所は、その多様性・柔軟性が最大の持ち味。標準化の壁は予想以上に高いものとなっている」。

　このように宅老所や小規模多機能ホームの内発的発展の成果として実現された制度化ではないため、小規模多機能型居宅介護に移行するとむしろその活動を阻害するものにもなりかねなくなっている。

　岩下・佐藤・島田（2006）は、そもそも小規模多機能型居宅介護が施設ニーズを抑制するための新たな施設として構想されてきたところに問題があることを指摘している。つまり、もともと宅老所や小規模多機能

ホームは、制度になじめない人を何とかして在宅で支えるという場であったが、ここでは施設の待機者を減らし、施設のニーズを抑制するものとしての新たな場として構想されているのである。施設である以上、細かい規制の対象となってくるし、また、はじめに利用者のニーズありきではなく、サービスが用意され、規制の条件をクリアしたところで利用者のニーズが考えられることになる。条件に基づいたサービスが設定されることになると、地域との関係も自発性に基づいた関係・交流ではなくなるのである。

　小川（2005）も、地域との関係を切り離し、小規模の中でたくさんのサービスメニューを用意して完結してしまうと地域にあるという意味をなさないとし、地域密着であれば、地域住民と入居者とがおかずを分け合ったり支えたりという関係・交流がなければならないとする。

　このように、制度化には多くの弊害がある。ただ、小規模多機能ホームは、制度化された小規模多機能型居宅介護を選択しなくても、実践を続けることは可能である。2006年3月の「指定地域密着型サービスおよび指定地域密着型介護予防サービスに関する基準について」では、「指定通所介護事業所または指定認知症対応型通所介護事業所が自主事業で宿泊サービスも行うようなサービス形態については、小規模多機能型居宅介護の創設に伴い、行うことができなくなることはないものであり、こうしたサービス形態は引き続き可能であることに留意すること」としている。

　小規模多機能ホームの多くは、通所介護事業所に基準該当短期入所や自主事業の「泊まり」を加えて小規模多機能ケアを運営してきた。これは介護保険通所介護事業所の基準がゆるやかであることと、介護報酬が比較的高めに設定されていることで可能となっていた。小規模多機能型居宅介護に移行したところは全体の5％程度であり、その他は、宅老所・小規模多機能ホームの実践をそのまま続けているところが多い。

　宅老所・小規模多機能ホームは、地域で高齢者がその人らしく暮らし

続けることを支援することを目的とし、その人に合わせたサービス実践を続けてきた。そしてなかには、地域のボランティアも活性化させ、行政の支援も引き出すまでになったところもある。また施設でのケアの実践にも影響を与え、新型特別養護老人ホームの制度化にも寄与したのである。

しかし、介護保険改正では、小規模多機能型居宅介護として、施設待機者を減らし在宅生活を続けさせるための新たな場として制度化され、宅老所・小規模多機能ホームが培ってきた自発性、地域とのつながり、支援の柔軟性などの理念は置き去りにされている。理念がなく、ただ小規模であること、多機能であることを制度化しサービスをパッケージした小規模多機能型居宅介護のあり方は見直していく必要があると考える。

3　内発的発展の推進に向けて

宅老所・小規模多機能ホームが築いてきた内発的発展のさらなる推進のためには、制度に移行しない宅老所・小規模多機能ホームの実践の支援とともに、現場の声に耳を傾けながら小規模多機能型居宅介護をよりよいものへと制度変革していくという2つのことが必要である。

ここで、小規模多機能型居宅介護の事業所として、行政と連携し、将来的には制度を変えようと意図しながら、困難ケースを重点的に受け入れ地域の高齢者の在宅生活を支援している小山倶楽部の実践事例を紹介したい。

東京都品川区では、所有者から「社会福祉に活用してほしい」と寄贈された土地に小規模多機能型居宅介護とグループホームを組み合わせた複合施設の整備を決めた。区が全国から運営管理者を公募したところ、岡山県笠岡市に母体を置き実績のある社会福祉法人新生寿会が選定さ

れ、小山倶楽部が開設された。

　開設後、小山倶楽部を利用しているのは、独居で認知症があり在宅生活は困難とされながらも経済的な事情からグループホームに入ることができず、近隣のショートステイを転々としながら生活を続けていた人、地域のデイサービスでは帰宅欲求が強くて、一日中デイサービスの玄関先で過ごしていた人など、要介護度にかかわらず、既存のサービスのみでは支えきれない高齢者がほとんどである。

　利用者の平均要介護度は2、利用人数は8名であり、それに対して常勤、非常勤を含め18名のスタッフをそろえている。介護報酬以外に区から一定の運営補助金が出ているものの、計画の段階から事業の採算割れは予想されていた。社会福祉法人として安定した経営基盤が岡山にあるため、現段階では採算に乗せることは考えていないとする。むしろ、初年度は利用者の登録数に対して適切な人員を配置して、一人ひとりの個別ニーズをしっかり受け止めた時に、現行の報酬体系でどの程度の赤字が出るかを証明し、小規模多機能の運営実態を国や自治体に示していきたいとしている。

　昼間の小山倶楽部には子どもの声が絶えない。近くに住むスタッフの子どもが日常的に遊びに来ているためである。近所の保育園への送迎を高齢者がすることもあるという。将来的には学童保育や障害者ケアにも積極的に取り組んでいくなど、地域のニーズに臨機応変に対応して新しいサービスを作り出していきたいとしている。また、品川区も同法人のそうした姿勢には理解を示しており、支援していきたいとしている。

　小山倶楽部のように、採算が取れない中で適切に人員配置をしながら利用者を援助していく事例や既存の宅老所・小規模多機能ホームの小規模多機能居宅介護への移行が5％程度であることを考えると、制度が実態に全くあっていないことは言うまでもない。高齢者やその家族を包括的に継続的に支えようとするには、制度は柔軟性をもったものでなければならず、また運営ができるように十分な介護報酬が必要である。

制度化した後も、小山倶楽部のように実践から行政に提言しようとする小規模多機能型居宅介護もある。このような利用者の視点に立った取り組みから国や自治体が学び、制度をよりよいものに変革していくことが重要である。

　制度に移行しない宅老所・小規模多機能ホームの実践を支援するとともに、小規模多機能型居宅介護の問題点を制度変革することは、これまで宅老所・小規模多機能ホームが築いてきた内発的発展をさらに推進することになり、介護保険のサービスの質を上げていくことにもつながると考える。

【参考文献】

デイホームあいあい(2005)「もちつもたれつの関係でいたい」『ケアマネジメント』環境新聞社、8, 14-16。
平野隆之・高橋誠一・奥田佑子（2007）『小規模多機能ケア実践の理論と方法』筒井書房。
岩下清子・佐藤義夫・島田千穂（2006）『「小規模多機能」の意味論』雲母書房。
株式会社日本ケアサプライ（2005）「民間ならではの発想で小規模多機能サービスを」『ケアマネジメント』環境新聞社、8, 20-21。
川原秀夫（2007）「『必要な』その時にプランを変えられるのが強み」『ケアマネジメント』環境新聞社、6, 20-23。
菊地政夫・岩崎満（2006）「『通い』『泊まり』『訪問』を組み合わせて、24時間365日、在宅生活を総合的に支える」『ケアマネジメント』環境新聞社、11, 26-28。
小山倶楽部（2007）「行政主導の在宅システムの上に新しい小規模ケアのモデルを」『ケアマネジメント』環境新聞社、6, 27-29。
『20015年の高齢者介護』2003年6月。
「シルバー新報」環境新聞社、2005年11月18日。
静岡県宅老所・グループホーム連絡協議会編（2003）『可能性無限大の宅老所をひらこう！』筒井書房。
社会福祉法人愛知たいようの杜（2005）「多世代同居の『ゴジカラ』村」『ケアマネジメント』環境新聞社、8, 17-19。

社会福祉法人いきいき福祉会サポートハウス和（2005）「つかず離れず地域の中で、地域と共に暮らす」『ケアマネジメント』環境新聞社、8, 12-13。
小規模多機能ケア研究班(2005)『小規模多機能ケア叢書Ⅰ』ヒューマン・ヘルスケア・システム。
─── (2006)『よくわかる小規模多機能ケア』ヒューマン・ヘルスケア・システム。
───編（2004）『小規模多機能型居宅介護開設の手引き』筒井書房。
───編（2004）『小規模多機能ケア白書2004』筒井書房。
小規模多機能ホームパンフレット制作委員会編（2006）『小規模多機能型居宅介護の手引き』全国コミュニティライフサポートセンター。
小規模多機能型居宅介護ひつじ雲（2007）「このサービスだからこそ支えられる利用者のために」『ケアマネジメント』環境新聞社、6, 30-31。
高橋紘士（2005）「新しい介護保険制度で改めて問われる地域ケアの形」『ケアマネジメント』環境新聞社、8, 8-11。
─── (2005)「宅老所は小規模多機能型居宅介護に乗れるか」『介護保険』法研、11, 76-77。
髙田眞治（1993）『社会福祉混成構造論──社会福祉改革の視座を内発的発展』海声社。
─── (2003)『社会福祉内発的発展論──これからの社会福祉原論』ミネルヴァ書房。
特別非営利法人暮らしネット・えん（2006）「フレキシビリティを活かし在宅が継続できるサービス提供を」『介護保険情報』社会保険研究所、4, 8-11。
通所介護事業所ひまわりの家（2007）「『今の姿を無理に変えなくてもいい』宅老所の思い」『ケアマネジメント』環境新聞社、6, 32-33。

▶▶▶キーワード集　　　　　高齢者福祉

▶高齢者福祉

　社会福祉は人類の幸福を究極の目標とするもので誰もがその対象となるが、特に高齢者に対して、人と環境の両面から働きかけて共に課題に取り組み、障害や困難の解決もしくは軽減を目指す様々な施策や活動の総体を指す。広義で捉えると、その範囲は福祉・保健・医療・所得・就労・住宅・生きがい等に関わる政策から実際の援助活動まで多岐に渡る。狭義では、老人福祉法によって規定されている範囲を指すが、介護保険法の制定後は介護や予防に関するものが大きな割合を占めるようになってきた。近年では急激な少子高齢化の進展や増加する認知症高齢者、団塊の世代による大量の退職等の事態が発生し、今後高齢者の生活をいかに保障するかが大きな課題となっている。

▶認知症

　一度獲得された知能が脳の器質性障害によって低下し、日常生活に支障をきたすほどになった状態を指す。認知症には共通してみられる中核症状と人によって異なる周辺症状がある。中核症状では記憶、見当識、判断力、言語等の障害がみられ、周辺症状では興奮、不穏、攻撃、徘徊や幻覚・妄想、せん妄、意欲低下、うつ状態等がある。高齢者の場合は主にアルツハイマー型認知症と脳血管性認知症の2種類があり、日本ではアルツハイマー型が最も多い。認知症の進行は原因疾患によって異なるため、早期発見・早期治療が欠かせず、疾患の理解と本人の症状に合わせたケアが必要である。とくに認知症高齢者の尊厳を重視したケアに心がけ、在宅の場合は家族介護者への支援も合わせて行うことが不可欠である。

▶高齢者虐待

　高齢者虐待が深刻な社会問題のひとつになった状況に対応して、2006年4月に「高齢者虐待の防止、高齢者の養護者に対する支援等に関する法律」（以下、高齢者虐待防止法）が施行された。本法は高齢者の権利擁護システムとして、被虐待者である高齢者の救済と高齢者に対する人権擁護と虐待者である養護者に対する

支援を目的としている。高齢者虐待防止法では、高齢者虐待とは、1．身体的暴力、2．著しいネグレクト、3．著しい心理的虐待、4．性的虐待、5．経済的虐待、と定義している。高齢者虐待防止法には「市町村が相談、指導及び助言を行う」と明記され、現在各市町村において多様な対策が取組まれている。

▶介護保険制度

　介護保険制度は、介護を必要とする高齢者が増加し、一方家族の介護機能の低下により深刻化している介護問題に対処するために2000年度から導入された制度である。その後、2005年には「介護保険法等の一部を改正する法律」が公布され、2006年4月より施行された。介護保険制度は給付と負担を明確にするために、財源を公費と保険料で賄う社会保険方式を採用している。保険給付の対象者は、1．寝たきりや認知症等の要介護状態にある65歳以上の者、2．その要介護状態の原因である身体上または精神上の障害が特定疾病によって生じた40歳以上65歳未満の者である。

▶介護予防

　介護保険法の基本的理念のひとつは「被保険者の要介護状態の固定化につながらないよう保険給付は要介護状態・要支援状態の軽減・悪化の防止に資する」と唄われている。しかし、本法の見直しにおいて、その理念が十分に成果を上げてこなかったことにより、2005年の介護保険法の大幅な改正により、「予防重視型システムへの転換」が掲げられた。具体的には、要介護状態の軽度者を対象とする新たな予防給付（新予防給付）が創設され、要介護者と要支援者が同じ内容であったこれまでの保険給付から要支援者と要介護Ⅰと認定された者のうち、適切なサービス利用によって自立生活が可能とある者については新予防給付が行われることになった。

▶ケアマネジメント

　在宅で暮らす要支援者に対して個別のニーズに合わせて提供される一連のサービスの総体のことである。ケアマネジメントはケースの発見→アセスメント（事前評価）→目標設定とケアプランの作成→プランの実行→モニタリング（観察）→評価・再アセスメントの過程を繰り返しながら進められる。ケアマネジメントの目的は適切なサービスの提供によって個々の日常生活を支えること、および費

用面でのサービスの効率化にある。2000年4月からは介護保険制度に組み込まれ、ケアマネジメントを行う人をケアマネジャー（介護支援専門員）という。介護保険制度下では費用や要介護度等の設定があり、制度上の様々な制約のなかでケアマネジメントが行われている。

▶在宅福祉サービス

　在宅福祉サービスとは、住み慣れた家庭や地域において何らかの援助を必要とする高齢者に対して、可能な限り居宅での生活が継続できるように提供される各種の福祉サービスである。国が提供しているサービスは要援護高齢者対策と社会活動促進対策に大別される。

　訪問介護、短期入所生活介護、通所介護等の要援護高齢者対策は介護保険制度によりサービスが提供され、高齢者の生きがいと健康づくり推進事業や老人クラブ活動等事業等の社会活動促進対策は老人福祉法の下でサービスが実施されている。介護保険法の改正に伴い、小規模多機能型居宅介護、認知症対応型共同生活介護（グループホーム）等の地域密着型サービスが拡充されている。

▶施設福祉サービス

　施設サービスは入所施設と利用施設に分類されるが、入所施設には介護保険法による介護老人福祉施設、老人福祉法では養護老人ホームや軽費老人ホーム等がある。また、利用施設には老人福祉法が定める老人福祉センター等がある。従来から、入所施設については利用者の生活の質の観点から多くの課題が指摘されてきた。そのため、施設福祉サービスの新しい動向として、厚生労働省は2002年度から「居住福祉型特別養護老人ホーム」の整備を推進し、家庭生活と個別ケアを重視した「全室個室・ユニットケア」の介護老人福祉施設が全国に多数創設されている。

▶地域包括支援センター

　介護保険制度の改正によって2006年4月から設置されることになった地域における総合的なマネジメントを担う中核機関である。高齢者が住み慣れた地域で出来る限りその人らしい生活を続けることができるように予防を重視し、健康状態に合わせて間断なく介護等のニーズに応じる体制をつくるために福祉・保健・ケアマネジメントの専門職を配置し、医療をはじめ関連機関や民生委員・ボランティ

ア等の地域住民との連携によって地域の種々の社会資源を統合した包括的なケアを提供することを目的とする。主な機能は介護予防マネジメント業務、総合相談・支援業務、虐待防止および権利擁護業務、ケアマネジメントの後方支援を含む地域ケア支援業務等がある。

▶福祉NPO

　NPO（Nonprofit Organization）とは民間非営利組織一般をさし、なかでも高齢者や障害者および児童等あらゆる人々の福祉に関わる活動を行っているNPOを広く福祉NPOと呼ぶ。しかし、NPOを非営利組織一般ではなく法人に限定する場合もあり、福祉NPOの確立した定義はない。日本では1998年に特定非営利活動促進法（NPO法）が施行され、NPOに法人格が認められるようになった。NPO法では保健・医療・福祉、まちづくり、環境保全、国際協力等17分野が指定されているが、介護保険制度施行後は高齢者の在宅福祉事業への参入が可能となったため、保健・医療・福祉の分野がNPOの6割を占めている。今後は公的サービスと協働して地域の要支援者を支える役割がさらに期待されている。

第 3 部

髙田先生から学ぶこと

第11章

髙田眞治先生の教育・研究実践から学ぶこと

　第11章は、髙田眞治先生が教職に就かれた若き日から逝去されるまで担当されたゼミ出身者が先生を偲ぶことを目的とする。ご著書をよすがにして先生から学んだことを思いつつ、関西学院大学で社会福祉を学んでいる、そしてこれから学ぼうとしている人たちに伝えたいメッセージをまとめた。

教職に就かれた頃

　髙田眞治先生は、1975年に社会学部専任講師になられた。大学での教職に就かれて間もない頃は、学部学生をどのように教育したらよいか苦闘されたに違いない。81年卒業の久保さんの思い出からは、まだ若い先生が、学生と一緒になってオンキャンパス・オフキャンパスの生活を楽しみながらも、いろいろ試行錯誤された様子が伝わってくる。自分の研究成果をダイレクトに学生に伝達しようとするのではなく、むしろ社会福祉にとって大事なことは何かを模索するための授業を展開されていたようだ。そのような中で、研究も怠りなく続けられ、79年に『社会福祉計画論』を上梓された。

「髙田先生から学んだこと」

1981年卒業　久保賀津彦（香川県健康福祉部子育て支援課）

　最初に髙田先生の訃報に接し、心から哀悼の意を表します。
　簡単に自己紹介をします。私は、先生に1979年度から1980年度にかけて、専門ゼミでお世話になりました。基礎ゼミの時に髙田ゼミは楽しかったという噂を聞いていたのと、社会福祉への興味もあり、先生のゼミを選びました。（解説者注：当時は社会福祉学科ではなく、学部の4つの類［理論社会学・社会福祉・産業社会学・マスコミュニケーション］から主専攻・副専攻を選択した。）
　就職は、社会福祉関係の公務員を中心に試験を受け、運よく郷里の香川県に就職することができました。
　県職員として、最初は保健所で精神保健の業務を担当しました。学生時代の社会福祉実習は福祉事務所だったので、全く違う現場の雰囲気に戸惑うことの多い毎日でした。幸い同じ社会学部の先輩が、同職種でおりましたので、その人に相談したり、周囲の人に助けられたりしながらやってきました。それからも主に精神保健分野の仕事を20年ぐらいしました。
　その後、知的障害者更生施設で生活支援員や、身体障害者および知的障害者更生相談所での勤務を経て、現在は本庁の「子育て支援課」で、主に母子保健行政の仕事をしています。

髙田先生との思い出

　私たちの時の髙田ゼミは、男性8名、女性7名の計15名でした。当時の髙田先生は、年齢も37歳、助教授になられて間もない頃で、とても若々しい印象でした。ゼミの授業では、『車椅子からみた日本』（八代英太著、79年）や『茗荷村見聞記』（田村一二著　71年）などを読み合わせした記憶が残っています。数少ない「勉強」の記憶ですが（笑）、

当時の私にとっては、それらの本の内容はとても新鮮でした。

またオフキャンパスでも、3回生の夏合宿のために台風に向かって明石まで出かけた事、能登半島への卒業旅行の事など楽しい思い出があります。

卒業後、まだ就職して間がない頃のことですが、大阪出張の折り、当時の宝塚のご自宅にお邪魔したことがあります。突然でしたが、快く迎え入れてくださいました。そして、一緒にお酒を飲みながら、私の仕事の話しを聞いてくださいました。私は先生と話しができたことが嬉しくて、帰ってからの仕事の励みになりました。

その後もゼミの同窓会で先生とお会いする度に、ゼミの同窓生達とも懐かしい話しで盛り上がりました。先生からの年賀状を拝見しながら、またお会いできるのを楽しみにしていましたので、先生の訃報を聞きショックでした。

大学での社会福祉の学びについて

私にとっては、髙田先生との出会いによって社会福祉への興味が広がり、その分野で働くことに繋がりました。

学生の頃にはあまり気がつかなかったのですが、社会福祉の仕事に就いてみてわかったのは、支援者は支援するという立場なので、時に支援される側（当事者）の視点を忘れがちになるということです。こんな事をされたらどう感じるか、どう思うだろうかなど、社会福祉の現場で経験を積み重ねて行くとともに、そういう素朴な感性が抜け落ちていると感じる時があります。

先生は、そのあたりのことを学生たちに伝えていくために、ゼミの教材を選んでおられたのではなかったろうかと後になって思わされました。

それから、大学での社会福祉実習は、実際に福祉現場で働いている人にサポートされながら、いろいろな現場体験ができて、とても有益でし

た。今思えば実習先との交渉や実習指導では、髙田先生も苦労されたのだろうと思います。実習に関しては、特にいろいろなご苦労がおありだと思いますけれども、今後も良い実習の継続をお願いします。

　最後になりますが、髙田先生との思い出や髙田ゼミでの学び、ゼミの同窓生との付き合いをこれからも大切にしていきたいと思います。

ランバス留学を終えられた頃

　『社会福祉計画論』上梓後は、講義科目として「社会福祉計画論」を担当されたこともあり、次第に計画的な社会福祉行政のあり方について学生に伝えようとされたのではなかろうか。当時の髙田ゼミは、少数精鋭ながらも公務員を志向し、いずれ福祉行政を担当したいと希望する学生が多く、従来の医療ソーシャルワーカーや社会福祉施設指導員等を志向するミクロレベル・ソーシャルワーク中心のゼミとは少し異なった雰囲気を持っていた。その後の社会福祉行政の変化は、髙田先生の先見性を証明していくことになるが、86年に卒業した横田さんの文章からは、そのような状況がよくわかる。86年の『アメリカ社会福祉論』は、もちろん81年から2年間の米国留学の成果であるが、計画的社会福祉行政の事例研究といってもよいものである。これによって社会福祉計画論の正当性をご自身で検証され、その後は原論研究に没頭されることになる。

「髙田先生から学んだこと」
　　1986年卒業　横田治郎（神戸市保健福祉局障害福祉部自立支援課長）

　髙田先生との出会いは「社会福祉原論」の授業でした。私は当初、社

会学を主専攻にし、社会福祉を副専攻としておりました。ところが、3回生の時に髙田先生に質問をするため研究室を訪れるとゼミが行われており、そのままゼミに合流させていただき、卒業論文の指導もしていただきました。その時のゼミ生は私を入れて3名と実に家族的な雰囲気で、毎回議論を交わしながらもきめ細やかな指導をしていただきました。

そうこうするうちに、神戸市が社会福祉職の採用をしていることを知り、遅ればせながら社会福祉職公務員をめざすようになりました。神戸市に採用された後は、福祉事務所で生活保護ケースワーカーを経験してきました。その後、保護係長としてスーパーバイズする立場に立ちながら、時には実習生を受け入れる立場で大学と意見交換も行ってきました。夏の暑いさなかに実習先訪問ということで来られた髙田先生にお会いし、大学の近況をお聞きしたことが懐かしく思い出されます。

髙田先生には、いつでもオープンな雰囲気で迎えていただき、こちらの些細な質問にも答えてくださいました。その結果として、私は社会福祉の世界に身をおくようになりました。そういう者として、まず考えるのは、今度は自分が人を育てていくことで少しでも恩返しになればということです。

その意味で、最近気になることとしては、社会福祉の人材確保と育成が問われてきていることです。ひとつは、人材そのものが集まりにくいこと。これには、景気の回復という側面と待遇（給与水準や休みが十分とれない等）が背景にあるといわれます。次に、せっかく採用されて、これから中核として期待される方が離職してしまうこと。これには、いわゆる燃えつき症候群や将来の展望（目指すべきポストがない、何をやろうとするのか判らない）が見えないことなどが理由としてあげられます。単に現場だけの問題でなく、大学の協力を得て本質的な問題を見出して対応していく必要があるのではと危機感を持っております。企業においても、人材育成があらためてクローズアップされており、様々な育成方法が編み出されております。そこからは学ぶべきものも多くありま

す。これからの社会福祉を考えていくなかで、関連外の領域にも関心を持って、様々な手法を取り入れていく必要もあると考えます。特に、社会福祉の大きな変革が行われるなか、その本質に目を向けつつも、時代に合ったものへ、どのように対応していくのかが課題になっております。

　私自身、今は障害福祉部局に席を置いています。それで、今までの障害者福祉を大きく変える障害者自立支援法への対応には当初から携わっています。一方、神戸市障害者保健福祉計画にも参画する機会が与えられ、社会福祉現場の実態を踏まえつつ、行政として施策をどのように展開していくのかといった仕事もしております。今までのことに囚われ過ぎず、新しいことにチャレンジしていくこと、そのためには、世の中の動きに目を向けながら、社会福祉にとって大事なことをしっかりと掴んでいくこと、それを自問しながら、任された仕事を行っていくこと。人を育てていくことも含めて、これらのことを大事にすることこそ、その原点を教えていただいた髙田先生に酬いていくことではないかと思っています。

社会福祉原論を担当されるようになって

　髙田先生は、本出祐之先生ご退職後に「社会福祉原論」の講義を担当された。原論研究の重鎮、岡村重夫先生の薫陶を受けられたとはいえ、「社会福祉計画論」から「社会福祉原論」へ担当が変更となることによって、先生の研究テーマは、マクロソーシャルワーク研究から社会福祉の本質追求へと進まれることになった。その第一の成果が『社会福祉混成構造論－社会福祉改革の視座と内発的発展』である。時はまさに「福祉見直し」以後の新たな社会福祉が声高に叫ばれていた頃であり、計画的社会福祉行政を主張された先生にとっては、その無計画さに憤りを感じておられた。せめてもの巻き返しとして社会福祉の「内発的発展」のために

大きな構造を踏まえる大切さを訴えられたのは、当然であったろう。社会福祉界で安易に流行る「自立」と「共生」に対しても、同書の中で独自の深い世界を展開されている。髙田先生の理解する「共生」は、単に理屈に止まったのではなく、それを聞いた者、読んだ者に力強く浸透する力を持っていた。それが李さんにとっては、自己の「生きる力」ともなったのである。

共生の意味

1993年卒業　李永喜（川崎医療福祉大学医療福祉学科准教授）

「共生は予定調和的なものではなく、『相互作用』あるいは『関係』の進化の過程で試行錯誤をくり返す中から実現する『苦心の作』である」。
　ゼミの時間だった。
　「共に生きよう！」というフレーズは福祉現場や一般社会でも主張されて久しく、そのことに異論を唱える人などいまい。私たちは小学校から生物学で学びつつ「共に生きること」は当然良いこととして教わってきている。なにゆえ、先生はいま改めて「共生」を強調するのだろう、と考えていた。しかし、髙田先生の説く「共生論」はいままでの私の理解を覆す内容として強く衝撃を受けるものだった。「相利共存」や「寄生」を認めつつも、「戦いを交えず、相手の立場を尊重するだけの関係からは共生は生まれてこない」という髙田先生の論調には攻撃的な印象さえ受けた。
　「社会福祉において『共生の実現』は美しい理念としてのそれではなく、現実の厳しさ、実現の難しさを持っていることを覚えておくように」と述べているくだりからは「共に生きるためには相当覚悟して取りかかりなさい」といわんばかりの挑戦状のようにも思えた。
　それから十数年、「共に生きること」について真剣に考えなければな

らない場面が度々あった。「ここから愛せる人、同じ趣味や価値観を持っている人、私に親切にしてくれる人、つきあって損にならない人」との共生は大賛成。しかし「違う価値観や文化・宗教を持っている人、つきあって損になるような相手との共生はごめん」と言いたくなる。それが私の本音だ。他人とあまり深く関わっていくことなく、ほどよい距離を持ってつきあう方が疲れることなく、共に生きていける、と考えてしまう。

　しかし、髙田先生の共生論は「互いに関わりなしの共生」は本質的なものとして認めていない。「あらゆる差異よ万歳！」と異質な相手とぶつかり合いながら相手と私との差異を見つけ、それを尊重し共に生きる関係づくりを勧めている。関わる煩わしさより、孤独を選んでいる私は度々心の中で先生のかけ声を聞くことになる。「さあ！どうしよう。どのように関わっていけばよいのだろう。」髙田先生のメッセージに従い、渋々一歩を踏み出そうとする。なにしろ、「共生は自然にできるものではなく、内発的な共同行動によって形成していくべきものだ」と先生は強調されていたのだから。

　いま私たちには、まず互いの差異を知るためにぶつかり合い、共同して行動していくための機会や場が重要だといえよう。「各自が共に生きる道を覚悟のうえ選択し、具体的な動きとして行動を取る。その創造的営みに向けての努力が必要である」といまも髙田先生の声が聞こえてきそうだ。

　社会福祉のマスターキーとしての「共生」について常に考えていく視点を先生から教わった。何気なく言われている用語に対しても、その本質にとことん迫っていく髙田先生の姿を側で観て学んだことは、私の人生を豊かにしてくれる資産だ。

大学院指導教授になられてから

　1990年代になると学部学生の教育はもちろん、大学院博士前期・後期課程学生も、相当数の社会人学生・留学生も含めて、大勢引き受けられて、研究者養成にも力を注がれた。学部学生に対するのとは異なり、ある意味では、イコール・パートナーとして接しつつ、しかし研究者としての厳しさについて身をもって伝えられようとしたように感じる。

　このような時期、学部長職を引き受けられる直前の髙田先生の最後の著書が、03年『社会福祉内発的発展論－これからの社会福祉原論』である。本書では、社会福祉を良き方向に動かす内発性の萌芽を認識し、社会福祉を発展させる原理を追及されている。その出来栄えを試すように展開された大学院での講義の様子は、川島さんの文章から迫真的に伝わってくる。そして川島さんにとっては、その講義で感じた緊張感が「広い視野と論理性」に結実していったようだ。

広い視野と論理性：髙田先生に学ばせていただいたもの
2002年卒業　川島ゆり子（花園大学専任講師）

　大学院のゼミが始まる時間になると先生は、いつも関西学院のブルーの紙袋をたずさえ、凛とした空気と共に入ってこられた。教室の空気がすっと変わり、そこには確かに学びの場があった。

　私が社会人として学部に学士編入をし、その2年後に大学院に進学したのは2002年4月であった。そのころ先生はちょうど『社会福祉内発的発展論——これからの社会福祉原論』執筆の最終段階に入っておられた。大変恵まれたことに、その出版前の校正原稿をもとに、大学院での「社会福祉原論特殊講義」の授業が開講され、学生が全10章を1章ずつ分担し、内容をまとめ自分なりに論点を提起することになった。出版前

の貴重な校正原稿を見ることができるだけでも緊張する上に、著者である先生の前で内容をまとめ、さらに自分なりにどのようにそれを受け止めたのかを発表しなければならない。まさに冷や汗が出る思いであった。

　先生はつたない学生の発表を静かに聞き、学生の提起した論点に対し、時には丁寧に解説を加え、時には的確に矛盾点を指摘し、そして真摯に受け止めてくださった。先生の論じようとされている内容に学生の力量が追いつかず、時には的外れな意見も多々あったことと思う。しかし先生は決して、学生を否定されることは無かった。「是非、君たちの意見を聞きたい。互いに論じ合うことによって研究が高まる」とおっしゃった先生の研究者としての姿勢は今でも私の心のスタンダードになっている。

　『社会福祉内発的発展論』の内容は、非常に深く広く、一度読んだだけではなかなか理解することができない内容が多い。もちろん、これは私の学びの浅さゆえであるが。半年間をかけて先生や他の院生と共にこの本を読み終え、最後の授業で学生が一言ずつ感想を述べていく機会が与えられた。私は正直に「大変難しかった。しかし難しさの中にどの章を通じても1つのキーワードが浮かび上がってきた。それは『関係性』という言葉であった。これからの研究の中でも、1つのことを近視的に見るのみではなく、いろいろな事象の間にある関係に注目していきたい」と述べた。そのときに先生が静かに微笑んで「それが分かればいいね」と一言おっしゃった。もしかしたらあえて大学院生を褒めることを抑制されていた先生に、唯一褒めていただいた瞬間だったかも知れない。

　先生の視野は私たちの想像を超えて、遥かに広い。それは先生の理学部ご出身という知的バックグラウンドからくるものかも知れない。また、それは先生のキリスト教信仰から湧き出るものなのかも知れない。先生は、社会福祉実践がどうあるべきか、社会福祉実践を支える哲学は何を基盤にするべきかを社会福祉原論研究として問い続けられた。しかし先生はその視線の先に、ひとつの生命として地球に存在する人間を見据え、

他の生命との共生、地球に生きるという意味、自然の摂理さえも視野にいれ、人はどう生きるべきかを、常に問い続けられたように思う。

先生には研究者として常に前向きに学問に取り組む姿勢、他者の意見を静かに聞き謙虚に受け止める姿勢、そして局所にとらわれず全体を見渡す広い視野とそれらを統合する論理性の大切さを学ばせていただいた。しかもそれらは全て私たちに言葉で押し付けるのではなく、先生の姿、態度、そして温かな視線から学ばせていただいた。研究者の資質として根幹をなすものであると同時に、それは人として生きていくうえでも私の導きとなる貴重な財産となった。先生に心から感謝申し上げるとともに、今後、様々なかたちで社会福祉と関わっていく上で、先生のゼミ生だということを誇りとし、先生の凛とした生き方に一歩でも近づければと思う。

社会学部学部長の任期を満了されて

髙田先生がご著書を出版された時期を区切りとして、その時期その時代に教えを受けた方を通して髙田先生が考え、伝えようとされたことを探ってみた。追悼文からは、教えを受けた学生が、先生が伝えようとして格闘されたであろう研究の成果をそれなりに吸収し、またその研究成果を生み出すための真摯な態度を学んでいることがはっきりとわかる。

2003年から1期2年間、先生は社会学部学部長の任に就かれた。大学のおかれた諸状況に困難さが増し、想定外の問題解決や新しい構想に取り組まなければならない時期であった。

2005年春、その任期満了と時を重ねるように病を得られた先生は、療養に専念されることとなった。しかし退院後の秋学期には、化学療法を続けながらも大学院のゼミ指導を再開された。化学療法のクールによっては、真っ青な顔をされながら教室に入ってこられることもあった。

そんな中でも、常に学生と向き合い、「『社会福祉原論』の本を出したい」と、希望を語っておられた。

2006年に予定されていた韓国での在外研修もギリギリまで医師と相談しつつ、前向きに検討されていた。残念ながら結果的には断念され、この年は病気療養のため休職されることとなった。

小笠原は、2005年秋にご自宅でゆっくりお話しできた。最初の入院から退院された直後の日曜日で、久しぶりに教会に行くことができたと嬉しそうに話された。そして学部長の任から解放され、ゆっくり休んだので、これからはまたじっくり研究したいと話された。

黒川は、亡くなられる1カ月前に先生にお会いできた。先生みずから「調子の良いときに、順番にみんなに会いたい」とおっしゃってくださったからこそ実現できたことだった。ほとんど何も口にされることもできないご体調だった。それにも関わらず「自分が何も食べないと遠慮して食べられないだろうから」と、朝から何も食べずに待っておられ、ともに奥様の手作りのお菓子を、一口だけ召し上がった。そして臥しておられることもつらそうなご様子であるにも関わらず、大学院学生たちの研究の進み具合を尋ねながら、「何か書いたものがあれば、いつ読めるかどうかわからないけれど、おいていってください」と、催促なさった。

先生は生前、奥様におっしゃっておられたそうだ。

　　神様から自分は大切なものを3ついただいた、
　　　　　　信仰、家族、そして関西学院

髙田先生は、最後までご家族と関西学院を愛し、「教育者」であり「研究者」である姿勢を崩されることなく、この世の勤めを了え、天に召された。

付　録

略年譜・業績一覧

略 年 譜

1942年7月30日　尼崎にて出生

1961年3月　関西学院高等部卒業
1965年3月　関西学院大学理学部化学科卒業
1967年3月　関西学院大学大学院理学研究科修士課程化学専攻修了
1969年3月　関西学院大学社会学部卒業
1971年3月　関西学院大学大学院社会学研究科修士課程社会福祉学専攻修了
1974年3月　関西学院大学大学院社会学研究科博士課程社会学専攻満期退学
1974年4月　関西学院大学社会学部助手
1975年4月　関西学院大学社会学部専任講師
1978年4月　関西学院大学社会学部助教授
1980年12月　関西学院大学社会学博士
1981年3月　ミシガン大学社会事業大学院客員研究員（1983年2月まで）
1984年4月　関西学院大学社会学部教授
1986年4月　関西学院大学大学院社会学研究科博士課程前期課程指導教授
1989年4月　関西学院大学大学院社会学研究科博士課程後期課程指導教授
2003年4月　社会学部長（2005年3月まで）
2005年4月　学校法人関西学院理事（2006年3月まで）

2006年12月14日　午前1時永眠　享年64歳

髙田眞治先生業績

著書(単著)

出版年	著書名	出版社
1979年	『社会福祉計画論』	誠信書房
1986年	『アメリカ社会福祉論——ソーシャル・ワークとパーソナル・ソーシャル・サービス』	海声社
1993年	『社会福祉混成構造論——社会福祉改革の視座と内発的発展』	海声社
2003年	『社会福祉内発的発展論——これからの社会福祉原論』	ミネルヴァ書房

著書(共・編著)

出版年	著書名	共・編著者	出版社
1979年	『社会福祉の方法』	髙田眞治、船曳宏保、岡村重夫	勁草書房
1986年	『現代社会福祉——視点・分野・展望』	小田兼三、髙田眞治編著	川島書店
1986年	『社会福祉の新しい道』	右田紀久恵、髙田眞治編著	中央法規出版
1988年	『社会的ケアシステム——高齢者福祉の計画と実践』	松原一郎、上野谷加代子、髙田眞治編著	全国社会福祉協議会
1989年	『社会福祉士養成講座10——社会福祉援助技術各論II』	社会福祉士養成講座編集委員会編 黒木保博、鈴木五郎、髙田眞治、橋本泰子、前田ケイ編著	中央法規出版
1989年	『コミュニティ・ワーク』	高森敬久、髙田眞治、加納恵子、定藤丈弘	海声社
1990年	『社会福祉原論』	岡本栄一、岡本民夫、小田兼三、髙田眞治編著	ミネルヴァ書房
1992年	『新版社会福祉原論』	岡本栄一、岡本民夫、髙田眞治編著	ミネルヴァ書房
1992年	『社会福祉論——全体像とその基本知識』	小田兼三、髙田眞治編著	川島書店

1999 年	『社会福祉の思想と人間観』	嶋田啓一郎監修、秋山智久、髙田眞治編著	ミネルヴァ書房
1999 年	『講座　戦後社会福祉の総括と21世紀への展望（1）総括と展望』	一番ヶ瀬康子、髙島進、髙田眞治、京極高宣編	ドメス出版
2002 年	『社会福祉士養成テキストブック〈1〉社会福祉原論』	岡本民夫、小林良二、髙田眞治編著	ミネルヴァ書房
2003 年	『地域福祉援助技術論』	髙森敬久、髙田眞治、加納恵子、平野隆之	相川書房
2007 年	『新・社会福祉士養成テキストブック〈1〉社会福祉原論』	岡本民夫、小林良二、髙田眞治　編著	ミネルヴァ書房

著書（分担執筆）

出版年	著書名	編著者	出版社
1982 年	『現代社会福祉事典』	仲村優一ほか編	全国社会福祉協議会
1984 年	『地域福祉教室――その理論・実践・運営を考える』	阿部志郎、右田紀久恵、永田幹夫、三浦文雄編著	有斐閣
1989 年	『社会福祉実践基本用語辞典』	社会福祉実践理論学会編	川島書店
1993 年	『自治型地域福祉の展開』	右田紀久恵編著	法律文化社
1993 年	『現代社会福祉学レキシコン』	京極高宣監修	雄山閣出版
1995 年	『社会福祉概論』	古川孝順、松原一郎、社本修編著	有斐閣
1996 年	『社会福祉基本用語辞典』	日本社会福祉実践理論学会編	川島書店
1997 年	『医療福祉学の理論』	小田兼三、竹内孝仁編著	中央法規出版
1997 年	『地域福祉事典』	日本地域福祉学会編	中央法規出版
2007 年	『エンサイクロペディア社会福祉学』	仲村優一、一番ヶ瀬康子、右田紀久恵監修	中央法規出版

論文（単著）

出版年	論文タイトル	掲載誌
1972年	「社会福祉計画論序説」	『関西学院大学社会学部紀要』第25号、p91-102
1974年	「社会福祉計画論序説2」	『関西学院大学社会学部紀要』第28号、p59-69
1975年	「社会福祉計画論序説3 ──社会福祉計画と福祉指標」	『関西学院大学社会学部紀要』第30号、p35-45
1975年	「社会福祉計画論序説4 ──対象構成：ソーシャル・ワークと一般システム理論」	『関西学院大学社会学部紀要』第31号、p57-67
1976年	「社会福祉計画論序説5 ──援助機能：適応と変革」	『関西学院大学社会学部紀要』第32号、p37-47
1976年	「社会福祉計画論序説6 ──福祉工学と社会福祉政策」	『関西学院大学社会学部紀要』第33号、p107-118
1976年	「社会福祉計画論序説7 ──ソーシャル・ウェルフェア・アドミニストレーション」	『関西学院大学社会学部紀要』第34号、p77-87
1977年	「社会福祉サービスとしての『措置』──その課題と展望」	『月刊福祉』60(10)、p52-59
1977年	「社会福祉計画論序説8 ──ソーシャル・ワークの実践」	『関西学院大学社会学部紀要』第35号、p98-102
1978年	「社会福祉計画論序説9 ──『方法論統合化』の課題」	『関西学院大学社会学部紀要』第36号、p119-130
1978年	「社会福祉計画論序説10 ──社会福祉資源としてのマンパワー」	『関西学院大学社会学部紀要』第37号、p79-88
1979年	「社会福祉計画論序説11 完──『序説』の残された課題」	『関西学院大学社会学部紀要』第38号、p101-110
1980年	「これからの社会福祉政策の課題──積極的な『福祉見直し論』」	『関西学院大学社会学部紀要』第40号、p451-469
1981年	「社会福祉サービスの供給システム──基礎的課題の検討」	『社会福祉研究』第28号、p1-6

年	題目	掲載誌
1981 年	「コミュニティ・オーガニゼーションにおける計画概念——組織化と計画：二重の焦点」	『関西学院大学社会学部紀要』第 42 号、p77-86
1982 年	「アメリカの社会福祉教育——資格認定とカリキュラム」	『関西学院大学社会学部紀要』第 45 号、p77-91
1983 年	「社会福祉方法論の動向——アメリカ社会福祉政策とソーシャル・ワーカー」	『社会福祉学』24 (2)、p79-99
1983 年	「地域福祉システムと福祉計画」	『地域福祉研究』11 号、p33-39
1983 年	「アメリカ社会福祉政策の動向——社会保障法タイトル XX の検討」	『関西学院大学社会学部紀要』第 46 号、p95-110
1983 年	「制度的社会福祉の概念——ヒューマン・サービスとパーソナル・ソーシャル・サービス」	『関西学院大学社会学部紀要』第 47 号、p105-118
1984 年	「地域福祉計画の課題——歴史的背景と計画モデル」	『地域福祉活動研究』第 1 号
1984 年	「社会福祉とソーシャル・ワーク——アメリカ社会福祉学の課題」	『ソーシャルワーク研究』10 (1)、p15-19
1984 年	「社会福祉教育の課題——カリキュラムと基本的枠組」	『関西学院大学社会学部紀要』第 48 号、p89-100
1985 年	「自治体地域福祉計画の課題——神戸市『市民福祉計画』に学ぶ」	『地域福祉研究』13 号、p25-32
1985 年	「社会福祉サービスの供給システム——構成要件とマネージメント」	『関西学院大学社会学部紀要』第 50 号、p31-43
1986 年	「これからの社会福祉政策の課題・再考——経済計画における『福祉社会』と『安定社会』」	『関西学院大学社会学部紀要』第 52 号、p21-32
1987 年	「地域福祉の基礎的課題と計画——『生活』と『コミュニティ』」	『関西学院大学社会学部紀要』第 54 号、p79-90
1988 年	「社会福祉方法論の動向と自立援助の課題——社会福祉におけるシステム思考」	『社会福祉学』29 (1)、p26-44
1988 年	「在宅福祉サービス供給の課題—— 5 市『実践モデル』に学ぶ」	『地域福祉研究』17 号、p71-78
1989 年	「社会福祉の動向と『社会福祉改革』の課題——社会福祉の原理―試論」	『関西学院大学社会学部紀要』第 59 号、p29-41

1990年	「社会福祉の動向と『社会福祉改革』の課題・再考——転換期の『福祉国家』」	『関西学院大学社会学部紀要』第62号、p51-63
1991年	「社会福祉の動向と「社会福祉改革」の課題・三考——地方自治体と地域福祉計画」	『関西学院大学社会学部紀要』第63号、p513-534
1991年	「新しい社会福祉ハイブリッドの構築1 ——エコロジーとエントロピー」	『関西学院大学社会学部紀要』第64号、p309-322
1992年	「社会福祉混成構造論序説——次代を展望する社会福祉研究の理論的枠組」	『社会福祉学』33(2)、p48-73
1992年	「地方老人保健福祉計画の策定の視点——その背景と展望」	『月刊福祉』75(8)、p28-33
1992年	「私学における障害者の受け入れ——社会環境の変革と法的措置」	『大学時報』41(225)、p46-52
1992年	「新しい社会福祉ハイブリッドの構築2 ——福祉文化と地域主義」	『関西学院大学社会学部紀要』第65号、p165-176
1994年	「市町村福祉行政と地域福祉計画」	『社会福祉研究』第59号、p26-31
1994年	「市町村老人保健福祉計画の課題と展望——完全実施への期待とまちづくりへの発展」	『図説高齢者白書』1994
1994年	「地方自治体と老人保健福祉計画」	『月刊自治フォーラム』7月号、p2-7
1995年	社会福祉の内発的発展の課題と展望——社会福祉思想:二元論から関係論へ」	『関西学院大学社会学部紀要』第72号、p101-112
1996年	「社会福祉の内発的発展の課題と展望(2) ——社会福祉の価値:計画における諸相」	『関西学院大学社会学部紀要』第74号、p57-67
1997年	「社会福祉の内発的発展の課題と展望(3) ——社会福祉の創発:あらたな公共性」	『関西学院大学社会学部紀要』第76号、p43-56
1998年	「少子・高齢社会におけるコミュニティ形成の課題と展望」	『TOMORROW』13(1)、p10-22
2000年	「ソーシャルワークの研究の方法と課題——第二のニューディール・ソーシャルワーク? マクロ実践の開発」	『ソーシャルワーク研究』25(4)、p255-261
2001年	「社会福祉実践研究の到達水準と展望——福祉政策の外圧と実践要素具象化の内発性」	『社会福祉研究』第80号、p13-19

その他

種別	出版年	タイトル	著者	掲載誌・出版社
報告書	1974年	『地域福祉計画のモデルに関する研究報告書』	共同	大阪府民生部
翻訳	1980年	『コミュニティ・オーガニゼーションと社会計画』	ロバート・パールマン、アーノルド・グリン著／岡村重夫監訳	全国社会福祉協議会
報告書	1995年	『復興計画』	共同	西宮市社会福祉協議会社会福祉復興委員会
報告書	1996年	『阪神・淡路大震災と地域福祉』	共同	日本地域福祉学会阪神・淡路大震災地域福祉研究会
対談	1996年	「《座談会》震災が問う地域福祉」	髙田眞治、筒井のり子、小林良守、浜上章、野上文夫	『地域福祉研究』24号、p30-38
対談	2000年	「《シンポジウム》社会福祉におけるコンパッション（人への思いやり）」	蛭江紀雄、牧口一二、室田保夫、髙田眞治	『関西学院大学社会学部紀要』第85号、p17-31
対談	2002年	「《対談》岡村先生を偲ぶ会」	上野谷加代子、大橋謙作、白澤政和、髙田眞治、牧里毎治	『地域福祉研究』30号、p4-10
講演記録	2004年	「21世紀の社会福祉の仕組みと地域システム作りの展望」（平成15年度福祉講座「第5回とちぎソーシャルワーク共同事務所公開セミナー」）	髙田眞治	『栃木県福祉人材・研修センターNEWS』No. 120

あ と が き

　2006年12月14日。この日、長年にわたって関西学院大学の社会福祉教育およびキリスト教教育、また社会福祉原論を中心とした日本の社会福祉研究に多大な貢献をしてこられた髙田眞治先生が天国に召された。数日後、日本基督教団関西学院教会で行われた告別式の夜、髙田先生から大学院で初めてご指導いただいたゼミ生である横須賀俊司と武田丈は、先生がお好きだった日本酒を酌み交わしながら研究者・教育者としての先生を偲ぶなかで、「先生の遺稿集を出版しよう！」と話が盛り上がった。これが、そもそも本書出版企画のスタートであった。
　髙田先生は論文を書き溜めて著書にまとめるという研究スタイルをとられており、これまでに4冊の単著を出版されておられる。先生の遺稿集を出版するにあたり、改めて先生の業績を調べなおしてみると、著書に収められていない論文がほとんどないことが判明した（付録の業績一覧を参照）。これでは、遺稿集は出版できないということで方向転換し、髙田先生が私たちに遺してくださったものをベースに、これから社会福祉やソーシャルワークを志そうとする人たちへの入門書をつくろうということになったのである。特に、髙田先生がこれまで長年研究してこられた社会福祉原論を、学部生にわかりやすい形に書きなおすことによって、学生の社会福祉に対する関心を高めてもらうことを本書の主要な目的とした。
　したがって、本書のメインとなる第2部には、髙田先生からさまざまな形で指導していただいた者たちが、先生が構想されていた社会福祉原論、すなわち「髙田理論」を各自の専門領域で受け継ぎ、社会福祉の初心者を読者として想定しながら、それを展開した論文を収録することとした。髙田理論の支柱となっている二冊の単著、『社会福祉混成構造論』（海声社、1993）および『社会福祉内発的発展論』（ミネルヴァ書房、2003）を通して、より多くの人に社会福祉の実践および研究に対する関

心を高めてもらうためである。

　しかし、髙田先生は研究者としてだけでなく、教育者やキリスト者としても私たちにたくさんのものを遺してくださった。そこで第1部にはキリスト教精神や社会福祉を志す意味を理解できる文章を掲載した。髙田先生が関西学院大学社会学部のチャペル講話のために書かれた原稿と、社会福祉学科の学生によって行われた先生へのインタビューを紹介している。

　そして最後の第3部では、髙田先生から学んだ者たちが先生を偲ぶ文章を集めている。とはいえ、ただ偲ぶのではなく、これから社会福祉を学ぼうと思っている人たちに、先生から直接学んだものとして、伝えたいことをまとめた。

　本書の執筆者は、髙田先生の同僚として働く機会を与えられた関西学院大学社会学部社会福祉学科の専任教員、そして髙田先生とさまざまな形で交わり、指導を受けたものたちである。先生と同じ空間、同じ時間を共有できたことに感謝しつつ、それぞれの想いを筆にこめ、本書の執筆にあたった。こうして、髙田先生が私たちに遺してくださったものをベースとした、社会福祉学の入門書が完成したのである。

　本書の刊行に当たっては、関西学院大学社会学部研究会より出版助成を受けるとともに、多くの関係者からもご寄付を頂いた。心よりお礼を申し上げる。また、本書出版の機会を与えてくださった関西学院大学出版会、および同出版会の編集者である戸坂美果氏にも感謝の意を表する。

　最後に、チャペル講話の原稿を提供してくださったご夫人、髙田睦子様はじめご遺族、そして教え子たちを天国で静かに暖かく見守ってくださっている髙田眞治先生に、本書を捧げる。

2008年3月17日

髙田先生の社会学部葬から一年を経て、人間福祉学部開設目前の上ケ原にて

編　者　一　同

【編　者】
武田　丈（関西学院大学）
横須賀俊司（県立広島大学）
小笠原慶彰（京都光華女子大学）
松岡克尚（関西学院大学）

【執筆者】（50音順）
浅野　仁（関西福祉科学大学：高齢者福祉キーワード集担当）
池埜　聡（関西学院大学：研究方法キーワード集担当）
大谷京子（日本福祉大学：障害者福祉キーワード集担当）
大和三重（関西学院大学：高齢者福祉キーワード集担当）
小笠原慶彰（京都光華女子大学：第11章担当）
川島恵美（関西学院大学：児童福祉・地域福祉キーワード集担当）
川島ゆり子（花園大学：第11章担当）
久保賀津彦（香川県健康福祉部子育て支援課：第11章担当）
黒川雅代子（龍谷大学短期大学部：第11章担当）
小西加保留（関西学院大学：医療福祉キーワード集担当）
芝野松次郎（関西学院大学：まえがき担当）
滝口　真（西九州大学：第8章担当）
武田　丈（関西学院大学：第1部解説・第2章担当）
直島克樹（川崎医療福祉大学：第9章担当）
春名　苗（聖隷クリストファー大学：第10章担当）
藤井美和（関西学院大学：第1章担当）
前橋信和（関西学院大学：児童福祉キーワード集担当）
牧里毎治（関西学院大学：地域福祉キーワード集担当）
松岡克尚（関西学院大学：第4章担当）
松岡千代（兵庫県立大学：第6章担当）
三毛美予子（関西学院大学：第3章担当）
室田保夫（関西学院大学：原論・思想キーワード集担当）
横須賀俊司（県立広島大学：第2部解説担当）
横田治郎（神戸市保健福祉局障害福祉部：第11章担当）
李　永喜（川崎医療福祉大学：第7章・第11章担当）
渡辺顕一郎（日本福祉大学：第5章担当）

社会福祉と内発的発展　　髙田眞治の思想から学ぶ

2008年4月25日初版第一刷発行

編著者　武田丈・横須賀俊司・小笠原慶彰・松岡克尚

発行者　宮原浩二郎
発行所　関西学院大学出版会
所在地　〒662-0891
　　　　兵庫県西宮市上ケ原一番町1-155
電　話　0798-53-7002

印　刷　協和印刷株式会社

©2008 Joe Takeda, Syunji Yokosuka, Yoshiaki Ogasawara and Katsuhisa Matsuoka
Printed in Japan by Kwansei Gakuin University Press
ISBN 978-4-86283-028-9
乱丁・落丁本はお取り替えいたします。
本書の全部または一部を無断で複写・複製することを禁じます。
http://www.kwansei.ac.jp/press